꼴보수 공학박사 신 집사의

어쩔까나 한국교회

꼴보수 공학박사 신 집사의

어쩔까나 한국교회

신성남 지음

아레오바고
2014

공감의 글

지금 한국 사회는 많은 모순과 문제들을 표출하고 있다. 한국교회 역시 마찬가지다. 그렇기에 한국교회의 회복을 위해서는 뼈를 깎는 아픔을 겪어야 한다는 자성의 소리가 드높다. 지은이의 글을 읽으면 지극히 사랑하기 때문에 회초리를 든 아픈 어머니의 마음을 보게 된다. 교회 안에 하나님의 진리가 지배하는 때를 고대하며 쓴 서사시와 같은 느낌을 읽게 된다.

• 박종화 목사(경동교회 담임)

우리나라 역사에 어둠이 짙어올 때에, 하나님께서는 선교사들을 통해서 복음의 빛을 전해 주셨다. 그렇게 한국교회는 이 땅에서 소금과 빛의 역할을 잘 감당하였다. 1세대 목회자들의 순교와 희생으로 한국교회는 지금과 같은 위대한 성장을 달성할 수 있었다. 그러나 미천한 후손들로 인하여 한국교회는 지탄의 대상이 된 지 벌써 십 년도 넘었다. 많은 미래학자들이 '앞으로 30년'이 한국교회의 중요한 분기점이 될 것이라고 한다. 30년 동안 한국교회가 다시 소금과 빛의 역할을 감당한다면 다음 세대에 희망이 있으나 그렇지 않으면 촛대가 옮겨갈 것이다. 이런 위기감을 가지고 있는 우리 모두에게 이 책은 작은 등불의 역할을 해줄 것이다.

• 정성진 목사(거룩한빛광성교회 담임)

그동안 한국교회의 현실을 비판한 책들이 여럿 나왔다. 그런데 이 책은 평신도의 경험과 시각에서 쓴 것이라는 데 큰 의미가 있다. 빛과 소금의 역할을 감당해야 할 교회가 사명을 잃어버린 것 같은 여러 상황들을 예리하게 비판하고 있지만, 속내는 하나님의 말씀을 제대로 읽고 제대로 받아들이고 제대로 실천하며 살아가자는 간곡한 바람이 깔려 있는 글들이다. 그러므로 이 글들은 자중지란을 야기하려는 글이 전혀 아니다. 말씀이 무르익는 한국교회의 내일을 갈망하며 써내려간 글이기에 일독을 권한다.

• **강경민** 목사(일산은혜교회 담임)

|

최근 교회개혁연대에서 지난 10년간의 한국교회 개혁을 마감하며 낸 자료집『교회개혁, 그 길을 걷는 사람들 10년의 발자취』(2013)를 냈다. 이 자료집은 한국 개신교 분쟁의 제1 원인은 담임목사라고 지목했다. 담임목사의 독단적 교회 운영, 담임 목회직 임용관계, 그리고 담임목사의 성 문제와 부당한 치리가 교회 분쟁의 핵심으로 밝혀졌다. 이런 결과는 결국 한국교회가 기독교 역사 속에 내면적으로 간직해 오던 예수의 윤리의 세 줄기, 즉 청빈, 겸비, 순결의 윤리를 외면하고 있다는 종합 진단인 셈이다. 한국교회의 문제는 청빈 대신 탐욕이, 겸비 대신 권력에 대한 집착이, 그리고 순결한 영성 대신 쾌락주의에 젖은 목회자의 문제라는 것이다. 이 책은 교회개혁연대가 밝힌 한국교회의 범죄 사실에 대한 기소장과 같은 내용을 담고 있다. 나는 이 책의 원고를 읽으면서 '우시는 예수'를 바라보았다. 그리고 한국교회 안에 몸담고 '눈물을 흘리는 무수한 성도'들을 바라보고 있는 것 같았다. 아마 글을 쓴 이도 눈물을 흘리며 이 글을 썼을 것이라고 생각한다.

• **박충구** 박사(감리교신학대학교 기독교윤리학 교수)

|

그의 글을 읽다 보면 어찌 그리도 현 교회들이 성경에서부터 멀리 떨어져 있는가를 깨닫게 되며 놀라움을 넘어 두려움에 떨게 한다. 목사가 입만 열면 "아멘"으로 화답하는 맹신도들 때문에 교회 개혁의 걸림돌이 되고 있음을 지적하고 있다. 그러나 필자가 어린 시절부터 교회에서 받은 사랑을 잊지 않고 빚진 자의 자세로 겸손을 잃지 않으려고 하는 것은 독자들에게 감동을 준다. 그렇다. 오류와 모순을 지적하는 일일수록 거칠어지기 쉽고 교만한 자리에 서기 쉬우나 필자는 온유와 겸손의 태도를 잃지 않고 있다. 아무리 바른 교리나 신학이 있다 해도 사랑이 없으면

소리 나는 구리와 울리는 꽹과리에 불과하다. 그러나 이 글을 읽으면 교회를 사랑하는 글쓴이를 만나게 되고 우리도 교회에 대한 사랑을 회복하게 될 것이다. 종교개혁자 존 칼뱅이 말한 것처럼 '사람의 마음은 우상을 만드는 공장'이라고 했다. 교회 안에 도사리고 있는 우상이 인간인가? 물질인가? 권력인가? 무엇이든지 몰아내야 한다. 필자가 호소하는 이 글을 통해 교회 개혁을 이루고 행복한 신앙생활을 회복하기를 기대한다.

• 방인성 목사(교회개혁실천연대 공동대표)

|

공학도로서 평범한 신자 생활을 해 오고 있는 신성남 성도의 칼럼은 「당당뉴스」에 한 달에 한 번 실리는데, 그의 글을 읽을 때마다 목사로서의 나 자신이 너무 부끄럽고 창피했다. 왜냐하면 나로서는 목회자라는 틀에 갇혀서 결코 보거나 들을 수 없었던 한국교회와 목사들과 장로들과 교인들의 불편한 진실을 그는 교인의 시각에서 솔직 담백하게 이야기하고 있었고 때론 부담스럽긴 해도 대부분 공감하지 않을 수 없는 사실들이었기 때문이다. 신학자도 목사도 아닌 평범한 교인이, 공학박사 출신 지성인 신자가 바라본 한국교회의 불편한 진실들… 그가 한국교회와 성도들의 앞날을 걱정하며 격정적으로 써내려간 글들을 통해 우리 자신의 모습을 솔직하고 진지하게 성찰해 보기를 원한다.

• 이필완 목사(당당뉴스 전 운영자)

|

이 책의 저자는 유명인사도 아니고 목회자도 아니다. 또 한국에 사는 분도 아니다. 나 역시 저자를 한 번도 만난 적이 없다. 그러나 「당당뉴스」에 연재되는 그의 칼럼은 많은 사람들에게 큰 공감을 불러일으키고 있다. 어쩌면 한국교회와 특별한 관계가 없기에 자유롭게 붓을 휘두를 수 있고, 또 한걸음 떨어져 있기에 더욱 객관적으로 오늘의 한국교회 현실을 꿰뚫어볼 수 있는 것이 아닐까 생각한다. 이 책을 통해 그의 한국교회에 대한 깊은 관심과 통찰을 더욱 많은 분들이 공유하고 한국교회 개혁을 향한 선한 의지를 모을 수 있기를 바란다.

• 권혁률 장로(기독교방송 대기자)

추천의 글

왜 잠만 자는가

김기석 목사(청파교회 담임)

> "이 백성 가운데 어느 한 사람이나 예언자나 제사장이 너에게 와서 '부담이 되는 주님의 말씀'이 있느냐고 묻거든, 너는 그들에게 대답하여라. '부담이 되는 주님의 말씀'이라고 하였느냐? 나 주가 말한다. 너희가 바로 나에게 부담이 된다. 그래서 내가 이제 너희를 버리겠다 말하였다고 하여라."(렘 23:33)

하나님은 예레미야를 통해 '부담이 되는 주의 말씀'이라는 표현을 쓰면 안 된다고 이르셨지만, 하나님의 말씀이 부담스러운 것은 사실이다. 왜 아니겠는가? 그 말씀은 우리의 평온한 일상을 뒤흔들어놓고, 지향을 교란시키고, 비릿한 욕망의 실체를 적나라하게 들추어 보이니 말이다. 하나님의 말씀과 만난다는 것은 언제나 기쁘기만 한 것은 아니다. 말씀이 나를 쓰러뜨리고, 깨뜨리고, 굳건하게 딛고 있던 터전을 송두리째 흔들어 놓아도 좋다는 결기가 없이는 말씀과 참으로 만날 수 없다.

어느 시대든 말씀은 누군가의 입을 통해 전달된다. 성경에 등장하는 예언자들도 그들 중 하나다. 그런데 직업적인 예언 훈련을 받은 이들보다는 자기 삶의 자리에서 하나님의 영에 압도당한 이들의 말일수록 파괴적이다. 그들은 적당한 말로 얼너리치는 법이 없다. 하나님의 분노에 사로잡히면 스스로도 주체할 수 없기 때문이다. 그 때문에 예언자들은 언제나 사회 불안을 야기하는 자라는 비난을 받았다. 그들은 갇히거나 죽임을 당하기도 하였다. 하지만 그들을 통해 발설된 말은 가둘 수도 죽일 수도 없다.

황석영의 『가객』에는 노래꾼 수추가 나온다. 그의 노래는 사람들의 마음을 찌르고 힘을 북돋고 삶의 기쁨을 누리게 했다. 그의 노래를 따라 부르며 사람들은 주체적인 존재로 거듭났다. 민중들의 의식화는 권력자를 불안으로 몰아넣는 법이다. 권력자인 장자는 그를 잡아 가두고, 악기를 빼앗았지만, 수추는 감옥 안에서도 노래를 불렀다. 더 불안해진 장자는 그의 혀를 잘라 감나무 가지에 매달았다. 그래도 수추는 목구멍으로 노래를 불렀고, 마침내는 효수(梟首)되었다. 하지만 그의 노래는 민중들의 가슴에서 가슴으로 전해지고 있다. 노래는 죽일 수 없는 법이다.

엉뚱하게도 노래꾼 수추 이야기를 한 것은 얼핏 그의 노랫소리를 들은 듯해서다. 나는 신성남이라는 분을 모른다. 그런데 그의 원고가 내게 건네졌고, 그의 글을 읽는 내내 떠오른 것이 '부담이 되는 주의 말씀'이라는 구절과 '수추'였다. 오늘의 교회에 대한 그의 진단과 비판은 신랄하기 이를 데 없다. 그래서 자꾸만 원고를 덮고 싶었다. 그가 적나라하게 보여 주고 있는 한국교회 목회자들의 모습과 내가 별반 다를 게 없다는 자각 때문이었다. 경어체로 적고 있지만, 아니 경어체이기에 그의 교회와 목회자 비판은 더 신랄하게 들린다. 특별히 새로울 것은 없다. 이미 지겹도록 들어온 이야기이기도 하다. 교회의 실상을 비판하고 지적하는 글들은 이미 넘치고 또 넘친다. 굳이 이런 책이 또 나와야 하나 의구심이 드는 것도 사실이다. 하지만 글을 읽어가면서 교회주의자를 자처하는 저자의 진정성을 느낄 수 있었다. 글을 덮지 못한 까닭은 그 때문이다. 그는 절박하다.

> "그리고 교회 비리에 대한 비판이 교회에 상처를 내는 일이니 최대한 자제하자는 안일한 주장을 가끔 봅니다. 그러나 교회에 진정으로 상처를 주는 것은 비리지 비판이 아닙니다. 한국교회는 이미 극심한 비리 때문에 회복하기 어려운 상처를 품고 있습니다. 은밀하게 숨기고 덮는다고 그 상처가 아물거나 없어질까요? 이제는 그 상처를 공개하고 수술하지 않으면 죽느냐 사느냐 하는 갈림길에

서 있는 것입니다."

그의 말대로 이제는 정직하게 한국교회의 실상과 대면해야 할 때다. 굳이 이 자리에서 그가 지적하는 문제들을 적시할 필요는 없을 것이다. 하지만 한국교회가 처해 있는 위기의 태반은 목회자들로부터 나온다는 말은 아프게 새길 필요가 있다. 실력과 품성과 진실함이 부족한 목회자들은 교인들을 성찰적 신앙인, 사유하는 주체, 하나님 나라의 꿈에 사로잡힌 전사로 세우기보다는, 순종 잘하는 착한 교인의 자리에 붙들어 두려 한다. 그들은 욕망과 두려움의 주술로 교인들을 포박하여 지배하는 전략을 구사한다. '당신들의 천국'으로 변해버린 교회, 열심은 있으나 영적 분별력은 부족한 교인들, 일상의 거룩함이 소거된 신앙생활로 인해 교회는 오늘 개혁의 주체가 아니라 객체로 전락하고 말았다.

저자는 교회 개혁을 위한 선결과제는 제왕적인 목회자의 권한을 축소하는 것이라고 말한다. 목사에게 돈이 집중되는 구조를 개선하고, 임기제를 통해 '밥벌이 목회' 혹은 '돈벌이 목회'의 가능성을 줄여야 한다고도 말한다. 목회자들은 가르치는 직무에 전념하고, 다른 일들은 교인들이 분담해야 한다는 것이다. 더 나아가 저자는 유형적인 교회에 대한 집착에서 벗어나야 한다고 말한다. 기존의 교회가 새롭게 개혁될 수 없다면, 새로운 교회를 기획하면 된다는 것이다.

한 가지 아쉬운 것은 저자가 교회의 구조적 문제에 집중하느라, 신자유주의 경제질서 속에 확고히 편입된 세계의 상황과 신앙 형태의 변화과정에 주목하지 못하고 있다는 사실이다. 어쩌면 그런 정치한 분석까지 저자에게 요구하는 것은 과도한 일인지도 모르겠다. 세속화가 진행되고 있지만 종교는 쇠퇴하지 않는다. 형태를 바꿀 뿐이다. 자신이 해결할 수 없는 과중한 짐을 짊어진 이들 가운데는 종교 속에서 피난처를 마련하려는 이들이 많다. 변화하는 세계 상황 속에서 교회는 어떻게 변화되어야 할 것인가? 또 급변하는 상황 속에서도 변하면 안 되는 근본을 어떻게 굳게 잡을 수 있을 것인가? 오늘의 교회는 과연 저자의 외침을 하늘의 소리로 들을까? 아니면 교회를 해치는 분열주의자의 새된 소리로 들을까? 같은 메시지도 정반대의 반응을 낳을 수 있다. 듣는 이의 근기가 다르기 때문이다.

니코스 카잔차키스가 『성자 프란체스코』라는 책을 통해 재현해 놓은 프란체스코의 소명 이야기가 떠오른다. 프란체스코는 꿈에 하나님의 사람을 만난다. 그런데 그는 누더기를 걸치고 맨발로 지팡이에 의지해 울고 있었다. 그는 프란체스코를 책망한다. "나는 자네가 포근한 침대 위에 누워서 평화롭게 자는 모습을 보고 딱하다는 생각이 들었다네. 왜 잠만 자는가, 프란체스코! 부끄러운 줄 알게! 교회가 위험에 처해 있다네." 사자는 자기가 할 수 있는 일은 아무것도 없다는 프란체스코의 말에 "손을 뻗치게. 자네의 어깨로 교회를 받쳐서 그것이 쓰러지지 않도록 하게!"라고 말한다.(니코스 카잔차키스, 『성자 프란체스코 1』, 열린책들, p.76) 프란체스코에게 이런 소명을 전달했던 그 사자는 지금 어디에 있을까? 그리고 그 소명에 응답할 이들은 어디에 있을까?

유폐된 예수 구출작전

조현 기자(한겨레신문 종교전문)

20세기 사탄과 악마로 상징되는 인물이 히틀러다. 현실에서 그런 인물이 출현했을 때 독일 대부분의 교회는 그리스도의 음성보다는 히틀러의 음성을 따랐다. 본회퍼 목사와 소수의 고백교회가 없었다면, 사탄의 왕국에서 그리스도가 숨을 다락방조차 없었다. 대부분 국민이 기독교 세례를 받은 당시 독일에서 그리스도인의 숫자는 더 이상 의미가 없었다.

그런데도 한국교회의 관심은 그 수를 불리는 '성장'에 쏠려 있었다. 그런데 그 성장이란 것이, 그리스도의 제자도가 성장되고, 그리스도인으로서 인격이 성장하고, 그리스도인으로서 영성이 성장하고, 그의 덕행이 성장해 세상을 아름답게 하는 것이었던가? 아니었다. 저자 신성남의 글은 '왜 아닌지'를 냉철히 보여 주고 있다.

1919년 3·1운동 당시에도 기독교인 수는 전체 인구의 1.5%에 불과했다. 그런데 민족대표 33인 가운데 16명이 기독교인이었다. 하지만 민족의 고난 앞에 예언자적 사명을 다했고, 그 이전부터 문맹자 교육을 위해 학교를 세우고, 병원을 세워 병든 자들을 구휼했다. 기독교는 유교나 천도교 등 주류 종교로부터 배제 당하던 소수 종교였다. 그런데도 안창호, 조만식, 이상재, 이승훈, 유영모, 함석헌, 김약연, 이동휘, 이승만, 서재필, 김구, 유일한 등 민족의 선각자들이 그 소수 종교를 택했다. 소수의 그리스도인, 특히 목사와 선교사들의 헌신적 신앙과 삶의 자세를 보며 그곳에 바로 내가 살고, 민족이 살 길이 있다고 여긴 때문이었다.

그러나 그때와는 비교할 수 없이 주류 종교가 되고, 골목마다 교회가 없는 곳이 없고, 가장 많은 권력자와 기업가를 신자로 둔 현재의 한국 기독교, 특히 목사들을 보며, 과연 이곳에 내가 살고, 민족이 살 길이 있다고 여길 사람이 얼마나 될까?

저자는 욕망이 양심을 거리낌 없이 이기고 교회 강단까지 지배하는 현실을 적나라하게 보여 주고 있다. 헌신과 사랑의 화신인 예수 그리스도를 추방하고, 일부 목사들은 자기들의 왕국을 구축한 상황이 도스토예프스키 소설이 아니라 한국교회의 현실임을 증명해 주고 있다.

『꼴보수 공학박사 신 집사의 어쩔까나 한국교회』는 이렇게 유폐된 예수 그리스도 구출작전이다. 돌들이 일어나 소리치듯이, 귀머거리 같고 벙어리 같던 양들이 일어선 것이다.

이제 한국교회의 모든 책임을 목사들에게 돌리던 시대는 끝났다. 가톨릭에서 프로테스탄트가 탄생했을 때 이미 모든 그리스도인의 공동책임시대가 열렸다. 이 책은 오래도록 자신의 책임을 방기한 그리스도인들이 교회의 주체로 일어서는 신호탄이다.

저자의 글

지금 이 순간에도 예수님의 제자 된 삶을 실천하고 바른 교회를 이루기 위해 도처에서 수많은 사역자들이 겸허히 수고하고 계십니다.

그럼에도 제2의 종교개혁이 필요하다는 안타까운 말이 여기저기에서 터져 나오고 있습니다. 이는 한국교회가 주목할 만한 외적 성장에도 불구하고 그 선지적 사명을 감당하는 데에 있어 큰 실망을 주고 있기 때문입니다.

이런 절박한 시기일수록 우리는 과연 성숙한 신자의 삶과 교회의 본질이 무엇인지 더욱 진지한 성찰이 필요함을 느낍니다.

여기 수록된 글들은 필자가 지난 몇 년 동안 「당당뉴스」와 「뉴스앤조이」에 기고했던 칼럼들을 약간의 수정과 재편집을 하여 정리한 것입니다. 비록 많이 거칠고 미흡한 글이지만, 교회의 본질에 대해 함께 생각하고 고심하는 과정에서 우리들이 섬기고 있는 교회가 지금보다는 더욱 아름답고 건강한 교회가 되면 좋겠습니다.

이 책의 출간을 위해 많은 분들이 도움을 주셨습니다. 추천의 글을 써 주신 청파교회 김기석 목사님과 한겨레신문 조현 기자님, 그리고 공감의 글을 써 주신 경동교회 박종화 목사님, 거룩한빛광성교회 정성진 목사님, 일산은혜교회 강경민 목사님, 감신대 박충구 교수님, 교회개혁실천연대 방인성 목사님, 당당뉴스 전 운영자 이필완 목사님, 기독교방송 대기자 권혁률 장로님께 깊이 감사드립니다. 또한 신앙과지성사 최병천 장로님과 담당자분들의 전폭적인 지원과 일러스트 이시은 님의 수고를 잊을 수 없습니다. 특히 발간을 주도해 주신 당당뉴스 발행인 심자득 목사님과 국인남 집사님, 방현섭 목사님께 심심한 사의를 표합니다.

주의 평화!

2014년 1월

신성남

차례

공감의 글 _4
추천의 글 / 왜 잠만 자는가 _7
추천의 글 / 유폐된 예수 구출작전 _13
저자의 글 _16

1. 가나안 성도를 아시나요

가나안 성도를 아시나요 _22
교인들이 교회를 떠나고 있다 _31
병신도를 깨운다 _43
교회밖에 모르는 예수쟁이들 _58
빼앗긴 교회 _67
왜곡된 십일조 _76

2. 목사님, 목사님, 나의 목사님

도전받는 목사 왕국 _90
한국교회의 무법자들 _101
세습 목회자와 신도들, 그 나물에 그 밥 _124
말씀을 전하고 돈을 받는 목회자들 _139
목사와 박사 _150
부유한 목사와 가난한 목수 _158

3. 한국교회 돌아보기

교권주의의 밑뿌리 '담임목사 종신제' _172
밥 놔두고 죽 퍼먹는 교회 _183
부패한 교회도 흥해야 하나 _192
세상을 속이는 교회 _203
'유사 교회'와 종교 상인들 _210
예배의 변질과 예배 중독 _219

4. 오 마이 갓(Oh my God!)

돈을 바치면 복 받는다는 목사님들 _234
부흥회의 변질과 목회자들의 돈 잔치 _243
연봉을 숨기는 목사님들 _255
교회 장부를 숨기는 목사님들 _264
건물이 목회하는 교회 _271
3천억 호화 예배당과 중세 삽질의 부활 _283

1.

가난한 성도를 아시나요

가련한 죄수들의 영혼

나는 시간을 내어 그들을 살펴보았다.
캐슬시 형무소에 있던 가련한 죄수들은 그들의 영혼을 위해 아무런 돌봄도 받지 못하였다. 아무도 가르치지 않았고 충고하지도 않았다. 아무도 작업장을 방문하지 않았는데, 그곳은 우리가 동정의 대상을 생생하게 만날 수 있는 곳이었다.
약 20명의 가난한 집 학생들이 여러 해 동안 배우던 작은 학교는 다 쓰러질 형편이었다. 거기에는 한때 서로 하나로 연결되어서 하나님의 장중에서 서로 격려하던 사람들이 있었으나, 지금은 아무도 이를 지원하지 않고 출석하는 이들도 없다. 대부분의 사람들은 서로 갈라지고 사방으로 흩어져 버렸다.
"주여! 지금은 주님의 때입니다. 주여! 당신의 손을 펴실 때입니다."

1739. 10. 3 _존 웨슬리의 일기

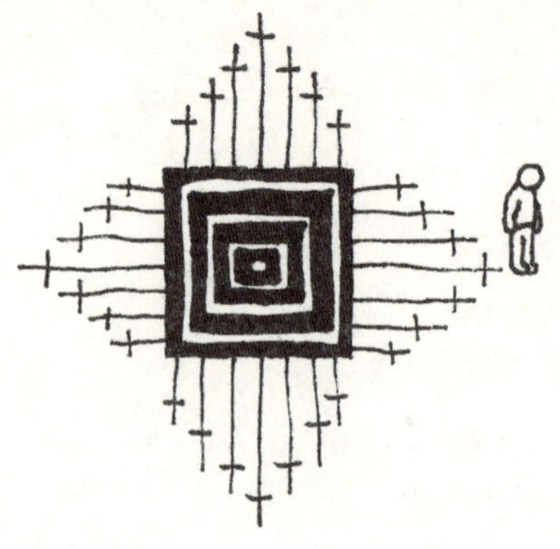

가나안 성도를 아시나요

교회가 요지부동이니 교인이 떠날 수밖에

'가나안 성도'란 교회를 안 나가는 성도를 의미하는 신조어입니다. 이것이 '안 나가'를 거꾸로 한 용어에서 유래함은 이미 잘 아실 것입니다.

사실 이 가나안 성도의 원조는 서구 교회의 성도들입니다. 이분들은 교회에 등록이 되어 있고 분명히 신앙고백도 하고 있는데, 교회는 거의 출석하고 있지 않습니다. 그러다 성탄절이나 부활절 또는 감사절에만 간간이 출석하시는 분들도 많습니다. 그래도 어쩌다 이들이 교회에 나타나면 대부분의 목사님은 섭섭한 내색 없이 도리어 동지섣달 꽃 본 듯이 반기십니다. 그러니 이젠 거의 서구 교회의 독특한 문화가 된 셈입니다.

그런데 서구 교회와 한국의 가나안 성도는 서로 좀 많이 다릅니다. 여러 가지 분석이 가능하겠지만, 가장 결정적인 차이는 교회를 향한 충성도에서 크게 다릅니다. 전자는 충성도가 부족해서 교회에 안 나오는 경우가 많지만, 후자는 충성도가 높은데도 불구하고 교회를 떠나는 경우가 많다는 것입니다.

한국교회 교인들의 교회를 향한 열심은 아마 세계 최고 수준일 것입니다. 그럼에도 한국의 가나안 성도를 살펴보면 교회생활을 오래 하신 분들이 의외로 많습니다. 역으로 말하자면 오랜 교회생활이 성도를 너무 실망시키거나 낙심케 한 것입니다. 또는 '불편한 진실'을 너무 많이 알게 되어서일 수 있습니다.

교회를 떠나는 이유

그분들이 교회를 떠난 이유는 목회자에 대한 불만, 교인들에 대한 실망, 독선적 교회 운영, 직분자들의 부정과 비리, 헌금 또는 십일조 강요, 예배 강요, 기복주의, 성장주의, 성직주의, 지나친 간섭, 신앙 갈등, 사생활 침해, 틀에 박힌 교회 활동 등 매우 다양합니다. 물론 이것이 전부라고 생각하지는 않습니다. 개인에 따라 별도의 절실한 사유들이 더 많이 있을 것입니다.

그러나 전체적으로 보면 한국교회가 가나안 성도를 이처럼 양산한 데에는 어느 정도 일반적이며 공통적인 원인이 있습니다.

우선은 목회자의 품성과 자질을 거론하지 않을 수 없습니다. 실력 있고 진실한 목회자를 갈수록 보기 힘들어지고 있습니다.

거기에 가장 기여한 것이 각 교단의 무분별한 성장 의욕으로 인한 신학교의 난립과 확장입니다. 그래서 군소 교단마다 무인가 신학교들이 넘쳐나고 소위 말하는 '묻지마 목사 안수'가 성행하고 있습니다. 개나 소나 신학교로 달려가는 것을 아무도 못 말리는 어지러운 현실이 된 것입니다.

과연 한국교회보다 더 저급한 목회자가 많은 나라가 얼마나 있는지 한번 생각해 보십시오. 단일 국가에 장로교 교단만 해도 180개나 되는(2011년 한국의 종교현황, 문화관광부 자료) 이런 비정상적인 교회가 결코 정상적인 사역을 할 리가 없습니다. 아마 장로교 창시자인 칼뱅도 이런 기가 막힌 상황은 상상조차 못 했을 것입니다.

누가 무슨 변명을 하든 한국교회의 문제는 근본적으로 지도자 문제입니다. 교회 문제가 교권 남용, 공금 유용, 재정 비리, 성추행, 교회 세습, 그리고 교회 사유화 등 여러 모습으로 복잡하게 표출되는 것처럼 보이지만 실제 그 근원을 추적하면 결국은 목회자의 자질이라는 뿌리에서 만나게 됩니다.

가나안 성도를 만드는 또 다른 원인은 교인들에게도 있습니다. 이는 교회 내에서 빈부나 직업에 따른 차별, 험담, 방종, 부도덕한 사회생활, 사업 실패, 가정불화, 건강 악화, 그리고 신앙적 갈등 등 목회자와 직접적인 관련 없이 발생할 수 있는 문제들입니다.

즉, 가나안 성도의 문제는 목사만의 일방적인 책임은 아니라는 것입니다. 그럼에도 이런 사실이 교회에 면죄부를 주는 것은 결코 아닙니다. 교회가 교회답지 못하고, 목사가 목사답지 못해 교회를 떠나는 분들이 가장 많기 때문입니다.

기득권의 꿀맛에 요지부동

1990년대를 기점으로 하여 한국교회의 성장세는 급격하게 둔화하더니 급기야는 감소세로 기울기 시작했습니다. 그 결과 수많은 제도권 교회들이 문을 닫고 목회자들이 실직을 당하고 있습니다. 그동안 교인 수는 별로 늘지 못하는데, 교회 수와 목회자 수를 과도하게 늘린 결과입니다. 심지어 앞으로는 더욱 악화하여 한 세대 안에 개신교 교인 수가 아예 반 토막이 날 것이라는 비관적 예측도 있습니다.

하지만 이런 심한 감소세는 단순히 수요 공급의 경제학적 문제만은 아님을 이해해야 합니다. 한국 가톨릭은 같은 기간 성당이나 사제의 공급과 관련 없이 오히려 급격한 성장을 이루었으니까요.

이런 현실은 결국 개신교가 이제는 어떤 한계에 이르렀다는 사실을 시사해 줍니다. 그 원인이 무엇이든, 기존의 틀에 갇힌 사각형 교회만으로는 그 사역의 임계점에 도달한 것이 아닌가 하는 강한 의구심을 던져 주고 있는 것입니다.

우리는 지금 많은 성도들이 교회를 떠나는 시대를 맞고 있습니다. 세상이 빠른 속도로 변하고 있는 것입니다. 이제 무엇을 어떻게 해야 할까요? 전처럼 계속 교회당 건축에나 열을 올리며 구경만 하고 있어야 할까요, 아니면 기득권은 꿀맛이니 변화는 싫습니까?

지금 이대로는 안 됩니다. 교권과 돈의 단맛에 중독된 현재의 모습으로는 교회가 새 시대의 새로운 도전에 바른 대응을 할 수 없습니다. 중세 교회는 온 세상이 변하고 있는데 유독 자기만 변화를 거부하다가 망한 교회입니다.

요즘 한국교회도 비슷한 모습입니다. 세상은 부패 정치 근절을 위해 칼을 들고 있는데, 교회 정치는 뇌물을 뿌리며 도리어 갈수록 썩어가고 있습니다. 세상 지도자들은 권위주의를 버리고 있는데, 교회는 아직도 바리새적 제사장 놀음을 방조하고 있습니다. 세상은 나누기 위해 노력하고 있는데, 교회는 오히려 더 먹기 위해 위선을 떨고 있습니다. 양들은 세상에서 말라가고 있는데, 배부른 교회는 만날 몸집만 키우고 있습니다. 그래서 십자가의 도를 따르는 기독교 정신은 상실하고, 중세적 '무사태평'과 '만수무강'이 시대정신이 되어 버렸습니다.

교회가 달라져야 합니다. 더 이상 사각형 건물 교회만이 거룩한 교회라고 고집하지 마십시오. 교회는 시대에 따라 달라졌습니다. 처음 초대 교회는 가정 교회, 그다음 박해 시대엔 카타콤 지하 교회, 중세 시대에는 통일된 가톨릭교회, 그리고 현재는 분화된 사각형 교회 시대입니다. 이제 앞으로는 어떤 교회를 이루어야 할까요?

새 시대에는 새로운 교회가 필요

필자는 교회가 허욕을 버리고 초심으로 돌아가야 한다고 믿습니다. 이는 초대 교회를 따라 모두 외형상 가정 교회로 돌아가자는 말이 아닙니다. 순수한 복음만을 들고 사역하던 초기 사도들의 정신으로 돌아가자는 의미입니다.

성도들이 교회를 떠나는 가장 큰 이유는 교회가 그리스도의 향기를 잃고 상한 고등어처럼 변질했기 때문입니다. 어떤 교회는 세상보다 더 세속적입니다. 중세 영주처럼 교회가 너무 많은 권력과 금력을 쥐고 있습니다. 세상은 빠른 속도로 변하고 있건만 아직도 많은 교회들은 기득권의 꿀맛에 취해 변화를 거부하고 있습니다. 막강한 교권과 이권을 지닌 목사님과 교회는 아세라 목상처럼 요지부동입니다. 그러니 할 수 없이 힘없는 교인이 떠날 수밖에요.

최근 서울의 경향교회 소식을 들었습니다. 수억 연봉의 목사가 설교, 성찬, 세례 집례비를 따로 받고, 더구나 목사 가족들의 많지 않은 의료 진료비까지 모두 교회 돈으로 납부합니다. 그리고 세습을 한 아들 담임목사는 휴가비 챙기고, 아들 휴가 때 원로목사인 아버지는 거액의 설교비를 챙깁니다. 하지만 그 정도는 약과입니다. 성탄절, 부활절, 그리고 감사절이 되면 아무런 근거 없이 부자가 나란히 무려 8백만 원씩이나 각자 받아 갑니다. 결국은 두 부자가 일 년에 거의 5억 원의 교회 돈을 챙겨 간다고 합니다.

이게 정말 교회가 맞습니까? 누구라도 저런 교회는 별로 출석하고 싶지 않을 것입니다. 그런데 비단 이 교회뿐만이 아닙니다. 도대체 한국의 대형 교회 중에 깨끗한 교회가 과연 몇이나 되는지 의문입니다.

20여 년 전 어느 작은 도시에서 한 가나안 성도를 만난 적이 있었습니다. 그런데 그분의 이야기가 너무 슬펐습니다. 그 도시의 교회를 거의 다 다녀보았는데 모두 도토리 키 재기로 돈만 밝히더랍니다.

물론 필자는 세상의 유형 교회 중에 흠 없이 완벽한 교회는 없다고 생각합니다. 그러나 흠도 흠 나름입니다. 그 정도가 너무 심하다면 떠나는 성도들을 결코 비난할 수 없지 않겠습니까?

세상이 변하고 있습니다. 새로운 시대에는 교회도 새로워져야 합니다. 그래서 떠나간 성도들을 다시 품을 수 있는 교회가 되어야 합니다. 이미 미국에서는 수많은 가나안 성도들이 가정 교회의 모습으로 다시 돌아오고 있습니다.

이제는 한국교회도 다양한 모습의 교회 모델을 연구하고 이를 실천해야 할 때입니다. 시간이 별로 없습니다. 그래서 다소의 시행착오도 두려워할 여유가 없습니다. 지도자들이 부패한 시대에는 성도들이 나서야 합니다.

단순히 기존 제도권 교회를 무시하거나 거부하자는 것이 이 글의 의도는 절대로 아닙니다. 기존 교회도 바르게 개혁하면 정말 좋습니다. 필자는 언제나 '교회주의자'입니다. 교회를 사랑하고, 오직 교회만이 이 땅의 마지막 선지자라고 믿는 사람입니다.

그럼에도 우리는 교회의 정의를 바르게 할 필요가 있습니다. 신도들 모아 놓고, 번듯한 건물 짓고, 예배하고, 선교하고, 구제하고, 그리고 봉사한다고 다 바른 교회가 아닙니다. 그런 좋은 명분을 빌미로 하여 도리어 성도를 억압하고, 착취하고, 그리고 이용해먹는 거짓되고 사악한 무리들이 너무 많기 때문입니다.

그래서 이젠 교회를 정말 바르게 바꾸어야 합니다. 그 이름이 회복이든, 갱신이든, 또는 개혁이든 그것은 상관이 없습니다. 그 교회의 형태가 기존 사각형 교회이든, 가정 교회이든, 평신도 교회이든, 또는 새로운 모습의 다른 공동체이든 다 좋습니다.

거대한 이슬람교가 단지 한 가정의 모임에서 시작되었다는 사실을 잘 아실 것입니다. 하물며 진리이신 예수님을 소유한 한국교회가 바로 서기만 한다면 교회가 몇 명으로 시작하든, 또는 몇 명이 모이든 그 숫자가 무슨 문제가 되겠습니까? 그리고 가정이 교회가 되든, 친구들 모임이 교회가 되든, 친척 모임이 교회가 되든, 직장 모임이 교회가 되든, 또는 마을의 어떤 공동체가 교회가 되든 뭐 어떻습니까?

사실상 신약성경의 초기 교회들은 거의 다 가정 교회였습니다. 그러므로 믿음의 비밀과 하늘의 소망을 간직한 가나안 성도 여러분, 모두 힘내십시오. 교회는 건물이 아닙니다. 성도들이 교회입니다. 과거 로마 지하 교회의 성도들은 죽음의 박해도 이겨냈습니다. 그에 비해 지금은 얼마나 자유로운 시대입니까? 따라서 주변에 바른 교회가 없다고 너무 낙심하거나, 또는 전처럼 '영적 노숙자'가 되어 이 교회 저 교회를 떠돌며 세월을 허비하지 마시기 바랍니다.

그러느니 차라리 소수라도 주님 안에서 서로 합심하여 모이고, 비록 높은 종탑이 없더라도 우리 가정이나 이웃을 직접 '바른 공동체'로 가꾸어 보면 어떨까요?

사랑이 식어진 곳 거기에 주님이 계십니다.

"라오디게아에 있는 형제들과 눔바와 그 여자의 집에 있는 교회에 문안하고."(골 4:15)

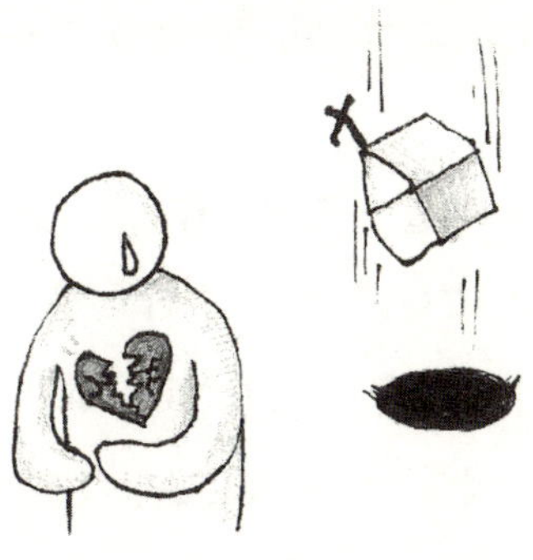

교인들이 교회를 떠나고 있다

교회는 '쉴 만한 물가'가 되어야

불과 한 세대 전만 해도 수백 명이 북적거리던 마을 교회에 지금은 주일에 10여 명의 노인들만 둘러앉아 조용히 예배하고 있습니다. 이는 현재 서구의 많은 지역에서 흔히 볼 수 있는 일반적인 풍경입니다. 대도시의 교회들도 마찬가지입니다. 과거에 수많은 사람이 모이던 중·대형 교회들이 이제는 관리 유지조차 힘들어 다른 용도로 개조되거나 팔려 나가고 있습니다.

1995년 당시 65%의 영국인이 기독교인이라고 응답을 했으나, 단지 전 국민의 8% 미만이 주일 예배에 참석하고 있었습니다. 그런데 그 후의 조사에서는, 1979년과 2005년 사이 단지 26년 만에 영국 교회 출석 교인 수가 반 토막으로 줄어들었습니다. 교인들이 교회를 떠난 것입니다.

전에는 이런 이야기를 들으면, 안타까워하면서도 그저 남의 나라 이야기로 치부했었습니다. 그런데 더 이상 그런 사치를 누릴 수 없게 되었습니다. 지금은 한국의 교인들도 교회를 떠나고 있습니다. 지난 30년간 건물만 지어 놓으면 차고 넘치던 성장 신화가 이제는 거품이었다는 것을 보여 주는 징조들이 여기저기에서 나타나고 있습니다.

성장과 증식에 힘을 쏟아 비대해진 한국의 중대형 교회들이 점차 고질적인 성인병으로 활력을 잃어 가고 있습니다. 세속적 복과 외적 성장만을 추구하며 변질된 복음을 전한 교회들에 대하여 매서운 응징이 시작되고 있는 것입니다. 물론 이는 우연한 일이 아니라, 심은 대로 거두는 것입니다. 내실 있는 일은 제대로 하지 않고, 계속 먹고 몸집 키우기에만 몰두를 했으니 병이 난 것입니다.

자신들의 교회를 키우기 위해서라면, 이웃의 작은 교회들이 죽든 말든 크게 상관하지 않았습니다. 그리고 예배당 신축을 위해서라면, 가난한 교인들을 압박하여 그들의 속주머니까지 넘보는 행위도 결코 사양하지 않았습니다.

아울러 건축 헌금을 더 걷기 위해, 단순히 예배와 모임을 위한 처소를 '성전' 이나 '거룩한 땅' 이라고 우기며 순진한 신도들을 기만하였습니다. 그리하여 바람마저 피하기 힘든 '솔로몬 행각' 에서 모이던 사도행전 성도들의 그 가난한 마음과 검소한 정신은 모두 사라지고, 세속적 성취와 안일한 편리주의가 순수한 옛 신앙을 몰아내고 있습니다.

또한 목적이 수단과 방법을 모두 정당화하고 합리화하고 있습니다. 교회 공금을 유용하여 치부하는 목사나, 성추행을 한 목사들도 설교를 잘하고 교회를 키우는 능력만 있으면 그냥 적당히 넘어가자고 합니다. 그래서 '진리가 이끄는 삶'이 옳은 것이 아니라, '목적이 이끄는 삶'이 옳은 것이고 복인 것처럼 선전하며 외형적 성장에 명운을 걸어 왔습니다.

목사, 장로 그리고 집사들

어느 통계에 의하면, 한국의 비교인들 반수 이상이 과거 교회 출석 경험이 있다고 합니다. 그동안 얼마나 많은 사람이 교회를 떠났는지 짐작할 수 있게 해 주는 반증 자료입니다. 반면에 최근 가톨릭 신도의 수는 급격히 증가하였습니다. 개신교에 실망하여 개종한 교인들도 여기에 적지 않은 기여를 하였습니다.

많은 사람이 교회를 떠나는 이유를 여기서 또 다시 중복하여 일일이 나열하고 싶지는 않습니다. 또한 세상이 너무 좋아서 교회를 떠나는 분들도 일단은 논외로 하고자 합니다. 오히려 교회의 부정적인 모습에 상심하여 교회를 떠나는 분들이 더욱 시급한 문제이기 때문입니다.

심할 경우는 교회를 사랑함에도 불구하고 교회를 떠나는 분들이 있습니다. 아니 때로는 더 머물고 싶어도, 사욕으로 눈이 먼 교권에 의해 강제로 내몰리기도 합니다. 최근 제자교회나 경신교회 사태도 이런 현실과 무관하지 않습니다. 세상이 말세가 되니 목사가 교인들에게 교회에서 나가라고 합니다. 공금 횡령이나 성추행 의혹에 항의하며, 교회법을 지키자는 교인들의 지극히 상식적인 요구가 그리도 부당한가요?

교인 이탈 문제의 핵심은 대량 생산으로 불량화된 목회자들의 자질에 가장 큰 원인이 있습니다. 크게 결여된 경건과 어설픈 실력에도 불구하고, 어쩌다가 호황기에 기회를 잡아 갑자기 교회 지도자라는 신분으로 급상승한 일부 인사들이 자기 분수를 까맣게 잊게 된 것입니다. 그래서 낮아지고 섬기고 희생하고 인내하라는 성경의 가르침은 모두 탐욕에 저당 잡히고, 대접받고 누리고 군림하는 교만한 독재자가 되어 버렸습니다. 이분들은 머리에 기름을 바르고 얼굴에서는 광채가 나지만 경건의 능력은 별로 없는 사람들입니다. 그러니 자신에게 반대하는 이들을 선한 논리와 마음으로 설득시키지 못합니다. 온갖 부끄러운 부정과 비리는 자신들이 다 저질러 놓고, 오히려 이에 저항하는 교인들을 위선과 교권이라는 양날의 칼로 가차 없이 잘라내고 있을 뿐입니다.

많은 경우, 노회도 총회도 모두 한통속이니 거칠 것이 없습니다. 더구나 입만 열면 "아멘" 하고 화답하는 맹신도들이 뒤에서 든든히 후원을 해 주고 있습니다. 과거 군부 독재자들에게도 추종자들이 많았는데, 성직자로 포장된 이들에게 어찌 맹신도들이 없겠습니까? 이들 목회자에게만 문제가 있는 것은 아닙니다. 소위 교회생활을 오래

하였다는 주요 직분자들에게도 답답한 문제가 적지 않습니다.

개인적으로 필자는 어린 시절부터 교회 내에서 좋은 목사님, 전도사님, 장로님, 집사님 들을 너무 많이 보아 왔고 그분들을 진심으로 존경하고 있습니다. 그리고 언제나 그분들이 주신 사랑의 빛을 마음속에 소중히 간직하고 있습니다. 하지만 모든 교회가 그렇지는 못한 듯합니다.

먼저 가까운 지인이 경험한 일을 하나 소개하고자 합니다. 어느 도시로 이사를 하여 근처의 한 교회에 출석하게 되었습니다. 별로 크지도 않은 교회인데, 근 3개월이 지나도록 장로라는 분이 한 번도 다가와서 인사를 나누지 않더라는 것입니다. 처음에는 원래 성격이 저런 분인가 생각했습니다. 그래서 일부러 먼저 고개를 숙이며 가벼운 눈인사를 자주 드렸다고 합니다. 물론 반응은 아주 시큰둥했습니다.

하지만 이상하게도 좀 부유해 보이는 사람들이 새로 오면 이 장로님이 아는 척도 하고 잘 어울리더랍니다. 나중에 알고 보니 이분이 장성 출신이었습니다. 아마 자신의 수준에 맞는 사람들만 골라서 상대하겠다는 것인지는 잘 모르겠습니다. 하여튼 생업 때문에 그 교회를 떠날 때까지 계속해서 서먹하게 지냈다고 합니다.

비단 이런 장로님뿐만이 아닙니다. 다른 집사님들도 예배가 끝나면 자기들끼리만 즐겁게 몰려다닙니다. 그 구분은 거의 한가지입니다. 재산이 있거나 사회적 신분이 좀 좋아 보여야 거기에 낄 수가 있습니다. 그 순간 아파트 단지에서도 아이들이 평수대로 어울려 논다는 말이 생각났다고 합니다. 그래서 서운한 마음을 누르고 이 친구는 가능하면 구석에서 소외받는 다른 교인들을 살피고, 가깝게 지내려고 더욱 노력을 하였습니다.

그러나 이런 노력도 결국은 큰 효과가 없었습니다. 담임목사님 역시 차별적 분위기를 조장하는 데에 은근히 앞장서고 있었기 때문입니다. 부유한 교인들과는 친밀하게 지내시고, 그렇지 못한 교인들은 그저 의례적으로만 대했습니다. 설교도 너무 기복적이고 비성경적이며, 헌금만 지나치게 강조해서 교회생활이 매우 불편했다고 합니다.

더구나 후일에 들으니 교회 수련원 부지를 구입하면서, 일반 교인들이 모르게 부인 명의로 등기를 하였다고 합니다. 세월이 한참 지나면 이런 수법으로 교회 재산이 슬그머니 목사의 사유 재산으로 둔갑하게 될 것입니다. 그도 아니라면, 교회를 세습하여 대를 이어 죽도록 충성을 하겠다는 강한 의지의 표현일지도 모르겠습니다.

이런 경험은 단지 하나의 삽화에 불과합니다. 비록 정도의 차이는 있겠지만, 한국교회에서는 드문 일이 아닙니다. 필자는 과거 지방 근무나 출장 중에 여러 교회의 주일 예배에 참석할 기회가 많이 있었습니다. 그런데 설교 시간 내내 지역 목사님들이 단체 관광을 다녀오신 지루한 체험담만 듣다가 예배를 마친 기막힌 경우도 있었습니다. 같은 지역의 또 다른 교회에서는, 담임목사님이 예배 중에 성령을 받으라고 바람 소리를 내며 기도하는 것을 보기도 했습니다. 그 외에도 부부가 각자 십일조를 따로 내라거나, 일 년치 헌금을 미리 작정하라는 등 정말 보기 민망한 일들이 많았습니다.

이처럼 한국교회는 극소수가 비정상인 것이 아니라, 아주 상당수가 비정상이라는 데에 큰 문제가 있습니다. 오늘날 저급한 목회자들, 오만한 장로들 그리고 방자한 집사들이 한국교회 전도의 문을 정면에서 막고 있습니다. 아니 가만히 있는 교인들마저도 교회 밖으로 내치고 있습니다.

많은 여집사님들의 부드러운 입방아 또한 큰 재난입니다. 그리하여 교회 내에서 배고픈 것은 참아도, 기죽고는 도저히 못살게 만듭니다. 과도한 돈 자랑, 자식 자랑, 그리고 남편 자랑이나, 반대로 무책임한 험담들이 교회를 병들게 하고 믿음이 연약한 교인들의 마음을 멍들게 하고 있습니다. 그래서 진리에 목말라 교회를 찾아왔으나, 가슴에 상처만 가득 담고 떠나는 사람들이 많습니다.

수 년 전에 어느 노부부를 겨우 설득하여 집 근처 교회에 출석하시도록 한 적이 있습니다. 그런데 이분들이 거기서 얼마나 상처를 많이 받으셨는지, 지금은 목사나 예배당 소리만 들어도 진저리를 치십니다.

유형 교회의 한계와 새로운 시도들

많은 분들이 개혁을 논하다가, 이제는 교회 현실에 너무 실망하여 탄식할 힘마저 없다고 말하십니다. 실제로 교회 정의가 개선되고 있는 것이 아니라, 갈수록 그 교묘한 수법이 지능화, 고도화, 조직화, 그리고 일반화하며 악화되고 있기 때문입니다.

마침내는 한국 대부분의 제도권 교회들이 자정 능력을 상실했다는 절망적 결론에 도달하기도 합니다. 그러다 보니 문제 해결을 위한 적극적 의욕도 점차 약해지고, 냉소적이며 비판적인 방관자로 변하기 쉽습니다.

반면에 이런 냉소주의를 극복하고, 바른 교회를 이루기 위하여 새로이 구체적인 노력을 하는 분들도 적지 않습니다. 예배당 건물이 없는 교회, 담임목사가 없는 교회, 십일조가 없는 교회, 계급적 직분이 없는 교회, 유급 사역자가 없는 교회, 헌금 채가 없는 교회, 그리고 무기명 헌금만 받는 교회 등이 바로 그것입니다. 이 대부분은 순기능보다는 역기능이 더욱 크게 부각된 현실에 대한 반발에서 시작되었습니다.

물론 이런 시도들이 모두 옳고, 기존의 교회 제도가 무조건 잘못이라고 주장하는 것은 절대로 아닙니다. 기성 교회들이 스스로 바르게 개혁할 수 있으면 더욱 바람직합니다. 새로운 형태의 교회들 또한 언젠가는 또 다른 문제점으로 인하여 다시 개혁을 요구받게 될 수도 있습니다.

하지만 구더기가 무서워 장을 못 담그겠습니까? 교회 역사는 언제나 '순수'와 '비순수'의 싸움이었으며, 그 속에서 끊임없이 자기 성찰과 개혁이 필요함을 증명해 주고 있습니다. 세속의 한가운데에 존재하는 유형 교회들은 그 제도에 관계없이 계속해서 문제가 발생할 것입니다. 그 이름이 유대교든, 가톨릭이든, 개신교든, 또한 앞으로 그 무슨 이름이 새로 붙게 되든지, 근본적으로 그들의 구성원인 부패한 인생들이 쉽게 변화하지 않기 때문입니다.

그래도 냉소적으로 방관하거나 좌절하는 것은 옳지 않습니다. 기존 교회에 정 희망이 없다고 생각한다면, 차라리 다시 시작하면 될 것입니다. 교회 개혁이 루터나 칼뱅의 전유물은 아니지 않습니까? 두세 명이 모이면 어떻습니까? 열 명이나 백 명이 모이면 더욱 좋습니다. 작은 공동체도 지역 사회에서 그 능력에 맞게 얼마든지 유익한 사역을 할 수 있습니다. 그래도 박해 시대의 지하 교회들보다는 훨씬 좋은 여건이 아니겠습니까?

이제는 신도들의 인내에도 금이 가는 소리가 여기저기서 들려옵니다. 어느 해외 도시에서는 십여 가정이 전임 목회자도 없이 별도로 모여 예배를 하고 있는 곳도 보았습니다. 대부분이 지역 한인 교회들에서 크게 실망했거나 상처를 받은 분들이었습니다. 이 교회 저 교회를 기웃거리다가 그것도 지쳐서 아예 가까운 지인들끼리 따로 모이게 된 것입니다.

또한 필자가 존경하는 어느 선배 부부는 작은 '가정 교회'를 이루기 위해 기도하고 있습니다. 현직 회계사로서 자비량 사역을 위해 탄탄한 준비를 하고 있습니다.

이 외에도 다양한 형태의 신앙 공동체들이 시도되고 있습니다. 어떤 공동체는 마치 과거 청교도의 모체였던 '회중 교회'를 연상하게 하기도 합니다. 필자의 좁은 소견으로는 한국적 여건에서는 이 회중 교회의 장단점을 자세히 연구해 볼 가치가 충분히 있다고 생각합니다. 다만, 자신의 밥그릇을 크게 염려하는 일부 기득권 목회자들은 적극 반대하실지도 모르겠습니다.

먼저 '쉴 만한 물가'가 되어야

오늘날 많은 사람들이 교회를 떠나고 있습니다. 유럽의 교회들은 거의 텅 비어 가고 있고, 한참 흥행하던 미국의 교회들마저 급격히 쇠퇴하고 있습니다.

미국적 성공주의로 위장된 잘못된 복음의 약발이 거의 떨어져 가고 있기 때문입니다. 수년마다 수백만 명이 교회를 이탈하고 있습니다. 오죽해야 그 기세가 등등하던 수정교회(로버트 슐러 목사 개척)마저 파산 지경에 이르게 되었을까요? 그리고 이제는 한국교회를 주시해야 할 때입니다.

옳든 그르든 여기에는 여러 가지 이유가 있습니다. 다만, 교회가 이들에게 '쉴 만한 물가'를 충분히 제공해 주지 못했기 때문임은 변명할 여지가 없습니다. 이렇게 교회를 떠나는 분들을 함부로 판단하거나 폄하할 권한이 우리에게는 없습니다. 그러나 우리가 할 수 있는 일이 그래도 한 가지는 있습니다.

비록 사정에 의해 '유형 교회'를 일시적으로 떠나더라도, 그리스도의 몸인 '무형 교회'는 절대로 떠나지 말자고 격려해 주고 위로해 줄 수 있습니다. 그리고 그분들이 다시 함께 참여할 수 있는 자리를 마련해야 합니다. 또한 이를 위해 우리 자신들도 모이기를 더욱 힘써야 합니다. 우리가 함께 해야 할 일들이 아직도 많이 남아 있고, 또한 두세 사람이라도 내 이름으로 모인 곳에는 주님이 함께하신다고 약속하셨기 때문입니다.

교회는 건물이 아닙니다. 간판이나 종탑이나 십자가가 없어도 상관이 없습니다. 목사나 장로나 감독이 필요하기는 하지만, 반드시 그들이 있어야 교회가 되는 것도 아닙니다. 성경을 믿고 예수님을 구주로 고백하는 사람들이 모였다면 그것으로 일단 족합니다.

당장 무슨 대단한 일을 하기 이전에, 우선 교인들이 영육으로 '쉴 만한 물가'가 되는 것이 중요합니다. 그리고 교인들 사이의 화평과 사랑의 교제가 먼저 이루어져야 합니다. 그런데 현대 교회는 무엇이 그리 복잡하고, 화려하고, 요란하고, 분주하고, 이리도 번잡합니까? 오히려 이런 껍데기들을 열심히 챙기다가 속 알맹이를 잃어버린 것은 아닌지요.

결론을 말씀드리고자 합니다. 우리는 교회들이 타락하고 무너지고 있는 어두운 시대를 살고 있습니다. 때로는 짐이 너무 무겁고, 실망과 낙심이 우리를 매우 힘들게 하기도 합니다. 하지만 우리는 바울 사도처럼 이미 복음에 빚진 자들이며, 하늘의 소망과 믿음의 비밀을 함께 나누는 참된 복을 받은 사람들입니다.

교회를 떠나는 것보다 더욱 어려운 일은 교회에 남는 것입니다. 날 선 비판과 이유 있는 변명의 혼재 속에서, 제자들마저 교회를 떠날 수는 없습니다. 교회의 크기나 형태는 문제의 핵심이 아닙니다. 성경이 가르치는 '바른 교회'를 이루는 것이 중요하며, 마지막까지 남아 믿음의 순결을 지키는 그루터기가 되는 것이 더더욱 중요합니다. 신자들 한 사람 한 사람이 바로 그리스도의 몸인 교회이기 때문입니다.

따라서 나그네 된 삶을 사는 동안, 부족하지만 주님 안에서 더욱 용기를 내어 형제들을 서로 붙잡아 주어야 합니다. 그리고 바른 교회를 이루는 일이라면, 언제든지 감연히 나서겠다는 각오를 새로이 할 때입니다. 그래서 이런 작은 다짐들이 모아지고 열매를 맺어, 그리스도의 향기를 우리의 이웃들과 더욱 풍성하게 나눌 수 있게 되면 좋겠습니다.

예수님은 오늘도 변함없이 당신의 사랑하는 제자들에게 이렇게 묻고 계십니다. "너희도 가려느냐."(요 6:67)

> "모이기를 폐하는 어떤 사람들의 습관과 같이 하지 말고 오직 권하여 그날이 가까움을 볼수록 더욱 그리하자."(히 10:25)

병신도를 깨운다

허상, 허수, 허세가 만든 최고의 작품

최근 필자는 몇 분의 형제님들로부터 자신들이 섬기는 교회에서 겪고 있는 절박한 어려움을 호소하는 메일들을 받았습니다. 실명을 밝히신 그분들의 이야기 중에서 가장 두드러진 내용은 담임목사님들의 탐욕적인 행태에 대한 신랄한 고발이었고, 그다음으로는 그런 목사님들에게 무조건 맹종하고 순응하는 장로님들과 제직들에 대한 절망감과 탄식이 공통적으로 많았습니다.

그 형제님들이 장로님들이나 주요 어른들을 만나 "교회를 이렇게 개인 회사처럼 운영하는 것이 옳지 않으니, 담임목사님께 건의하여 이를 시정하는 것이 좋겠다"고 말을 꺼내면, 거의 다 완고하게 거절하거나 직접 가서 말해 보라는 식이었다고 합니다. 마치 꽉 막힌 절벽처럼 교회의 중직을 맡은 이분들은 요지부동이었습니다. 물론 담임목사님에게 가서 직접 건의를 하면, 순종을 강요하거나 아니면 "내 교회이니, 싫으면 네가 떠나라"는 식의 답변이 거의 공식이었다고 합니다.

목사에게 맹종하는 교인들

심지어 교인수가 350여 명 정도인 어느 지방 소읍에 있는 교회에서는 목사가 연봉을 1억 원이나 받고 있으며, 게다가 일반 교인들은 타기 어려운 최고급차를 타고 부흥강사까지 하며 수시로 돌아다니고 있다고 합니다. 과연 소읍에서 연봉 1억이 중류 가정의 수입이라고 말할 수 있을까요? 그리고 교회 운영 면에서도 마치 목사 개인 사업체처럼 왕 같은 권력 체제가 견고하게 구축되어 있었습니다. 이 모두가 그 교회 제직들과 교인들의 순응적인 협력과 지원 없이는 가능하지 못했을 것입니다.

비단 이 교회뿐만이 아니라, 전국에 있는 수많은 다른 교회에서도 부패한 목사님들이 개인기를 마음껏 발휘하며 부정을 행하고, 활개 칠 수 있도록 화려한 멍석을 깔아 주고 있는 충성된 일꾼들이 바로 이런 우직한 분들이 아닐까요? 이렇게 담임목사님께 무비판적으로 맹종하는 제직들과 교인들이 바로 이 글의 주제라는 것을 미리 알려드립니다.

지난 수십 년간 한국교회는 세계 교회사에 보기 드문 가시적인 성과를 이루어냈습니다. 이제는 서울을 비롯한 주요 도시에 교회가 줄줄이 늘어서고, 아울러 지방의 농어촌 지역이나 섬마을에 이르기까지 어디를 가도 교회가 없는 곳을 찾기가 힘들 정도로 교회와 교인수가 크게 늘어났습니다.

그런데 누구나 심각하게 우려하는 문제는 이런 양적 성장에 비해 질적인 성장이 제대로 뒷받침이 되지 못한 데에 원인이 있습니다. 그동안의 고속성장 과정에서 한국 개신교는 비판자들로부터 세 가지의 명예스럽지 못한 별명을 선물로 받았습니다. 그중에 대표적인 이름이 '개독교'이며, 다음은 목사님들에게 주어진 '먹사'라는 이름이고, 다른 하나는 신도들에게 선사된 '병신도'라는 이름입니다. 이것 또한 세계 교회사에 보기 드문 수치스러운 이름들이라고 할 수 있으니, 하여튼 한국 사람들은 평범한 것은 절대 못 참는 것 같습니다.

왜 개독교와 먹사로 불리게 되었는지는 이미 잘 알려진 사실이기에 생략하고, 이 글에서는 병신도라는 말에 관심을 가지고 몇 가지 내용을 생각해 보고자 합니다. '병신도'(病信徒)라는 말은 잘 아시는 대로 우리가 함부로 사용해서는 안 되는 비속한 단어입니다. 그 말을 쓰는 것 자체가 다른 분들에게 큰 상처를 줄 수 있기 때문입니다. 그럼에도 비판자들이 이를 사용한 것은 '평신도'와 발음이 매우 비슷한데다가, 나름대로 '병이 들어 잘못된 신도의 상태'를 잘 표현한다고 생각해서 채용한 속어로 이해됩니다. 어떤 분들은 빈병같이 속이 비었다는 의미로 한자어 '甁信徒'로 쓰기도 하는데, 그것도 역시 일리 있는 표현으로 보입니다.

아울러 필자도 이 글에서 불가피하게 '병신도'라는 말을 사용하고 있지만 이는 결코 어떤 특정인을 비하하거나 무시하는 의미에서 쓰는 것이 아니라, 이미 어느 정도 일반화되어 알려지고 있는 용어이기에 부득이 쓰고 있음을 양지해 주시기 바랍니다.

병신도를 키운 사람들

그러면 어떻게 평신도가 병신도라는 이름을 얻게 되었을까요? 구태여 왜 이런 오명을 갖게 되었을까요? 필자는 그 답을 필연적으로 먹사님들에게서 찾을 수밖에 없다고 생각합니다. 바로 이들을 키운 사람들이 먹사님들이기 때문입니다. 여기서 말하는 '먹사'란 보통의 건전한 목사님들을 말하는 것이 아니라, 교회를 철밥통으로 생각하고 사리사욕을 채우는 목사님들을 의미합니다. 우리가 흔히 말하는 귀족 목사와 비슷한 개념으로 보아도 크게 틀리지는 않을 것입니다.

이들은 기본적으로 평신도들이 깨어나는 것을 원치 않습니다. 평신도들이 성경을 많이 알고 제대로 깨달을수록, 자신들의 비즈니스에 더 큰 장애가 되기 때문입니다. 이는 마치 중세 교회 성직자들이 신도들로부터 성경을 빼앗아 못 읽게 만든 것과 비슷한 상황입니다. 어떤 시대에는 단순히 성경을 몰래 읽었다는 이유만으로도 이단으로 몰려 처형을 당했다니, 정말 인간의 간악함과 그 무지의 끝이 어디까지인지 절망감마저 듭니다.

하여튼 먹사님들이 바라는 최고의 교인이란 자신들의 말에 잘 따르고 적당히 똑똑한 병신도입니다. 고려대학교 김인수 교수는 이를 잘 지적하여 "목회자에게 의존하도록 성도를 양육하는 것은 목회자에게는 안정적이고 좋을지 모르지만, 성도는 병신도가 되고 하나님의 교회는 병들어 갈 것이다"라고 이미 한국교회에 단호하게 경고한 바가 있습니다.

하지만 보통의 먹사님들은 기본적으로 교회를 자신의 멋진 비즈니스로 알기 때문에, 교회의 운영이나 목회의 초점이 항상 양떼의 양적 성장과 털깎기에 맞추어져 있다고 보면 됩니다. 그래서 양들의 영혼에는 사실 크게 관심이 없습니다. 오로지 양들의 숫자와 몸집만 크게 키워 철따라 털을 깎아 수입을 올리면 되기 때문입니다.

그러니 설교와 교회 프로그램의 내용이 매우 다양한 것 같고 제법 신앙적인 것처럼 보이나, 결국은 '모여라, 돈 내라, 집 짓자!'로 귀결되는 것이 보통입니다. 이들의 교회에서는 선교도 구제도 봉사도 다 결국은 비즈니스 확대를 위한 멋진 명분이며 도구일 뿐입니다.

만일 어느 교회가 도둑질이나 악행을 가르친다면, 바보가 아닌 이상 누가 그 교회에 출석을 하겠습니까? 우리의 영리한 먹사님들도 이 사실을 누구보다 더 잘 압니다. 그래서 자신들을 경건하며 능력 있는 성직자처럼 가장하고, 교인들에게 다양한 신앙 프로그램과 그들을 크게 감동시킬 만한 그럴 듯한 사업들을 제시합니다.

그 대표적인 것들이 거창한 해외선교, 예배당 건축, 총동원 전도, 미자립 교회 돕기, 불우이웃 돕기, 그리고 기타 봉사 활동들입니다. 어찌 보면 그 자체로는 비난받을 일이 없는 정상적인 사업들입니다. 그리고는 현란하고 멋진 화술로 때로는 눈물까지 글썽이며 교인들의 순수한 신앙심에 호소합니다, "저 불쌍한 영혼들을 위해, 주님을 향한 사랑과 열정으로 우리 한번 해 보자! 순교적 각오로 나가자!" 그런 후에 양념으로 세계가 어쩌고 민족이 저쩌고 하며 헛바람을 조금만 더 넣어주면, 순진한 교인들은 가슴이 뜨거워지며 거기서 게임이 끝나버리게 되는 경우가 대부분입니다.

참으로 유치하고 속이 빤히 보이는 수법 같지만, 소위 믿음이 좋다는 교인들일수록 더 잘 넘어갑니다. 그 마음이 순수하기 때문입니다. 그래서 그런 교회에서 오래 생활하다 보면 매우 지각 있는 극히 일부 교인들을 제외한 대부분의 신도들은 자연스레 목사에게 맹종하는 병신도의 수준으로 전락하게 됩니다. 얼핏 들어도 크게 틀린 것 같지 않은 말인데다가 집단적으로 하도 자주 최면을 거니, 나중에는 거의 무비판적으로 담임목사의 말을 따르게 됩니다.

실제로 많은 먹사님들은 인기 연기자처럼 다양한 모습으로 설교도 매끄럽게 잘 하시기 때문에, 일반 신도들이 그를 참된 목사인지 아닌지 구별하기란 쉽지 않습니다. 심지어 처음에는 순수하게 잘 하다가, 배가 부르고 명예를 조금 얻더니 변절하는 목사들도 적지 않습니다. 아니 근자에 들어서는 적지 않은 정도가 아니라, 아주 상당수인 것으로 보입니다. 지난 수십 년간 편안히 호의호식을 즐기시더니 아예 단체로 동맥경화라도 걸린 듯, 양심이 뻣뻣하게 굳어져서 진리마저 버린 변절자들을 우리는 한국교회 내에서 날마다 보고 있습니다.

목사에 의존해 신앙생활을 하는 신자들

하여튼 병신도를 한마디로 정의하라면, 믿음이 있기는 있는데 스스로 독립적인 신앙 인격이 되지 못하고, 자신도 모르게 목사에 의존해 신앙생활을 하는 신자라고 정의해도 큰 오류가 없습니다. 아니 그보다 더 좋은 표현은, 목사를 열심히 따르는 것이 바로 예수를 따르는 것으로 착각하는 답답한 사람들이라고 할 수 있습니다.

그래서 이 병신도들에게는 몇 가지 비슷한 공통점이 있는데, 첫째는 유형 교회 그 자체를 매우 신성시합니다. 따라서 교회당을 성전이라고 부르거나, 목사를 '주의 사자' 처럼 믿고 높게 대접하며 맹종합니다. 당연히 교회의 모든 행사나 프로그램에 무비판적으로 적극 참여하며 헌신적으로 활동합니다. 둘째로, 십일조나 기타 헌금을 철저하고 성실하게 잘합니다. 남들이 적게 내면 믿음이 부족한 것으로 생각합니다. 셋째로, 일반적으로 성격이 착실하며, 자신들이 다른 교회 교인들보다 매우 건전하고 올바른 신앙생활을 하고 있다고 생각합니다. 따라서 누가 자신들의 교회를 조금이라도 비판하면 정색을 하고 변호합니다. 마지막으로, 자신들의 목사 수준에 걸맞게 세속적인 복과 성취를 매우 중요시하며 그것을 즐긴다는 것입니다. 이 외에도 더 있겠지만, 이 정도만 해도 아쉬운 대로 병신도 명단에 준회원으로 등록할 수 있는 기본 자격은 충분히 됩니다.

그런데 이분들에게 가장 큰 문제점은 '예수님의 참된 제자' 가 되지 못하고, 자신도 모르게 '목사의 제자' 로 길들여진다는 점입니다. 목사에게 배운 내용대로 따라하는 것은 잘하는데 자기 스스로 독립적으로 성경을 읽고, 연구하고, 고민하고, 판단해서, 실천하는 성숙한 신앙인격이 되기에는 많이 부족합니다. 물론 예외는 있겠지만, 이분들 대다수는 성경 지식이 적지 않으나 심한 편식으로 인하여 영양 불균형 환자들과 크게 다르지 않은 상태입니다. 성경을 배워도 헌신과 헌금을 통하여 복 받고 잘된다는 부분을 주로 배우고 또한 그 깊이가 한정되어 있기 때문에, 성경 전체에서 보여 주시는 하나님의 안타까운 마음을 스스로 이해하고 판단하기에는 역부족인 경우가 대부분입니다.

이러다 보니, 이 병신도와 먹사가 완벽한 조화를 이룬 교회들의 모습은 정말 가관이 아닐 수 없습니다. 먹사들은 갖은 명분과 핑계를 만들어 욕심을 채우고, 신도들은 이를 아주 좋게 여기며 따라가는 그야말로 속 터지는 일들이 빈발하고 있습니다. 즉 먹사는 병신도들을 양산하고, 그런 병신도들은 먹사의 악행을 지원하는 악순환의 고리가 형성됩니다. 이것이 바로 오늘날 우리가 흔히 주변에서 볼 수 있는 병든 교회들의 실체입니다.

그래서 예전에는 '평신도를 깨운다!' 고 신바람이 나서 열심히 제자훈련도 하고 바쁘게 보냈는데, 요즘은 깨울 평신도들마저도 별로 없는 것이 아닌가 하는 허전한 생각마저 듭니다. 다 스스로 제법 잘 믿는다고 생각하는 병신도들이 주변에 널렸기 때문입니다. 그래도 예전의 평신도들은 순박했던 편입니다. 요즘의 병신도들은 스스로 독실한 신앙인인데다가 설탕만 주로 먹고 자라서 단소리가 아니면 잘 듣지를 않습니다. 어쩌다 쓴소리를 좀 하면, 대부분은 성경까지 잘 인용하시며 오히려 매우 거친 반격을 거침없이 되돌려 주는 것이 보통입니다.

하여튼 과거에는 조용히 자던 평신도를 깨우는 것이 큰일이었다면, 지금은 마치 몽유병에 취한 듯 스스로 부지런히 움직이는 병신도를 깨워야만 하는 암담한 기분마저 듭니다. 물론 이는 훨씬 더 어렵고 힘든 일입니다. 요즘의 병신도들은 매우 완고한데다 스스로 똑똑하며 나름대로 정연한 논리를 지니고 있기 때문입니다. 마치 영화에서 깊은 매트릭스에 빠진 사람들의 모습을 상상해 보면 크게 틀리지 않을 것입니다.

삼허를 모아 놓은 종합예술품

널리 알려진 대로, 사랑의교회 전임 옥한흠 목사님은 지난 30여 년 동안 제자훈련을 하는 과정에서, 한국교회의 삼허현상(三虛現像)을 예리하고 아프게 지적하셨습니다. 그 삼허란 바로 허상(虛像), 허수(虛數), 허세(虛勢)라는 세 가지 환상과 신기루입니다. 어떤 분은 그 유명한 『평신도를 깨운다』는 책을 통해 한국교회를 각성시켰던 대표적 논리가 바로 "이 삼허에 속지 마라, 삼허를 추구하지 마라, 삼허의 악마성에 붙잡히지 마라"라고 할 수도 있다고 요약했습니다. 필자도 이런 논리가 문제의 핵심을 꿰뚫어 보는 매우 날카로운 지적이었으며 올바른 방향 제시였다고 크게 공감합니다.

여기서 주목할 점은 제자훈련을 잘 했다고 해서 모두 제자가 되는 것도 아니고, 반대로 제자훈련이 아닌 다른 방법으로도 얼마든지 제자가 될 수 있다는 것입니다. 그러나 이 점이 제자훈련 프로그램을 폄하할 이유가 될 수는 없습니다. 아무리 좋은 프로그램이나 시스템도 결국은 사람이 하는 것이고, 그러다 보면 완벽이란 있을 수 없기 때문입니다. 따라서 팀에 따라 좋은 제자가 많이 나올 수도 있고, 그렇지 못한 경우도 있습니다. 그렇다고 부분적인 실패가 두려워, 아무것도 안 할 수는 없지 않습니까? 이런 면에서, 제자훈련 자체는 매우 훌륭한 시도이며 그런 시도는 충분히 위로와 격려를 받을 만한 자격이 있다고 봅니다.

그럼에도 사랑의교회 여러 형제님들에게 매우 서운한 마음을 숨기고 싶지는 않습니다. 특히 새 교회당 건축 추진과 관련하여 어떻게 그리 조용할 수 있는지 그저 놀라울 뿐입니다. 두세 사람만 모여도 시끄러운 것이 우리네 사는 모습인데, 과거 어느 공산국가 전당대회도 아니면서, 수만 명이 모인 교회에서 어떻게 이런 중요한 문제에 그토록 반대가 없을 수 있는지 정말 경이롭기까지 합니다.

예전 예배당이 협소했다는 점에는 이의가 없습니다. 하지만 다른 해결 방법을 추진했어야 한다고 봅니다. 공청회 등을 통하여 교회 분립이나, 이미 훈련된 타 지역 제자들을 해당 지역 교회로 돌려보낸다거나, 근처 학교나 다른 건물 임대 등 다양한 방법을 공개적으로 연구하고 의견을 모았다면 분명히 제3의 해결책이 가능했었을 것이고, 설사 최악의 경우에도 지금처럼 일방적인 비판과 비난을 받지는 않을 것입니다.

교회가 웰빙센터가 아닌 한, 훈련을 마친 참된 제자들이라면 구태여 흩어지기를 두려워할 이유가 없지 않습니까? 좁아 터져 죽겠다면서, 훈련이 끝나고도 왜 그렇게 똘똘 뭉쳐 있어야 하나요? 아니면 벌써 30년이나 지났는데, 아직도 덜 커서 목사님 모유가 더 필요하다는 것인지요? 그리고 제자훈련은 꼭 사랑의교회에서만 해야 하는가요? 더군다나 그동안의 제자훈련을 통한 가르침이 옳았다면, 그 고가의 교회당이야말로 삼허가 추구하는 대형화의 신기루 그 자체가 아니겠습니까? 게다가 '백기사' 운운하며 반대를 허용치 않는 지도부의 치졸함에는 깊은 실망과 좌절감마저 듭니다. 필자를 포함한 많은 믿는 형제들이 새 교회당에서 '허욕'과 '허구'와 '허망'을 느끼고 있다는 것을 그대들은 아시는지요?

이야기가 약간 옆으로 흘렀지만, 하여튼 지난 한 세대에 걸쳐 사랑의교회를 비롯한 여러 교회들이 다양한 방법으로 이렇게 평신도를 깨우는 일에 몰두하고 있는 동안에, 다른 한편에서는 탐욕과 명예를 추구하시는 수많은 먹사님들이 거대한 양산체제를 갖추고 자기 교회의 신도들을 아예 단체로 병신도로 업그레이드하고 있는 비극이 병행되었습니다. 그리고 이제 와서 보니, 놀랍게도 이들이 대량생산한 병신도들이야말로 앞에서 언급했던 삼허를 다 모아 놓은 종합 예술품처럼 보이는 것입니다.

이런 이유로 이 병신도들은 앞으로 한국교회의 큰 짐이 될 것이 확실합니다. 만약 이 문제를 적절히 해소시키지 못한다면, 한국교회는 앞으로도 계속적으로 사회의 큰 지탄을 받고 전도의 문이 더욱 좁아지게 될 것이 분명합니다.

하여튼 한국교회는 이렇게 깨어난 평신도들과 시한폭탄 같은 병신도들의 혼재 속에서 지난 30여 년을 숨차게 달려온 결과, 이제

심은 대로 결실을 맺기 시작해서 그 열매들을 다양하게 보여 주고 있습니다. 요즘 전국 여러 교회에 나타나는 크고 작은 사건들이 바로 그 열매들입니다. 그런데 크게 우려스러운 것은 그런 열매들을 종합적으로 살펴보니, 비교적 견실하다는 평가를 받았던 교회들마저 매우 실망스러운 모습을 보여 주고 있다는 점입니다. 그러니 나머지 다른 교회들은 오죽하겠습니까? 아예 나머지 뚜껑을 열어 볼 용기조차 나지 않는 것이 필자의 솔직한 심정입니다.

루터와 칼뱅이 그랬듯이

여기까지 병신도의 형성 과정과 문제점들을 간략히 검토해 보았습니다. 이제 한국교회는 과거와는 또 다른 새로운 분기점에 와 있는 것으로 보입니다. 예전의 순박했던 평신도를 깨워야 하는 시대는 점차 지나가고, 앞으로는 고도의 매트릭스에 빠진 완고한 병신도를 깨워야 하는 더욱 어려운 시대가 다가오고 있습니다.

누가 보아도 이 문제는 마치 뜨거운 감자처럼 다루기 쉽지 않습니다. 만일 자신의 교회나 이웃 교회에 가서, "당신들, 성경을 제대로 읽고, 좀 똑바로 하시오!"라고 소리친다면, 입구에서부터 쫓겨나게 될 것이 거의 확실합니다. 아마 그들에게는 사도 베드로에게 예수 믿으라고 전도하는 사람처럼 보일 것입니다. 그런 식으로 몸으로 때워서 해결될 수 있는 일이 아니라는 것이지요. 그러니 누가 방법론을 좀 시원하게 말해 보라면 정말 뾰족한 수가 없어 보이기도 합니다.

하지만 역사를 돌이켜 보면, 사실 그 문제를 해결하는 원칙은 이미 우리가 잘 알고 있는 것입니다. 종교개혁 시대의 평신도들은 지금보다 더 무지하고 완고하였습니다. 중세 천년 이상을 어두운 매트릭스에 갇혀 살아왔으니 오죽했겠습니까? 따라서 과거 루터와 칼뱅이 그랬듯이, 우리 모두 성경으로 돌아가서 그 가르침을 겸허하게 따르며 부지런히 가르치고 전하는 것이 가장 정석적인 방법입니다. 우리 자신부터 삼허의 헛된 욕심을 버리고, 예수님께서 명령하신 '하나님 사랑, 이웃 사랑'의 좁은 길로 묵묵히 걸어가면 됩니다.

그렇게 할 때에 우리가 보기에 복잡하고 어려운 병신도 문제도 마치 거대한 빙산같이 서서히 녹을 것입니다. 먼저 믿은 우리 한 사람 한 사람이 스스로 사회와 교회 안에서 소금이 되고 그리스도의 향기를 발할 수 있다면, 비록 시간은 걸리겠지만, 병신도들도 자연히 함께 동화되고 변화되어 참된 주의 제자로 돌아올 수 있을 것입니다.

결론은 우리 모두가 합심하여 바르게 배우고, 바르게 살고, 바르게 가르치고, 꾸준히 전도하는 일이 문제를 푸는 당연하고도 유일한 해법입니다. 우리가 전심으로 기도하고 노력을 한다면 이러한 삶은 교회 내에서는 물론, 가정에서도, 학교에서도, 직장에서도 그리고 이웃에서도 구체적으로 가능한 일입니다. 그러면 오히려 이런 과정을 통하여 그동안의 외적 성장에 자만해 있던 개혁 교회들이 다시 한 번 스스로 각성하고 새롭게 변화되는 전화위복의 계기가 될 수 있습니다.

한 가지 더 첨언하고 싶은 것은, 필자 자신을 포함해서 우리 중에 그 누구도 이 '병신도'란 이름에서 쉽게 자유로울 수 없다는 사실입니다. 병신도란 이름은 태어날 때부터 주어지는 고유명사가 아닙니다. 우리가 원치 않아도, 건강을 잃으면 자연히 병이 들어 환자가 되는 것과 같은 이치입니다. 따라서 우리가 성경의 가르침을 늘 마음에 담고 자신을 부지런히 살피지 않는다면, 우리 자신도 언제든지 병든 신도가 되어 교회와 사회에 누를 끼치고 다른 사람들에게 큰 아픔을 줄 수 있다는 사실을 가볍게 보아서는 안 됩니다. 이런 이유로 병신도를 깨우는 일은 남이 아니라, 언제나 우리 자신에서부터 시작되어야 한다고 말하고 싶습니다.

병신도는 우리의 형제들

또한 잊지 말아야 할 점은 병신도들이 우리의 형제들이며 자매들이라는 사실입니다. 따라서 이분들을 깨우고 도와서 참된 동역자로 세우고 진정한 예배, 선교, 구제, 교육, 그리고 지역 사회를 섬기는 일에 동참시키는 일은 개혁 교회가 마땅히 감당해야 할 책무이며 소홀히 해선 안 될 중요한 사역입니다.

그리고 비록 이 일이 어려울지라도, 너무 낙심해서도 안 될 것입니다. 아직도 우리에게는 바알에게 무릎을 꿇지 않은 여러 믿음의 동역자들이 있고, 또한 무엇보다도 우리 신자들의 가슴마다 심겨진 그리스도 예수님의 사랑과 하늘의 소망은 그 누구도 앗아 갈 수 없기 때문입니다.

> "이 땅에 무섭고 놀라운 일이 있도다 선지자들은 거짓을 예언하며 제사장들은 자기 권력으로 다스리며 내 백성은 그것을 좋게 여기니 마지막에는 너희가 어찌하려느냐."(렘 5:30~31)

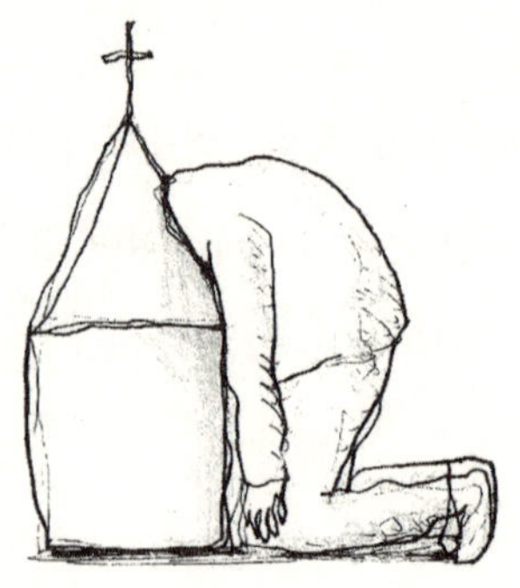

교회밖에 모르는 예수쟁이들

반성이 필요한 교회 중심 생활

주일 아침이 되면, 먼저 9시 교회 학교 예배에 참석합니다. 중고등부 교사이기 때문입니다. 교회 학교 다음은 11시 대예배입니다. 예배 후에는 바로 성가대 연습이 있습니다. 그 뒤 점심 식사를 마치고 오후 2시 청년부 집회에 참석합니다. 조별 모임까지 다 끝나면 4시 30분 정도가 됩니다.

그러다 보니 7시 저녁 예배 시간이 다소 어중간합니다. 그래서 대개는 교회에서 나머지 오후 시간을 보내다가 저녁 예배에 참석합니다. 이렇게 집에 돌아오면 밤 10시가 되는 것이 보통입니다. 주일

하루 온종일을 교회에서 보낸 셈입니다. 그 외에도 틈이 나는 대로 수요 예배, 금요 기도회, 토요 모임, 새벽 기도회, 구역 예배 등에 참석합니다. 물론 평일에는 직장에 나가서 저녁까지 근무를 해야 합니다.

필자가 잘 아는 어느 청년의 실제 교회생활을 잠시 열거해 보았습니다. 주일 아침 교회 학교부터 시작해서 대예배, 성가대 연습, 부서별 오후 집회, 그리고 저녁 예배(또는 오후 예배)까지 교회 내의 여러 모임에 참석하고 밤에 집으로 돌아오면 몸이 거의 녹초가 됩니다. 식사 준비나 설거지 등 교회 허드렛일도 모두 교인들의 몫입니다. 게다가 장로나 권사 등 주요 직분자들은 목사님의 눈총을 의식해 주일 새벽 기도회를 거르기도 불편합니다.

흔히 목회가 힘들다는 말을 많이 듣지만, 신도들도 결코 쉽게 살고 있는 것이 아닙니다. 평일에는 직장이나 가사일로 시달리고, 주일마저 제대로 쉬지 못할 경우가 많습니다. 이러니 교인들이 평일에 사회에서 제대로 정상적인 생활을 하는 것이 도리어 기적입니다. 아마 전 세계 어디에서도 한국교회 신도들보다 더 심하게 한 주일 내내 개고생을 하는 교인들은 보기 힘들 것입니다.

그래서 비신자들 중에는 '교회에 나가고 싶어도, 너무 피곤하게 해서 겁난다'고 말을 하는 분도 있습니다. 더구나 교회 내의 집회나 프로그램이 더욱 다양해지고 있어 갈수록 더 분주해지고 있습니다. 심지어 어느 대형 교회는 매일 새벽 기도회에 모이는 운동까지 한다니 문제가 더욱 복잡합니다. 하여튼 한국교회의 열심은 정말 알아주어야 합니다.

절제가 필요한 교회 중심 생활

필자도 한때는 '교회 중심 생활'을 매우 사랑했습니다. 교회에 가면 편안하고 행복했습니다. 성경을 배우는 것이 너무 기뻤고, 믿음의 친구들과 어울리는 것이 즐거웠습니다. 또한 존경할 만한 목회자들과 친절한 성도들이 마냥 좋았습니다. 친구의 인도로 처음 출석한 교회에서 예수님을 만났고, 사랑을 배웠고, 그리고 성경 이야기 속에서 꿈을 키웠습니다.

하지만 이런 교회 중심 생활에도 큰 절제가 필요함을 깨달은 것은 한참 후의 일입니다. 그 이유는 신자들 삶의 중심이 예배당뿐만이 아니라 오히려 가정, 직장, 학교, 지역 사회 등 '인생의 전 영역'에 균형이 있게 자리해야 옳기 때문입니다.

오늘날 많은 신도들은 매우 성공적인 '선데이 크리스천'이 되고 있습니다. 그러나 유감스럽게도 '에브리데이 크리스천'이 되는 데에는 크게 실패하고 있습니다. 교회에서는 매우 경건하고, 가정에서는 약간 경건하나, 정작 사회에서는 별로 경건하지 않은 이중생활을 합니다. 주일날 교회에서는 모두 다 독실하신 장로, 권사, 집사 그리고 교사이신데, 평일에 직장이나 학교나 지역사회에서는 이분들이 다 어디에 숨어 계시는지 그 향기를 느끼기 힘듭니다.

오히려 평소에 참으로 야박하고 까다롭기로 소문난 어떤 직장 상사가 나중에 알고 보니 교회 장로라는 말을 듣기도 합니다. 부패와 탐욕으로 큰 비난을 받는 어느 유명 인사 역시 장로라는 말을 듣고 크게 놀란 적도 있습니다. 직장에서 점심때마다 꼬박꼬박 기도를 잘하는 동료 집사가 매우 이기적이며 인색한 사람이라는 주위의 평을 들으면 마음이 많이 아픕니다. 교회에서는 제사장처럼 경건하신 목사님이 막상 가정에서는 진정한 사랑과 존경을 받지 못하는 경우도 있습니다.

사실 교회 내에서 경건한 신자 노릇을 하는 것은 그리 어렵지 않습니다. 마치 온실에서 화초를 키우는 일과 비슷합니다. 믿음 좋은 모습으로 교회 일을 열심히 하겠다는데 누가 말리겠습니까? 정작 큰 문제는 사람과 사람이 부딪치고, 생각과 생각이 부딪치고, 그리고 이익과 이익이 부딪치는 세상 속에서 신자다운 삶을 사는 것입니다.

오늘날 한국교회 '대형화 추구' 현상의 이면에도 바로 이 '교회 중심 생활'을 잘못 오용한 측면이 있습니다. 목회자들의 깊은 자성이 있어야 합니다. 이분들은 신도들이 세상 속에서 구별된 삶을 실천하는 한 알의 밀알이 되기보다는, 우선적으로 교회에 '죽도록 충성하는 일꾼'이 되기를 바라고 또한 그렇게 유도하고 있습니다. 교회의 외형적 성장에 당장 큰 도움이 되기 때문입니다.

그런데 교회가 우선입니까, 아니면 가정이 우선입니까? 어떤 목회자들은 쉬운 이야기도 매우 어렵게 돌려서 말하는 특별한 재능을 지니고 있습니다. 가장 좋은 것은 적절한 균형이 있는 것이고, 양자택일의 극단적인 경우라면 가정을 돌보는 것이 우선해야 하지 않겠습니까? 가정보다 교회에 열성인 신앙생활을 강조하는 것은 본래 이단과 사이비 교단의 주요 특징 중의 하나입니다. 그런데 요즘은 소위 보수 교단에 속하는 교회들에서조차 이런 행태를 은근히 따라하고 있습니다.

그 결과 한국교회는 평생 교회 일에만 매달려 세월을 보내게 하고, 실제 가정과 사회에는 별 유익과 영향을 주지 못하는 미성숙한 기독교인을 양산하고 있습니다. 그래서 기독교인의 수가 거의 천만 명에 이르렀지만, 세상의 빛과 소금이 되기는커녕 오히려 사회의 손가락질을 받고 있습니다.

또한 신도들의 교회 경력은 계속 높아지지만, 속사람이 별로 새로워지지 못하고 있습니다. 과거 새신자일 때나 집사나 장로가 된 지금이나, 신앙적 미자립 상태로 변함없이 그저 담임목사의 모유만을 찾는 발육 부진의 신앙생활에 머무르는 경우를 흔히 봅니다. 그리고 상당수의 이런 사람들이 직분자라고 양복 입고 무게를 잡으며 목사의 시녀 노릇이나 하고 있으니, 오늘날 한국교회가 이 모양 이 모습이 된 것입니다.

이렇게 교회는 성장하더라도, 교인은 별로 성장하지 못한 곳이 바로 지금의 한국교회입니다. 많은 목회자들은 교회의 이름으로 모이고, 돈 내고, 건물 짓고, 선교하고, 구제하고, 그리고 봉사하는 일을 목이 터져라 강조하여 교회 성장에 큰 재미를 보고 좋아합니다.

하지만 이분들은 반면에 가정과 직장과 사회 속에서 신자들의 삶이 서서히 망가지며 고통 받고 있음을 크게 간과하고 있습니다. 게다가 일부 귀족 목사님들의 배부르고 오만한 행태를 보면, 도대체 신도들의 그런 고통에 제대로 관심이나 가지고 있는지 의심스럽습니다.

성숙한 신자로 사는 일

한국교회는 모이는 일에는 성공하고 있으나, 흩어지는 일에서 크게 실패하고 있습니다. 끼리끼리 모여 지지고 볶는 일에는 이미 경지에 이르렀으나, 지역사회에 소망을 주고 유익을 주는 일에서는 큰 낭패를 보고 있습니다. 각자 삶의 영역에 흩어져 신자답게 사는 일에서 그만 쓴잔을 마시고 있는 것입니다. 그 결과 탈세한 장로 사장이 욕을 먹고, 직장에서 이기적인 집사가 따돌림을 당하고 있습니다. 그리고 권사 시어머니와 집사 며느리가 서로 반목하고 있습니다.

이 점에 있어서는 누구도 그리 쉽게 자유롭지 못합니다. 필자 역시 과거 신자답지 못하게 처신한 행동이 문득 떠오를 때면, 밤에 이불 속에서도 혼자 얼굴이 뜨거워집니다. 틈만 나면 잘난 척하고, 남을 가르치려만 들고, 부동산 투기에 동조하고, 사치 풍조에 어울리고, 불의한 이익에 관대하고, 가난한 친척과 이웃에 무심하고, 직장에서 적당히 시간을 때우고, 부하 직원에게 거칠고, 그리고 가정에서 완고한 것이 우리들의 한심한 모습입니다.

요즘 교회와 교인들은 넘치는데, 참된 제자들은 보기 힘들다고 합니다. 교인들이 '신자다운 삶'을 사는 데에 실패한 결과입니다. 수십 년 동안 시계추처럼 교회만 왕래하면 뭐합니까? 사람이 좀 달라져야지요. 허구한 날 성경을 배우고 연구만 하면 뭐합니까? 나가서 실천을 해야지요. 신도들의 생활을 진정으로 변화시키지 못하는 신앙은 잘못된 신앙입니다.

따라서 이제라도 우리는 구태의연한 교회 중심 생활을 깊이 반성해야 합니다. 아울러 가정과 직장과 사회 속에서 신자다운 삶을 먼저 회복하는 것이 중요합니다. 특히 목회자들부터 근본적으로 생각을 바꾸어야 합니다. 교인 수에 집착하고 교회 성장에 촉각을 세우기 전에, 먼저 교인들이 어디에서든 독립적인 신앙 인격을 갖추고 신자답게 살 수 있도록 도와주어야 합니다.

그리고 모두들 자기 권리를 철저히 챙기는 이 영악한 시대에, 우리 신자들만이라도 조금 손해를 보고 살면 좋겠습니다. 가정의 화평을 위해서라면, 내 권리와 편리를 크게 양보해야 합니다. 나 자신의 희생이 없는 화평이란 있을 수 없습니다. 또한 진정으로 변화된 그리스도인이라면 따뜻한 시어머니와 착한 며느리가 되어야 합니다. 부모, 남편, 아내, 형제, 그리고 자녀도 마찬가지입니다.

직장에서도 전도에 욕심 부리기 전에, 우선 남들을 세워주고 도와주는 마음이 선행되어야 합니다. 진급이 좀 늦어지면 어떻습니까? 가능하면 남보다 조금 더 나누어 주고, 조금 덜 가져야 합니다. 시장에서도 너무 깎지 말고 제값을 주고 사면 좋겠습니다. 남들은 일부러 구제도 하는데, 영세한 상인들에게 박절해서야 되겠습니까?

이런 면에서 신자들은 세상에서 다소 어수룩해 보이고, 바보가 되어도 좋을 것입니다. 모두들 자신의 이익을 철저히 챙기는 빡빡한 세상에서 신자들만이라도 좀 윤활유가 되고 향유가 되면 좋지 않을까요? 수단과 방법을 가리지 않고 돈을 모아 헌금을 많이 한들 무슨 영적 유익이 있겠습니까? 오히려 예수님을 만나고 변화된 삭개오처럼 자기 것을 비우는 마음이 중요합니다.

세상과 소통하는 신자가 되어야

한국교회의 참된 성공은 큰 건물을 짓거나 예배당을 많이 늘리는 데에 있지 않습니다. 설교를 잘하는 유명 목사들이 많아야 하는 것도 아닙니다. 계속해서 장로 대통령이 나오고, 장로 기업인들이 많이 늘어나야 하는 것도 아닙니다. 진정으로 시급히 필요한 것은 교회는 물론, 가정과 사회 속에서 제자 된 삶을 구체적으로 성실히 실천하는 '경건한 신자' 들이 늘어나는 일입니다.

목회자들이 먼저 전심으로 힘써야 할 일은 '교회의 성장' 이 아니라, '교인의 성장' 이 되어야 합니다. 그래서 이제라도 우리는 교회밖에 모르는 예수쟁이, 복만 밝히는 예수쟁이, 겉과 속이 다른 예수쟁이, 강자들 편에만 서는 예수쟁이, 부와 권력을 탐하는 예수쟁이, 타 종교에 무례한 예수쟁이, 이웃에 냉담한 예수쟁이, 그리고 사회 정의를 외면하는 예수쟁이 생활을 필히 청산해야 합니다.

아울러 '헤롯성전' 을 폐하신 예수님처럼, 필요하다면 우리도 '예배당' 이라는 높은 울타리를 허물어야 합니다. 그래서 그 속에서만 거룩한 척 위선하지 말고, 세상에 실제적인 도움을 주며 소통하는 '선한 사마리아인' 이 되어야 합니다. 세상이 욕을 하든 말든 예배당 바닥에 머리를 처박고 유아독존 하는 신자가 되어서는 곤란합니다. 갈수록 어두워지는 이 세대에 예배당 속에 안주하는 신도들은 단지 빛을 잃은 등불이며, 맛을 잃은 소금이 될 뿐입니다.

우리는 이미 신자다운 삶을 사는 데 무수한 실패를 했고, 또한 앞으로도 계속해서 실망할지 모릅니다. 하지만 결코 좌절해서는 안 됩니다. 또한 손해보고 사는 것을 두려워해서도 안 됩니다. 오히려 용기를 내어, 기필코 예수님의 가르침을 제대로 따르겠다는 거룩한 다짐이 필요할 때입니다.

그래서 자신에게 주어진 삶 속에서 어찌하든 제자답게 한번 바르게 살아 보자고, 때로는 잠을 설쳐 가며 기도하고 고심하는 진정한 예수쟁이들이 더욱 많아지기를 기대해 봅니다.

> "또 누구든지 너로 억지로 오리를 가게 하거든 그 사람과 십리를 동행하고 네게 구하는 자에게 주며 네게 꾸고자 하는 자에게 거절하지 말라."(마 5:41~42)

빼앗긴 교회

극에 이른 교회 사유화

목회란 "내 양을 먹이라"는 예수님의 지상 명령을 수행하는 거룩한 사역입니다. 그리고 현재 대부분의 개혁 교회 내에서는 목사에게 우선으로 맡긴 주요 직무이기도 합니다.

역사적으로 볼 때, '목사'라는 직분이 본격적으로 사용된 것은 루터와 칼뱅의 종교개혁 이후부터입니다. 당시 개혁자들은 중세 교회의 계급적 사제직을 폐하고 대신에 이 목사직을 세웠습니다.

그런데 한글 성경에 '목사'라고 번역된 이 직분은 신약성경 속에 단 한 번, 그것도 아주 간략하게 언급되어 있습니다. "그가 어떤 사람은 사도로, 어떤 사람은 선지자로, 어떤 사람은 복음 전하는 자로, 어떤 사람은 목사와 교사로 삼으셨으니." (엡 4:11) 여기서 성경 원문인 헬라어 단어는 '포이멘(ποιμήν)' 으로 목자 또는 양치기라는 의미이며, 이 단어의 라틴어 번역 '파스토르(pastor)' 에서 목사를 의미하는 영어 단어 'pastor' 가 유래했습니다.

그리고 초대교회의 상황을 보여 주는 신약성경에는 구체적으로 누가 그 목사직을 받았고 또한 어떤 사역을 했다는 자세한 설명이 생략되어 있습니다.

다만 '사도' 나 '복음 전하는 자' 그리고 '교사' 와는 별도로 분류한 것으로 미루어 추측할 때, 일단 전도나 선교나 교육은 포이멘의 일차적인 직무가 아니었다고 보입니다. 따라서 단어 그대로 '양치기' 또는 '양을 돌보는 자' 로 해석함이 무난할 듯합니다.

이런 면에서 보면 현재의 목사직은 포이멘의 역할보다는 도리어 신약성경 다른 부분에 언급된 '가르치는 장로' 에 더 가깝다고 볼 수 있습니다. 그리고 양들을 돌보는 장로나 집사직이 오히려 원어 그대로의 포이멘에 더 가까운 역할이 아닌가 하는 느낌이 드는 것은 매우 흥미로운 점입니다.

하지만 빌립과 스데반이 전도하거나, '다스리는 장로' 가 구제를 한다고 해서 그것이 크게 잘못된 일은 아닐 것입니다. 직분은 신분이 아니므로 필요하면 중복적인 역할이 얼마든지 가능하기 때문입니다. 하여튼 오늘날 목사직의 기능에 대하여 교단별로 다소 혼선이 있는 것도 이 포이멘에 대한 다양한 해석에 연유합니다.

목회는 종합적인 사역

여기서 우리는 먼저 목회에 대한 정의를 분명히 할 필요가 있습니다. 적지 않은 분들이 목회를 목사나 전도사 등 교역자들의 전문 분야로만 생각합니다. 하지만 이는 오해의 여지가 있습니다.

예수님께서 누구에게 "내 양을 먹이라"고 하셨는지를 우선 고려해야 합니다. 이미 잘 아시는 대로 이는 예수님을 그리스도로 고백한 사도 베드로에게 하신 말씀입니다. 그러면 혹자는 베드로나 다른 사도들만이 목회하는 것인가 하는 의문을 가지실 것입니다. 물론 아닙니다. 만일 그런 식으로 해석해야 한다면 사도 시대 이후에는 아무도 목회를 할 자격이 없을 것입니다. 결국, 가장 합리적인 해석은 예수님을 구주로 고백하는 모든 제자에게 하신 명령으로 보는 것입니다.

더구나 오늘날의 목사는 사도가 아닙니다. 또한, 다른 직분보다 우월한 특수 직분도 아닙니다. 단지 장로나 집사처럼 신약성경에 언급된 교회 내 여러 중요한 직분 중의 하나입니다. 집사가 장로보다 낮은 직분도 결코 아니고, 목사 역시 '가르치는 장로'의 직임을 맡은 사람일 뿐입니다. 그 누구도 스데반의 사역이나 설교가 사도 베드로보다 못하다고 생각하지는 않을 것입니다.

따라서 목회를 목사만이 하는 것으로 생각하는 것은 잘못된 인식입니다. 목회는 단순히 가르치는 일만이 아니라 '종합적인 사역'입니다. 양들을 말씀으로 먹이고 가르치는 일이 목사나 교사의 주요 사역이라면, 양들을 치고 돌보는 일은 장로나 집사의 사역입니다.

그러므로 일부 교회에서 가끔 보는 것처럼, 목사가 홀로 독주하며 가르치고 다스리고 관리하고 돌보는 모든 일에 깊이 관여하여 월권하는 것은 크게 잘못된 일입니다.

그 직분이 목사이든 또는 장로나 집사이든 결국 목회는 모든 주의 제자들에게 맡긴 공동의 사역입니다. 즉 가르치고 다스리고 섬기고 돌보고 관리하고 봉사하는 이 모든 일이 서로 다른 일이 아니라, 사실은 모두 같은 목회의 영역에 속해 있다고 말할 수 있습니다.

바른 인식은 바른 실천에 필수적이며, 바른 실천만이 바른 열매를 맺게 해 줍니다. 왜 지금 한국교회에 엉뚱하고도 기형적인 열매들이 이리도 많을까요? 여러 이유 중의 하나가 현행 목사직에 대한 우리의 잘못된 인식과 절대 무관하지 않다고 봅니다.

목사직의 변질과 세속화

종교개혁 이후 목사직은 많은 도전을 받아 왔습니다. 종교개혁 초기 시대에는 목사직이 헌신적이며 강력한 지도력으로 교회의 진리와 순결을 지키며 긍정적인 역할을 한 바가 매우 큽니다. 반면에 개혁 교회가 점차 성장하면서 비대해지자 그 역기능도 많이 표출되었습니다. 특히 근세에 이르러 미국 교회와 한국교회 상당수 유명 목사들의 타락이 그 대표적인 예입니다. 그런 결과 때문에 목사직이 과거처럼 지역사회에서 각별한 존중을 받지 못하고 있는 것은 정말 안타까운 일입니다.

우선 한국의 대형 교회들을 한번 살펴보시기 바랍니다. 그중에서 사회의 존경을 받는 목회자가 과연 몇이나 있는지요? 도리어 듣기에도 거북한 욕을 먹고 있습니다. 게다가 일부 교회들은 목회 독재를 넘어 아예 목사 왕국을 만들고 있습니다. 어떤 목사는 당회의 승인을 통한 정당한 절차나 영수증조차 없이 교회 공금을 수십억이나 유용하고도 계속 설교를 합니다. 또한, 이대 세습은 기본이고 심지어 삼대 세습까지 넘보는 목사도 있습니다. 성추행한 목사도 당당히 목회합니다.

더구나 교단 상층부를 장악한 교권주의 목사들은 이권에 따라 몰려다니며 뇌물을 주고받고 매우 분주하지만 그 어떤 치리도 없습니다. 이분들은 과연 신도들의 심정이 어떤지를 알고나 있을까요? 마치 어물전에 그럴듯한 생선은 별로 없고 꼴뚜기만 잔뜩 늘어놓은 기분입니다.

그런데 거의 예외 없이 이들의 공통점은 부자라는 사실입니다. 사이비나 이단의 교주 중에 부자가 아닌 사람을 보셨는지요? 마찬가지로 이들 변질한 목회자들은 겉으로는 성직자라고 위선을 떨지만, 뒤로는 언제나 돈을 챙기고 있습니다. 이단의 교주들이나 하던 부끄러운 일들을 요즘은 소위 건전한 정통 교단의 목사라는 분들이 밝은 대낮에 자행하고 있다는 점에서 문제가 더욱 심각합니다.

양들을 먹여야 할 목회자가 오히려 양들을 약탈하고 있습니다. 양들을 먹이는 것이 아니라, 도리어 양들을 먹고 있는 것입니다. 그러니 이들이 무조건 교회 덩치만 키우려는 이유가 잘 설명이 됩니다. 한국교회가 영적 비만에 걸린 가장 큰 이유도 대형 축사들을 지어 육류용 목축에 몰두하는 이런 거짓된 목동들 때문입니다.

결국, 문제의 핵심은 먹이기 위한 목회가 아니라 먹기 위한 목회를 하는 데에 있습니다. 이런 '밥벌이 목회'가 자신을 망치고 동시에 교회를 망치고 있습니다. 그래도 단순히 밥벌이 정도에서 그치는 목회는 순진한 편에 속합니다. 이보다 더 심한 목회는 '돈벌이 목회'입니다. 대형 교회들은 그 덩치에 걸맞게 부정도 대형으로 저지르고 있습니다. 한번 터졌다 하면 수십억 수백억입니다. 터지지 않은 비리는 또 얼마나 많을까요? 그래서 웬만한 귀족 목사들은 재벌이 부럽지 않은 호사를 누리고 있습니다. 그리고는 하나님의 축복으로 이렇게 잘산다는 식으로 자신들을 합리화하고 오도합니다.

신도들에게 헌금을 강조할 때는 "네 보물이 있는 곳에 네 마음도 있다"고 청빈한 선지자처럼 열변을 토하지만, 정작 자신들은 이 땅에 부를 쌓고 있는 배도한 행동을 하고 있습니다. 왜 중대형 교회의 그 많은 귀족 목사들은 자신의 땅을 팔아 그 일부를 가져온 아나니아와 삽비라만도 못한 바침을 하고 있는가요?

예수님께서 부자 청년에게 "네 소유를 팔아 가난한 자들에게 주라 그리하면 하늘에서 보화가 네게 있으리라 그리고 와서 나를 따르라"고 하신 그런 말씀들을 왜 자신에게는 적용하지 않습니까? 아니면 바리새인들처럼 십일조만 하면 끝나는 것입니까? 수입의 십분의 일만 바치면 나머지로 부를 쌓으며 탐욕해도 된다고 자위하는 일부 목사들, 결국 이들은 땅에 계신 동안 스스로 가난을 택하신 예수님의 삶을 전혀 이해 못하는 사람들입니다.

특히 중대형 교회에서 목사직으로 사역하시는 여러 형제들에게 질문합니다. 우리는 이미 맘몬적 적당주의에 너무 타협하고 있는 것이 아닌지요? 남들보다 적당히 경건한 척하고 적당히 설교를 잘해서, 적당히 명예를 누리고 적당히 부를 즐기며 안주하고 있는 것은 아닌지요? 우리의 삶 속에 과연 주님의 십자가 고난의 흔적이 있기는 한 것인가요?

이웃 미자립 교회 목회자가 가족들의 생계마저 걱정하며 눈물로 기도할 때에도 그저 적당히 도와주고 생색만 내거나 자족한 것은 아닌지요? 또는 그나마도 못 본 척 외면한 것은 아닌가요? 아니면 큰 교회 목사만 주의 종이고, 작은 교회 목사는 신도들의 종인가요? 자신의 밥그릇은 소중하게 생각하면서 배고픈 형제의 밥그릇에 무심한 목회는 이미 십자가 정신을 상실한 목회입니다.

하지만 밥그릇이 이 글의 주제는 결코 아닙니다. 성경적으로 바른 목회는 예수님의 가르침을 따르며 주님만 의지하는 목회입니다. 밥그릇에 연연하는 목회는 바른 목회가 아닙니다. 사도 바울이 유급 목회의 권리가 있지만 이를 사양하고, 천막을 만들며 자비량 사역을 한 이유도 바로 여기에 있습니다.

모든 신자는 목회에 책임이 있다

오늘날 초대교회 사도 바울의 자비량 목회 정신이 갈수록 퇴색하고 있습니다. 그리고 처음에는 정당했던 유급 사역이 그 도를 넘어 밥벌이 사역이나 돈벌이 사역으로 변질하고 있습니다. 하나님의 일을 빙자하여 자신의 세속적 사욕을 채우려는 가라지들이 교회 내에 너무 많습니다. 그 결과 기도하는 집이어야 할 교회에 잡초가 판을 치고 있습니다. 이런 잡초를 효과적으로 제어하려면 바른 목회가 세워져야 합니다. 목회나 목양은 목사님들만의 사역이 아닙니다. 성도들의 책임이 매우 큽니다. 적어도 우리가 예수님의 제자임을 부인하지 않는 한, 모든 신자는 다 목회에 책임이 있기 때문입니다.

목회는 양을 치는 일입니다. 그런데 목동이 양을 낳는 것이 아니라, 양이 양을 낳습니다. 교회가 바르게 성장하려면 양들이 바르게 살아야 합니다. 그리고 목사직은 양들이 바르게 살도록 잘 가르치는 직분입니다. 그러므로 가르치는 장로인 목사를 교회 사업이나 관리 그리고 행정 등 다른 업무로 바쁘게 한다면 이는 매우 지혜롭지 못한 일입니다.

다스리고 돌보고 봉사하는 목회는 장로나 집사직의 몫입니다. 따라서 특정 직분이 홀로 독주하는 목회는 병든 목회입니다. 모든 직분자들이 함께 합심하여 대등하게 동역하는 목회가 건강한 목회입니다.

이를 위해서는 현행 목사직을 지나치게 특권화한 일부 교단들의 헌법이나 교회 정관도 바르게 개정되어야 옳을 것입니다. 아울러 현재 시무하고 있는 목사의 직무도 적절히 전문화하고 차별화하여, 목회에서 가장 중요한 가르치는 사역에 전념할 수 있도록 최적의 여건을 제공해야 할 것입니다.

목사직만이 목회직이 아닙니다. 유·초등부 교사도 목회자고,

심방하시는 집사님도 목회자입니다. 물론 교회 주방에서 열심히 봉사하시는 분들도 존경할 만한 목회자이십니다. 개혁 교회에서는 모든 신자가 다 성직자이고, 동시에 모든 신자가 다 목회자이기 때문입니다.

> "내가 진실로 너희에게 이르노니 너희가 여기 내 형제 중에 지극히 작은 자 하나에게 한 것이 곧 내게 한 것이니라."(마 25:40)

왜곡된 십일조

겉모습은 정통이나 속은 사이비

"사람이 어찌 하나님의 것을 도둑질하겠느냐 그러나 너희는 나의 것을 도둑질하고도 말하기를 우리가 어떻게 주의 것을 도둑질하였나이까 하는도다 이는 곧 십일조와 봉헌물이라." (말 3:8)

예수님 시대의 유대교는 스스로 정통을 자랑하던 교회였습니다. 자신들이 아브라함의 자손임을 자부하였고 누구도 감히 교권에 대항하지 못했습니다. 사실상 온 백성이 모두 신도였으니 교세 역시 막강하였습니다.

그들은 거대한 건물 헤롯성전을 자랑했고 적어도 겉으로는 율법도 잘 지켰습니다. 안식일을 철저히 지키고, 제사를 드리고, 십일조와 연보도 잘하였습니다. 아마 겉모습으로만 본다면, 당시 유대교는 정통성을 매우 잘 갖춘 교회라고 할 수 있을 것입니다.

하지만 예수님과 세례 요한은 유대교 지도자인 바리새인들과 서기관들에게 '독사의 새끼들'이라는 극언을 퍼부으셨습니다. 무엇 때문일까요?

겉과 속이 매우 달랐기 때문입니다. 백성은 로마제국과 헤롯 왕가의 압제 아래 고통을 받고 있었으나, 종교 지도자들은 자신들의 사욕을 따르며 도리어 백성을 수탈하였습니다. 성경에 기록된 바와 같이 '과부의 가산을 삼키며 외식으로 길게 기도하는 자'라는 표현이 이들의 배도한 행위를 구체적으로 시사하고 있습니다. 또한, 성전에서 장사하는 사람들 역시 당시 유대교 부패의 한 단면을 잘 보여 주고 있습니다.

'건물 신앙'은 교회 사이비화의 전조

진리에는 무지하고 무관심하였으나 건축에 몰두하며 교세 확장에만 열심이던 교회가 또 하나 있습니다. 바로 중세 교회입니다. 특히 1625년 11월, 교황 우르바누스 8세에 의해 완공되기까지 무려 120년이 걸린 성베드로대성당의 증축은 교회사적인 사건입니다. 엄청난 헌금과 수고가 이 건물에 소모되었습니다.

교황 레오 10세가 성베드로대성당의 증축 비용을 감당하기 위해 면죄부를 팔면서 "면죄부를 산 돈이 금고에 떨어지는 순간 본인은 물론 그의 가족과 친족의 영혼까지도 지옥에서 구제받아 천국으로 간다"는 거짓말을 하여 루터가 '95개조 반박문'을 통해 이를 비판하게 되었고 그 결과 종교개혁이 시작된 것은 이미 잘 알려진 사실입니다.

교회가 타락하면 이 정도로 유치한 거짓말에도 신도들이 쉽게 잘 속아 줍니다. 오늘날도 마찬가지입니다. 세속화한 많은 교회에서는 지도자들이나 신도들이 모두 '그 나물에 그 밥'이 되어 '성전 건축'이니 '정당한 세습'이니 하며 불의한 거짓을 교묘히 합리화하고 있습니다.

역사적으로 보면 교회가 부패할 때는 희한하게도 꼭 '헌금 독려'나 십일조 강요로 그 자폐적 증상이 시작되고, '건물 신앙'으로 그 타락의 꽃이 피는 것을 볼 수 있습니다. 왜냐하면, 단순한 건물을 '성전'이라고 오도하거나 그 부지를 '땅 밟기' 하며 신성시하는 행위가 교세 확장에 매우 효과적인 수단이 되기 때문입니다.

그러나 신약 시대에 별도의 성전이나 거룩한 땅이란 결코 없습니다. 신자들 자신이 성전이기 때문입니다. 성지, 성인, 그리고 성물을 따로 구분하고 신성시하는 행위는 중세 교회의 미신적 악습일 뿐입니다. 바른 교회는 진리의 전파에 힘을 쏟는 반면에, 사이비나 이단은 언제나 기만적 잔꾀를 부리며 외형적 교세 확장에 애를 씁니다.

그런데 과거 유대교나 중세 교회가 그토록 큰 건물을 짓고 아름답게 치장하였으나 그 결과는 과연 무엇이었습니까? 교세가 확장된 것이 바로 진리의 확장을 의미하지는 않습니다. 예수님을 십자가에 내어준 유대교는 오히려 불과 한 세대 만에 로마군에 의해 그들이 자랑하던 헤롯성전과 함께 처참하게 멸망했습니다.

한국 개신교를 제외한다면 역사상 가장 부패한 교회가 중세 교회입니다. 진리는 왜곡되고 직분자들은 부패했습니다.

신도들의 맹신과 무지 속에서 일부 사제들이 처자식까지 두고 교회 재산을 횡령하고 사유화하였습니다. 많은 수도원의 지하에서 유아들의 시신이 나왔습니다. 수녀원의 화장실에 아이들이 버려지고 갓난아기의 사체가 벽 속에 숨겨졌습니다. 그리고 교회는 독선적 교리에 항거하는 사람들을 모두 이단으로 몰아 처형하였습니다.

우리는 역사가 증거하는 이런 아픈 교훈을 절대로 잊어서는 안 됩니다. 천사가 타락하면 사단이 되는 것이고, 정통이 타락하면 바로 사이비나 이단이 되는 것입니다.

십일조 떼어먹는 교회

오늘날 한국교회가 지탄을 받는 가장 큰 이유는 스스로 교회의 본질을 망각하였기 때문입니다. 교회는 그리스도의 몸입니다. 그래서 교회는 예수님의 삶과 그 가르침을 따라야 마땅합니다. 예수님의 가르침은 그리 복잡한 것이 아닙니다. 이웃을 사랑하고 공의를 지키며 주님이 다시 오실 때까지 가난하고 억눌린 자들을 돌보는 것입니다.

복음의 핵심은 주일 예배에 잘 참석하고, 헌금 잘하고, 심방 잘 하고, 그리고 봉사를 잘해 그 결과 세속적 복을 듬뿍 받으라는 그런 수준의 것이 결코 아닙니다. 그런 것들은 그저 신자들이라면 당연히 해야 할 지엽적인 것들입니다. 복음의 핵심은 예수님이시고, 교회의 본질은 예수님의 제자 된 삶을 가르치고 실천하는 것입니다. 그런 고귀한 삶이 어찌 단순히 잘 먹고 잘사는 정도에서 충족될 수 있을까요?

일부 귀족 목사들의 상투적 선전처럼 '예수를 잘 믿으면 잘 먹고 잘산다'는 것이 진실이라면, 예수를 믿지 않는데도 잘사는 나라들을 어찌 해석해야 합니까? 또한, 많은 대형 교회 목회자들이 병으로 고통을 받고 있는데 이는 저주를 받은 것인가요? 예수님을 따르는 것은 잘 먹고 잘사는 길이 아니라 도리어 고난을 각오하고 십자가를 지는 길임을 알아야 합니다. 주님의 제자 중에서 부귀와 영화를 누리다 간 사람이 단 한 사람이라도 있었던가요? 백성과 함께 고난을 나누는 것이야말로 교회의 바른 모습입니다.

참된 선교 역시 백성의 마음속에 진리가 확장되고 정의를 흐르게 하는 것이지, 단순히 외형적 교세를 확장하는 것이 아닙니다. 지금 한국에 선교사나 목회자가 부족하여 전도가 잘 안 되고 교회 성장이 둔화하였다고 보십니까? 요즘 길에서 행인들에게 예수 믿으라고 한번 말해 보십시오. 아마 욕을 안 먹으면 크게 다행일 것입니다. 주님의 교회가 교회답지 못하고, 신도들이 신자답지 못한데 누가 예수를 믿으려 하겠습니까?

과연 거대하고 화려한 성베드로대성당에서 그리스도 십자가 고난의 모습이 느껴지십니까? 또한, 한국의 수백억 또는 수천억짜리 대형 교회당에서 병든 나사로의 집을 방문하시던 가난한 목수의 마음이 느껴지십니까? 분수에 맞지 않는 제사장적 가운을 걸치고 화려한 대형 교회 높은 강단에 선 자들이 정말 종의 모습을 보여 주고 있습니까?

건물에 대한 투자는 적정선에서 반드시 절제되어야 합니다. 그리고 교회는 언제나 가난한 이들을 먼저 생각해야 합니다. "부자는 가난한 자를 결코 돕지 않는다"는 다소 풍자적인 말이 있습니다. 가난한 이를 전심으로 계속 도우면 결코 부자가 될 틈이 없기 때문입니다. 같은 이유로, 한국 중대형 교회들이 부동산 부자가 된 것은 결국 교회가 가난한 이들을 경시하고 열심히 돕지 않았다는 강한 반증이 됩니다.

교회는 재산을 최소화하고 주머니를 비우며 스스로 가난해져야 합니다. 건물은 절박해 하면서 사람은 경시하는 교회, 이는 병든 교회입니다. 이웃 작은 교회들이 셋방살이 좁은 예배당조차 다 채우지 못해 노심초사하건만, 한국의 중대형 교회들은 여전히 확장에만 몰두하고 있습니다. 미자립 교회들을 돕는 것 자체가 매우 좋은 선교이건만, 그들이 죽든 말든 자신만 키우겠다는 그 심보가 매우 비신앙적입니다. 하여튼 대형 교회 하나가 증축되면 근처의 작은 교회 수십 개가 줄줄이 문을 닫고 있습니다.

더구나 오늘날 많은 교회는 가난한 이들을 부끄럽게 하고 있습니다. 등록한 첫날부터 헌금 채를 내밀거나, 십일조를 제대로 못 하면 차별하는 교회가 적지 않습니다. 돈이 없으면 정상적인 교회생활이 아예 불가능할 정도입니다. 그런데 그렇게 열심히 거둔 돈이 과연 어디에 쓰이고 있습니까?

성경 어디에 십일조를 선교나 건축에 사용하라고 가르쳤던가요? 왜 걷을 때는 성경대로 한다고 호들갑 떨면서 막상 쓸 때는 성경대로 가난한 이들에게 사용하지 않습니까? 본래 가난한 이들의 몫인 십일조를 도대체 어떤 종놈이 감히 함부로 가로채는 것입니까? 목사들 연봉은 제때에 꼬박꼬박 잘 챙겨 가면서, 왜 십일조는 가난한 사람들에게 즉시 나누어 주지 않습니까?

가끔 보면 십일조를 안 하면 주의 것을 도적질하는 것이라고 신도들에게 호통 치는 목사들이 있는데, 이런 말은 먼저 목사나 장로들에게 해야 적합하지 않습니까? 구약 말라기 시대에 제사장들이 십일조를 도적질한 것과 무엇이 다른가요?

한국교회 수입의 절대 액수가 이 십일조에서 나옵니다. 그런데 이렇게 '단체로 합심하여' 가난한 이들의 것을 도적질하는 교회가 하늘 아래 또 어디 있습니까? 그동안 한국 교회는 가난한 사람들에게는 피처럼 소중할 엄청난 액수의 십일조를 거의 통째로 다 떼어먹고 이처럼 땅 부자가 된 것이 아닌가요? 그리고 사실은 십일조뿐만 이 아니라 연보 역시 본래 가난한 사람들을 위한 것입니다.

이 글은 교회당 건물이 필요가 없다거나 또는 외적 성장을 무조건 부정적으로 매도하자는 것이 아닙니다. 적당한 건물도 필요하고 건강한 성장도 소중합니다. 다만 교회가 내면적 본질과 우선적 사역을 잃고 지나치게 겉만 치장하는 오류를 깊이 반성하자는 것입니다.

정통 교회의 사이비화

갈수록 한국의 중대형 교회에서 그리스도 고난의 모습을 보기가 어렵습니다. 자기들끼리 모여 오직 '기복'과 '확장'이라는 맘몬적 물레방아만을 열심히 돌리고 있을 뿐입니다. 헌금을 많이 거두어 교회당을 증축하고, 신도들을 더 모으고, 선교사를 더 많이 보내고, 신학교를 지원하여 목회자를 양산하고, 그리하여 교세가 확장되면 결국 다시 더 많은 헌금을 걷을 수 있게 될 것이라는 극히 기업적 성장 논리가 한국교회에 만연하고 있습니다.

하지만 진리를 상실한 단순한 외적 성장은 복음의 확장이 아니라 단지 또 다른 중세 교회를 확장하는 일이 될 것입니다. '사이비'란 겉으로는 정통과 같아 보이나 실제로는 그것과 전혀 다르거나 아닌 것을 말합니다.

중세 교회는 정통을 가장한 사이비 교회였습니다. 아름다운 교회당, 장엄한 예배, 잘 조직된 성직자들, 그리고 구름같이 많은 신도 등 거의 모든 것을 정통처럼 잘 갖추었습니다. 하지만 그럼에도 결정적으로 성경 진리에 따른 바른 신학, 바른 목회, 그리고 바른 생활이 결여된 교회였습니다.

그런데 유감스럽게도 지금 한국의 일부 정통 교회들이 이처럼 사이비화하고 있습니다. 그것도 교단 상층부까지 매우 폭넓게 진행하고 있습니다. 목사들이 부정한 뇌물을 주고받고, 공금을 횡령하고, 성추행을 감추고, 그리고 교회를 세습하며 사유화하는 일을 아주 당당하게 자행하고 있습니다. 아울러 맹신화 또는 어용화한 장로와 집사들이 이를 방관하거나 동조하고 있습니다. 그나마 교리는 비교적 정통인데 목회와 생활은 내부로부터 매우 지능적으로 사이비화하고 있는 것입니다.

한국교회는 이처럼 겉과 속이 많이 다른 교회입니다. 소수 교회만이 예외입니다. 어느 분의 신랄한 지적처럼 무슨 대단한 신학적 경륜이나 특별한 계시 또는 학문적 통찰력이 별로 없어도 단지 파산한 '양심의 찌꺼기'만이라도 조금 남아 있다면 이를 잘 알 수 있습니다. 그러니 더는 정통이니 보수니 하며 허세 부리지 말고, 진정으로 속 모습도 교회의 본질을 회복하여 주님의 사랑을 구체적으로 실천하고 이웃에 복음을 전하는 바른 교회가 되면 좋겠습니다.

차라리 건물은 좀 미흡해도 오히려 신실한 믿음의 일꾼이 넘치는 교회가 되기를 바랍니다. 그래서 성경의 진리를 정통이라는 틀에 가두고, 기득권을 포장하여 보수라고 주장하는 억지를 더는 부리지 말기 바랍니다. 부패한 영혼까지 팔아 사욕을 채워 속이 시꺼먼 정치 목사들이나 귀족 목사들이 정통이니 보수니 하며 썩은 무덤에 알량한 회칠을 하는 것을 보면 정말 구토가 납니다.

그리고 교회 비리에 대한 비판이 교회에 상처를 내는 일이니 최대한 자제하자는 안일한 주장을 가끔 봅니다. 그러나 교회에 진정으로 상처를 주는 것은 비리지 비판이 아닙니다. 한국교회는 이미 극심한 비리 때문에 회복하기 어려운 상처를 품고 있습니다. 은밀하게 숨기고 덮는다고 그 상처가 아물거나 없어질까요? 이제는 그 상처를 공개하고 수술하지 않으면 죽느냐 사느냐 하는 갈림길에 서 있는 것입니다. 아울러 교회 비리에 대해 침묵하자는 것은 하나님의 공의에 대적하는 일임을 엄중히 경고하고 싶습니다.

교회는 건물보다 사람을 키워야

양들은 오늘도 목이 마릅니다. 고개만 돌리면 쉴 만한 물가가 있는데 결코 생수로 마셔서는 안 되는 욕망의 바닷물 속에서 허우적거리는 거짓 종교 지도자들이 많기 때문입니다. 목회자들이 대형 콘크리트 덩어리를 우상으로 모시고 저렇게 삽질만 하고 있으니 기복과 맹신으로 기만당하는 양들은 언제쯤 시원한 물을 마음껏 마실 수 있을까요?

진리는 결코 건물에 있지 않습니다. 교회당 건물은 성전이 아닙니다. 하나님께서는 건물이 아니라 우리 마음속에 임재하십니다. 서구의 많은 교회당이 술집이나 카지노 또는 모텔로 팔려 나갔습니다. 중세 교회가 그토록 자랑하던 성소피아대성당이 오히려 이슬람 사원으로 사용되고 지금은 관광객의 눈요깃감이 되어 버렸습니다. 그리고 이제는 한국의 교회당도 타 종교에 팔려나가기 시작하고 있습니다. 육식 공룡처럼 커진 대형 교회가 작은 교회들을 포식한 결과입니다.

그동안 건물이나 목회자가 부족해서 이 모양이 되었을까요? 이는 교회가 본질은 외면하고 껍데기만 치장하여 순진한 교인들마저 교권주의자들의 배를 채우는 종교업에 이용한 결과가 아닐까요? 백 명이 모이는 교회는 천 명이 모일 수 있는 교회를 지으려 하고, 천 명

교회는 만 명 교회를, 그리고 만 명 교회는 다시 오만 명 교회를 지으려 한다면 도대체 주님의 일은 언제 제대로 할 예정인가요? 해마다 무리하게 증축을 위한 재정을 모으다 세월 다 보내고, 과도한 은행 이자까지 갚으며 남은 쥐꼬리만 한 예산으로 교육하고 선교하고 구제하는 데에 생색을 내려 하니 세계 개신교 역사에 보기 어려운 이런 기형적인 교회가 된 것이 아닌가요?

그렇게까지 치졸하게 덩치를 키워 비만해진 교회에 수만 명 또는 수십만 명이 모여 정통이라고 자부하며 분주하건만 도리어 목회 비리가 진동하고 담임목사의 시녀가 된 장로들은 교회 돈이 어디에 쓰이는지도 제대로 모르는 것이 과연 정상이고 그게 자랑거리입니까? 차라리 복부비만을 자랑하십시오.

한국교회는 허세 부리는 겉치장에 너무 분주합니다. 마르다처럼 할 일이 너무 많습니다. 그래서 건물과 시설은 크게 좋아졌는데도 참된 주의 종은 오히려 보기 어렵습니다. 집요하게 십일조를 강요하여 재정은 풍부해졌지만 이를 가난한 이웃을 위해 쓰는 것이 아니라, 대부분을 교회 내부에서 자기들끼리 먹고 마시고 겉치장하는 데에 소비하고 있습니다. 더구나 일부에서는 여전히 망국적인 기복 설교로 기독교 신자가 아닌 '기독교 환자'를 더욱 양산하고 있습니다.

앞으로 교회가 좀 더 차분해져야 합니다. 거창한 사업과 행사를 좋아하고 요란하게 떠벌일 것이 아니라 마리아처럼 조용히 주님의 말씀을 열망하면 좋겠습니다. 분명히 물가에 앉았건만 아직도 한국교회의 많은 신도는 너무나 의에 주리고 목이 마릅니다. 그래서 이 분들에게도 우물가의 그 여인처럼 예수님을 직접 만나는 놀라운 복음의 역사가 속히 이루어지기를 기도합니다.

교회는 건물보다 사람을 키워야 합니다. 헌금을 잘 걷는 것보다 더욱 중요한 것은 헌금을 바르게 잘 사용하는 것입니다. 초기 한국교회는 비록 다양한 프로그램이나 반듯한 교육관도 없는 허름한 예배당이었지만 그런 어려움 속에서도 신실한 일꾼들이 많이 성장했습니다. 분명히 지금보다 훨씬 좁고 불편했던 건물이었건만, 요즘 그런 소박한 옛 모습과 옛 신앙이 더욱 그리워지는 것은 무슨 이유일까요?

> "화 있을진저 외식하는 서기관들과 바리새인들이여 너희는 교인 한 사람을 얻기 위하여 바다와 육지를 두루 다니다가 생기면 너희보다 배나 더 지옥 자식이 되게 하는도다."(마 23:15)

2.
목사님, 목사님, 나의 목사님

우리도 서로 사랑하자

나는 아침에 "사랑하는 자들아 하나님이 이같이 우리를 사랑하셨은즉 우리도 서로 사랑하는 것이 마땅하도다"(요일 4:11)라는 말씀을 선포하였다.
내가 오후에 보았던 자매들 중에 3명은 모두 임종할 때가 되었다. 하지만 그들은 자신들의 영혼을 사랑하시는 그분께 나아가려는 소망 가운데 잠잠히 즐거워하였다.
저녁에 브리스톨에서 열린 애찬식에는 킹스우드에서 깊은 눈길을 헤치고 온 70~80명의 형제와 자매들이 참석하였다.
우리는 모두 함께 걸어서 돌아갔는데 폭풍과 진눈깨비 속을 뚫고 갔다. 눈이 어찌나 많이 쌓였는지 무릎 높이 이상 쌓인 곳이 여러 곳 되어 지금까지도 생생하게 기억한다. 그러나 우리 가슴은 뜨거웠으며 그러기에 우리는 하나님이 주신 위안을 생각하며 기뻐하고 찬양하며 돌아갔다.

1740. 12. 21 _존 웨슬리의 일기

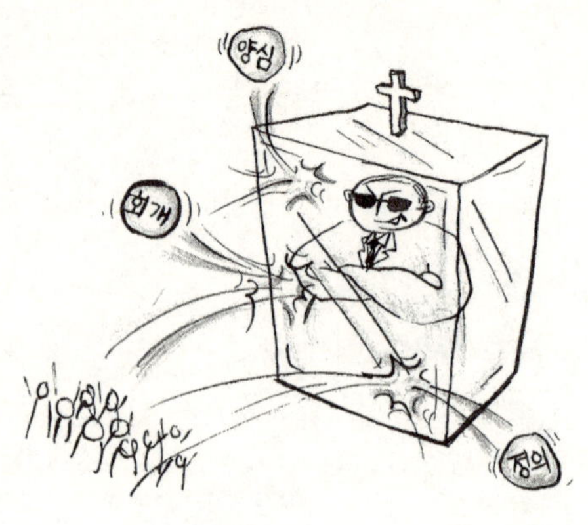

도전받는 목사 왕국

양들의 반격

교회의 수장이 되어 신도들 위에 군림하던 담임목사의 위상이 크게 흔들리고 있습니다.

결국, 올 것이 온 느낌입니다. 만일 요즘 한국교회에 아무 일도 안 일어난다면 그것이 오히려 기적입니다. 심은 대로 거두는 것이 성경의 법칙이기 때문입니다. 교권 독재가 있는 곳에서는 반드시 목회 비리가 발생합니다. 그래서 죄인들이 쓰는 부끄러운 교회사는 오늘도 또다시 반복됩니다. 인간의 죄성은 중세 교회 이후에도 별로 변하지 않았습니다.

상식을 조롱하는 목회 비리

목회 비리로 말미암은 갈등은 대개 목사의 독주와 이를 저지하려는 일부 신도들 간의 내분으로 시작됩니다. 그러나 나중에는 거의 예외 없이 교인과 교인 간의 내전으로 확전되는 것이 보통입니다. 교권을 과도하게 독점한 담임목사들은 교회 자산이나 재정만 사유화하는 것이 아니라, 자신을 추종하는 신도들까지도 사병화하여 끝까지 버리지 않고 재활용합니다.

그런데 교인들 간의 싸움은 확실히 뭐가 달라도 좀 다릅니다. 싸워도 그냥 싸우는 것이 아니라 단체로 합심하여 기도하며 싸웁니다. 그리고 서로 하나님이 자신들의 편이라고 주장합니다.

문제는 이 싸움이 매우 아름답지 못한 모습을 보여 준다는 데에 있습니다. 좁은 통로에서 집사님이 멱살을 잡고, 권사님은 욕을 합니다. 장로님은 밀고 목사님은 당깁니다. 정말 아이들 보기에 민망한 풍경입니다. 그러나 누구도 이들을 함부로 비웃기 어렵습니다. 쌍방이 서로 '거룩한 교회를 지키기 위한 싸움'이라는 비장한 각오로 임하기 때문에 일단 이 판에 한번 말려들면 아무도 장담할 수 없습니다.

상황이 이렇다 보니 주변에서 '저런 파렴치한 사람들이 어떻게 목사일 수가 있는가' 하는 탄식을 많이 듣습니다. 아주 당연한 상식의 부재에 모두가 깊이 좌절하는 것입니다. 아마 단일 직종으로 한국에서 부정과 성추행이 가장 심한 직업 중의 하나가 목사직일지도 모르겠습니다. 이는 중대형 교회의 세습 비율만 보아도 어느 정도

짐작할 수 있습니다. 분명히 말세가 온 것입니다.

그러므로 우리는 이미 상식이 무시당하고 있는 세대에 살고 있음을 인정해야 합니다. 지금은 다수 목사가 무조건 다 경건한 시대가 아니라, 소수의 경건한 사람만이 참된 목사인 시대입니다.

기복 신앙에 침수된 한국교회

왜 이 지경까지 오게 되었을까요? 앞에서 언급한 것처럼 대부분 교회 분쟁의 일차적 원인 제공자는 담임목사입니다. 실제로 교회 내에서 장로나 집사 등 다른 직분자들의 부정에는 한계가 있고, 그런 문제가 교회 내분으로까지 번지는 경우는 드뭅니다.

하지만 목사는 크게 다릅니다. 담임목사가 변절한 교회는 필연적으로 대형 사고를 치게 되어 있습니다. 다만, 시간의 문제일 뿐입니다. 외형적으로는 수십 년 동안 목회를 잘한 것처럼 보이다가도 어느 날 하루아침에 공든 탑이 무너집니다. 그러나 사실은 이미 오래전부터 있던 내부의 깊은 균열이 나중에 드러난 것뿐입니다.

더욱 큰 문제는 이분들이 곱게 물러서지 않는다는 데에 있습니다. 목사가 윤리적 책임을 지거나 교회법에 승복하여 스스로 아름답게 퇴장하는 경우는 드뭅니다. 아주 부도덕한 행위들이 들통 나도 대부분은 일시적으로 물러서는 척하다가 맹신도들 뒤에 숨어 다시 분쟁을 일으킵니다.

물론 여기에는 교인들의 책임이 매우 큽니다. 한국인의 여러 장점 중의 하나가 '머리가 뛰어나게 좋다'는 것이고, 반면에 단점 중의 하나는 '지나치게 기복적'이라 할 수 있습니다. 그런데 이 두 가지가 잘못 결합하면 극히 우려되는 증상이 생깁니다. 이를 구태여 정의하자면 일종의 '종교적 말단비대증'이라 할 수 있습니다.

한국에서는 비교적 흔한 새벽 기도회, 철야 기도회, 금식 기도원, 십일조 강요, 헌금자 공개, 땅 밟기, 구역 예배, 총동원 주일, 노방 전도 등 다양한 활동들이 사실 여러 외국 교회들에서는 일반적으로 자주 보기 어려운 것들입니다.

한국교회의 열심은 세계 다른 어느 교회도 못 따라옵니다. 여기에는 물론 긍정적인 면도 많지만, 유감스럽게도 부정적인 면 역시 심각합니다. 많은 목회자가 그 좋은 머리를 가지고 신도들의 기복적 욕구를 교묘하게 악용하기 때문입니다.

신도들 중에는 여러 예배나 다양한 교회 활동에 적극적으로 참여하고 헌금을 잘 바치면 그 결과로 반드시 병을 고치거나 세속적 복을 받게 된다고 기대하시는 분들이 뜻밖에 많습니다. 하지만 철저한 성경적 검증을 거치지 않은 이런 기복적 사고는 매우 위험합니다.

이런 신앙은 관심과 초점이 주로 세속적 복에 있기 때문에 정작 중요한 성경의 핵심적 가르침을 경시하거나 간과하기 쉽습니다. 그래서 신앙적 가치관이 기초부터 변질한 경우가 많습니다. 심지어는 하나님조차도 무속적이며 미신적으로 숭배할 수 있습니다. 그래서 자신도 모르게 보이지 않는 하나님보다 눈에 보이는 목사를 더욱 의식하게 되고 마치 신접한 무당처럼 그를 의지하게 됩니다. 이른바 맹신에 이르게 됩니다.

더구나 변절한 목사들은 신도들의 이런 기복적인 약점을 복음으로 바르게 교정하지 않고, 반대로 이를 부추기고 이용합니다. 따라서 그들의 설교는 도리어 신도들의 기복적 입맛을 자극하는 데에 집중합니다. 당연히 이런 목사와 신도들은 서로 아주 찰떡궁합이 됩니다. 그리고 이와 같은 영적 불륜 관계가 구원의 방주가 되어야 할 한국교회를 세속의 혼탁한 물속으로 더욱 침수시키고 있습니다.

기복 설교의 가장 큰 문제점은 성경에서 말하는 복이 근본적으로는 '신령한 복'을 의미하는데, 이들은 이를 '세속적인 복'으로 격하시키거나 혼합하여 강조하는 데에 있습니다. 만일 세속적인 복이 신자들에게 그리도 중요하고 필수적이라면 왜 예수님과 제자들이 그토록 가난하게 사셨을까요? 오병이어의 능력을 지니신 예수님은 이 땅에서 머리 둘 곳도 없다고 하셨습니다.

그리고 가정과 직장과 교회생활이 적절한 균형을 이루어야 하는데, 사심이 있는 목사는 신도들의 열정을 오도하여 교회 활동을 지나치게 강조하고 우선순위를 두게 합니다. 물론 이런 불균형한 생활은 신도들이 세상에 나가 소금과 빛이 되는 일에서 점점 멀어지게 합니다.

그럼에도 교회 중심적 생활은 일단 목사의 사역을 직접적으로 도와 교세를 확장시키고 헌금을 더 많이 거둘 수 있게 해 줍니다. 그리고 이 과정에서 신도들은 목사의 지도를 받고 순응하는 타성이 생겨 자연히 목회 독재의 길을 넓혀 줍니다. 결국, 신도들의 기복적 신앙이 한국교회를 밑뿌리부터 망가트리고 있는 주범임을 잘 알 수 있습니다.

당회장직은 다스리는 장로의 직무

전술한 대로 담임목사를 독주할 수 있게 해 준 일등공신은 기복 신앙입니다. 그리고 그 덕분에 신약성경에서는 장로나 집사 그리고 교사와 대등하게 언급된 목사가 홀로 당연직 당회장이 되는 기형적 모순이 오랫동안 방치됐습니다. 이는 교사나 집사가 영구직 당회장이 되는 것만큼 부자연스러운 일입니다.

과연 목사직이 하나님의 대리인이라도 되는 걸까요? 과거 개혁자들은 그 황당한 대리인 행세 좀 집어치우라고 구약의 제사장적 사제직을 폐하고 목사직을 세웠습니다. 그런데 개신교는 왜 또다시 캄캄한 중세 교회로 돌아가려 할까요?

이왕 목회하려면 좀 제대로 해야 합니다. 목사는 군림하는 직분이 아니라 단지 가르치고 설교하는 직분입니다. 어떤 근거로 '가르치는 장로'의 직분인 목사가 자동으로 교회의 당회장이 되어 교권을 장악하고 교회 사업, 행정, 관리, 재정, 그리고 인사 등 온갖 일에 깊이 관여하여 월권을 하는지 그 이유를 모르겠습니다.

재벌이나 사기업을 제외한다면, 세상 어느 단체에 이리 심하게 권력을 독점한 직책이 있을까요? 심지어 대통령도 오직 행정부의 수반일 뿐이건만, 한국교회 목사들은 실질적으로 교회 내에서 입법권, 사법권, 그리고 행정권까지 모두 독식하고 있습니다. 이러니 목사 왕국이라는 한탄이 절로 터져 나오는 것입니다.

왜 목사를 중세 교황이나 사이비 교주처럼 수장의 자리에 올려야 합니까? 신약성경을 거꾸로 들고 읽지 않는다면 당회장직은 분명히 '다스리는 장로'의 직무입니다. 당회가 다스리고 관리하는 기관이지 무슨 교육 기관이 아니지 않습니까?

오늘날 가톨릭 사제보다도 더 과도한 교권을 지닌 직분이 개신교의 담임목사직이 아닌가 합니다. 적어도 어느 사제가 성당을 사유화했다는 말은 들어본 기억이 없으니까요. 가톨릭의 사제직을 거부하고 만든 개신교의 목사직이 그보다 더욱 극심하게 타락한 이 현실을 우리는 어떻게 해석해야 할까요?

우선 신학교에서부터 '목회 기술'보다는 '목회 원칙'을 철저히 가르쳐 주시기를 간곡히 부탁드립니다. 목회를 위한 기본적 자질이나 가치관이 바르게 정리되지 않은 사람들에게 무슨 잡다한 개론들과 기술만 잔뜩 가르쳐 준다면 결국 지금보다 더 교회를 어지럽히는 종교 업자들로 전락할 것입니다.

아울러 언제부터 교회 직분이 현재처럼 철밥통으로 변질하였는지 잘 이해가 안 됩니다. 왜 임기가 끝나면 훌훌 털고 떠나는 멋진 목사를 갈수록 보기 어려울까요? 아니 그 임기라는 것이 실제 있기는 한지요?

자기가 좋을 때는 한 교회에 만고강산 눌러앉아 선한 목동 행세를 하다가, 다른 큰 교회에서 부르면 기존의 위임받은 양들을 헌 고무신같이 버리고 뱁새처럼 냉큼 떠나는 기회주의적 목사들을 우리는 너무 많이 보고 있습니다.

담임목사들은 청빙을 받을 때 대부분 '기도해 보고 답변을 주겠다'고 합니다. 그런데 그 기도 응답이란 것이 참으로 신통방통합니다. 수만 명이 넘는 한국교회의 그 많은 충성되고 신실하신 주의 종들은 '한결같이' 더 큰 교회로만 이동하시기 때문입니다. 정말 절묘한 기도 응답이 아닐 수 없습니다.

과연 기존 교회보다 더 작은 교회로 부임하는 담임목회자를 몇이나 보셨습니까? 한국 교회가 비즈니스 논리로 기업화하고 있는 것이 진정 누구의 잘못일까요? 아니면 큰 교회 목회만 사역이고 작은 교회 목회는 노역인지요?

양들의 반격

이 글의 목적은 교회의 내분을 정당화하거나 또는 비난하려는 것이 결코 아닙니다. 현실을 직시하여 바르게 고치고 주님 앞에서 한번 바르게 살아보자는 것입니다. 그런데 요즘 교회의 갱신을 언급하는 글들에 대해 그 중심은 보지 않고 지엽적인 표현이나 말 꼬리를 물고 늘어지시는 분들이 가끔 있습니다. 아울러 어떤 분들은 "극히 일부를 가지고 전체 교회를 매도하지 마라"고 꾸준히 항변하십니다.

그래서 필자도 작심하고 한마디 드리고 싶습니다. 무슨 근거로 극히 일부라고 하십니까? 화성에서 살다가 오셨습니까? 그리고 도대체 얼마나 더 썩어야 합니까? 발가락이 썩으면 발목마저 다 썩어 절단할 때까지 침묵하고 기다려야 하나요? 아니면 간암에 걸리면 단지 간뿐이니 괜찮다는 것인가요?

이제 양들의 인내가 극한에 도달했습니다. 염소들은 아무나 따르지만, 양들은 다릅니다. 양들은 오직 목자의 음성만을 듣고 따릅니다. 그래서 목자를 배신한 거짓 목동들이 아무리 잔수를 부려도 결국 양들을 속이는 데에는 한계가 있습니다.

그동안 한국교회 일부 목사들은 그 명석한 머리를 잘 활용하여 변질과 기만에서 매우 탁월한 능력을 보여 주었습니다. 교회당을 성전이라고 우상화하여 세력 키우기에 몰두하고, 복을 받는다고 기만하여 십일조를 챙기고, 또한 모든 신자가 다 '주의 종'이건만 유독 자신들만을 스스로 '교회의 왕'으로 추대하였습니다. 그러나 걸레는 아무리 빨고 헹구고 치장을 해도 행주가 되지 못하는 법입니다.

우리 사회에서 가톨릭 신부를 비난하는 일은 보기 드뭅니다. 반면에 개신교 목사를 보면 손사래를 치는 분들이 많습니다. 2010년 '기윤실'(기독교윤리실천운동)이 발표한 한국교회의 사회적 신뢰도 여론조사 결과를 보면 개신교(20.0%)는 가톨릭(41.4%)과 불교(33.5%)에 밀려 이들 중의 최하위에 머물렀습니다. 목사를 교주나 무당처럼 모시며 복을 구하고 예수님의 진정한 가르침에는 무지한 맹신도들이 사라지지 않는 한 이런 여론은 앞으로도 크게 개선되지 않을 것입니다. 그리고 교회의 내분도 절대 그치지 않을 것입니다.

지금은 비상한 시기입니다. 배도한 목동들은 예수님의 이름을 팔며 양들을 속이고 있습니다. 그로 말미암아 교인들이 둘로 갈라져 싸우고 있습니다. 그러나 이 싸움은 단순히 혈과 육의 싸움이 아닙니다. 예배당 출입문을 차지하는 무리가 이기는 그런 물리적 싸움이 아닙니다. 신자들이 세상에서 십자가의 도를 따르며 마땅히 치러야 할 '영적 전투'라 할 수 있습니다. 따라서 우리는 지혜롭고 순결하게 이겨야 합니다.

지금은 검을 잡아야 할 때

이제 어떻게 싸워야 할까요? 에이브러햄 링컨은 남과 북이 서로 하나님이 자신들의 편이라고 주장하며 싸울 때에, '우리가 하나님 편에 서자'라고 했다지요.

정말 옳은 말입니다. 양들의 반격은 거짓 목동을 거부하고 선한 목자의 편에 서는 일에서부터 시작되어야 합니다. 그리고 세속적 복이 아니라 예수님이 가르치신 '가난한 마음과 의에 주리고 목마른 복'을 추구해야 합니다.

그래서 이제 다음과 같은 구체적인 실천이 필요하다고 생각합니다. 한국의 개혁 교회들은 먼저 영구직 당회장을 임기제로 전환하여 장로들에게 돌려주어야 합니다. 그리고 당회는 목사를 청빙할 때 그 임기를 개 교회의 여건에 따라 약 3~6년 정도로 정하고, 그 연임 횟수 역시 1~2회 정도로 엄격히 제한하면 좋겠습니다. 아울러 부도덕한 직분자는 교회법에 따라 엄중히 치리를 하기 바랍니다.

반면에 자신이 출석하는 교회가 이미 목사 왕국이 되어 소통이 안 되고 합법적인 치리조차 불가능한 교회라면 더는 몸싸움을 할 것이 아니라 바로 떠나시는 것이 좋습니다. 그까짓 콘크리트 덩어리는 그냥 넘겨주십시오. 서구의 많은 교회처럼 한 세대 뒤에는 어차피 그곳에서 텅 빈 공간과 거미줄만 보게 될 것입니다. 비록 지하방에서 소수가 모이더라도 예수님의 가르침을 바르게 실천하고 따르는 교회만이 참된 교회입니다.

넓고 평탄한 길은 염소들이 좋아하는 길입니다. 하지만 주님이 양들에게 명령하신 길은 오직 '좁은 문'으로 향하는 길뿐입니다. 성경과 교회 역사가 이를 증거합니다.

그리고 지금은 전시입니다. 불의한 화평에 안주할 때가 아니라, 앞서 간 믿음의 선진들처럼 주님이 주시는 검을 잡아야 할 때입니다. 이제 어느 길을 택할지 그 선택은 우리의 몫입니다.

2천 년 전 유대 땅 작은 고을 베들레헴의 허름한 구유에 오셔서 몸소 가난한 삶을 사시고, 마침내는 양들을 위하여 고난의 십자가를 지셨던 예수님은 오늘도 당신의 사랑하는 제자들에게 이렇게 말씀하십니다.

> "내가 세상에 화평을 주러 온 줄로 생각하지 말라 화평이 아니요 검을 주러 왔노라."(마 10:34)

한국교회의 무법자들

'주의 종'이 '교회의 왕'인가?

먼저 오래전 호주 어느 현지 교회에서 들은 이야기를 하나 소개하고 싶습니다. 한 젊은 목사님이 수 년 동안 목회하던 교회의 임기가 끝나서 사임을 하고, 새로운 임지를 향해 아주 멀리 떨어진 다른 주로 이사하게 되었습니다. 이사 당일 그분과 가족들은 허름한 승용차 뒤에 작은 트레일러 하나를 끌고 나타나셨다고 합니다. 그런데 놀랍게도 거기에 실은 것이 그 목사님과 가족들의 이삿짐 전부였다고 합니다. 트레일러라고 해봐야 손수레보다 서너 배 큰 정도니 얼마나 들어가겠습니까?

더욱 놀란 것은 교인들 아무도 이를 이상하게 여기지 않고 요란한 이임식도 없었다고 합니다. 그 목사님은 교인들과 일일이 다정하게 포옹하며 작별 인사를 나누셨고, 교인들은 떠나는 차를 향해 손을 크게 흔들어 준 것이 송별회의 전부였습니다. 새로운 임지까지는 차로 사흘 정도 걸린다고 합니다.

이 이야기가 한국교회의 여러 목사님들에 익숙해 있던 필자에게는 신선한 충격이었습니다. 당시에는 그 목사님과 가족들을 생각하며 크게 측은한 마음이 들었고, 국내선 비행기 표조차 안 챙겨준 인정머리 없는 교인들에 대해 많이 서운해했던 기억이 있습니다.

그러나 지금은 조금 생각을 달리하고 있습니다. 그 목사님은 당연히 '주의 종' 다운 검소한 모습을 실천하며 정상적으로 살고 계실 뿐입니다. 오히려 비정상적인 데에 익숙하게 살다 보니, 순간적으로 정상이 비정상으로 보인 것이 아닌가 합니다.

나중에 들으니 호주 교회 대부분의 목사님들이 그처럼 검소하게 사신다고 합니다. 실제로 필자도 한 백인 목사님 일가족이 여름 여행 중에 모텔이나 호텔을 구하지 않고, 친구 목사님 댁에 들러 거실 소파와 바닥에 슬리핑백을 깔고 자는 것을 직접 본 적이 있습니다.

목회자가 부유해도 되나?

목사가 너무 가난해서 생활이 어려울 정도가 되는 것도 잘못된 일이겠으나, 반대로 중산층을 넘어 부유층으로 산다는 것은 아무리 생각해도 자연스럽지 않은 일입니다. 언젠가 "교인 중에 굶는 사람이 한 명이라도 있으면 목사도 숟가락을 내려놓으라"고 말씀하셨던 어느 원로 목사님의 말씀이 생각납니다. 어느 교회나 교우들 중에는 가난한 교인들이 분명히 있을 테고, 나아가 교회 주변의 지역사회에도 끼니를 걱정하는 사람들이 얼마든지 있을 텐데 정상적인 목사라면 어떻게 부유해질 틈이 있겠는가 하는 의문이 생기는 것입니다.

한경직 목사님처럼 입고 있던 양복마저도 있는 대로 남에게 자주 나누어 주다 보면 저절로 검소하게 살게 되는 것이 아닐까 하는 생각이 듭니다.

반면에 세계 어느 나라에서도 보기 드물게 유난히 사치를 떠는 한국교회의 일부 귀족 목사님들께서는 양을 돌보는 목사라면서, 고급차를 타고 다니시며 식사 때마다 입으로 비싼 음식들이 잘 넘어가는지 정말 궁금합니다. '고아와 과부를 돌보라'는 말씀은 가난한 자를 잊지 말라는 뜻이며 성경 여러 부분에서 반복해서 강조되어 나오는 하나님의 중요한 명령이기 때문입니다.

아니면 혹시 요즘 귀족 목사님들은 성경을 필요한 부분만 오려서 들고 다니시는지요? 점입가경으로 심지어 어떤 귀족님들은 돌보라는 고아는 돌보지 않고 엉뚱하게 시키지도 않은 교회 여비서나 여신도 돌보기에만 몰두해 사고를 치고 있으니 보는 사람들의 속이 다 터질 지경입니다.

교회 내의 무법자들

요즘 교계 뉴스를 잠시만 들여다보아도, 지금 한국교회는 이 귀족님들로 인해 얼마나 큰 고통을 받고 있는지 쉽게 알 수 있습니다. 어떤 분들은 교계 소식만 보면 너무 속이 상하고 우울해져서 아예 안 보기로 했다고 합니다. 하여튼 이들이 그동안 뉴스를 오르내리며 얼마나 크게 사고를 쳐놓았는지, 믿지 않는 분들까지도 한국 개신교는 너무 썩었다고 주저 없이 말합니다. 요즘 흔히 듣는 '개독교' 니 '먹사' 니 이런 불명예스러운 용어들은 세인들이 우리에게 손수 붙여준 부끄러운 이름입니다.

현재 한국교회 안에서 담임목사의 권한과 영향력은 거의 압도적이라고 해도 무방합니다. 그런 이유로 담임목사만 바로 서 있다면, 적어도 고질적인 교회 문제의 80%는 긍정적으로 해결될 수 있을 것이라고 생각합니다. 거꾸로 말하면, 교회 문제 대부분이 담임목사가 바르게 처신하지 못해 생기는 것이라고 말할 수도 있습니다. 사실 아주 특별한 경우를 제외한다면, 일반 교인들이 교회에 무슨 직접적인 이권이나 사심이 있다고 목사나 장로들에게 저항하고 분란을 만들겠습니까? 대부분의 문제들은 이 귀족님들이 자기 욕심을 챙기다가 발생하는 불협화음입니다.

그런데 이들이 이렇게 무법자처럼 '교권' 과 '위선' 이라는 쌍권총을 차고 좌충우돌 설치게 된 데에는, 이들을 가르친 신학교는 물론 신도들의 책임도 매우 크다고 할 수 있습니다. 마치 목사가 하나님의 대리자라도 되는 것처럼 무조건 그에게 순종해야 하고 그렇지 않으면 벌을 받는다는 잘못된 인식이 넓게 퍼져 있기 때문입니다.

그러나 성경은 하나님과 우리 사이에 유일한 중보자는 오직 예수님 한 분뿐이라고 증거합니다. 그러므로 그 어떤 직분자이건, 설사 바울이나 베드로 그리고 하늘에서 온 천사라도 하나님과 우리 사이의 대리자가 될 수 없습니다.

따라서 이제라도 우리는 이런 근거 없는 신앙적 무지로부터 벗어나야 할 것입니다. 그리고 하나님께 대한 순종이야 절대적인 것이지만, 사람들 사이의 순종은 옳을 때만 해야 합니다. 극단적인 예를 하나 들면, 목사가 어떤 사실에 대하여 거짓 증언을 하라고 요구할 경우, 신자는 순종이 아닌 거절을 해야 하는 것이 정당합니다.

그러므로 앞으로는 이 귀족님들이 교회 내에서 입법, 사법 그리고 행정에 이르기까지 삼권을 손에 쥐고 무소불위의 권력을 휘두르며 교회에 큰 상처를 줄 경우, 잘못된 점들을 정확히 파악하고 지적하여 지혜롭게 대처하는 것이 반드시 필요합니다.

성경이 언제 목사들에게 탐욕, 축재, 횡령, 교회 세습, 치부, 성추행, 외식, 파당 짓기, 사기, 명예 추구, 월권, 교회 사유화, 성직 매매, 교만, 사치, 거짓말 등을 해도 좋다고 가르친 적이 있습니까? 그리고 교회법 어디에 목사에게 교회 재정, 행정, 인사, 관리 등의 모든 업무에 직접 관여하여 왕 같은 권력을 행사하라고 되어 있나요?

더구나 교인들과 다른 교역자들이 담임목사와 함께 사역하는 대등한 동역자들이지, 목사를 떠받드는 무슨 부하 직원이나 들러리인가요? 교회 안의 모든 직분자는 평등하며 직무의 구분은 있으나 계급 차별이란 없다는 것이 개혁 교회의 정신이 아닙니까? 이 귀족님들의 상당수는 성경의 가르침을 명백히 거역하고 교회법도 거스른 자들이 분명하기 때문에 필자는 주저 없이 그들을 '무법자'라고 부르는 것입니다.

근자에 이르러서는 이들의 행태가 더욱 극에 달하여, 스스로 자신들이 한국교회의 공적 1호라고 자임하는 듯한 모습을 노골적으로 보여 주고 있습니다. 중세 교회의 타락과 쇠퇴에서 보았듯이 교회는 핍박을 받고 고난을 받을 때보다, 오히려 평안하고 흥청거릴 때에 더 심각한 위기에 빠질 수 있다는 것을 적나라하게 보여 주고 있습니다.

이들은 그리스도, 십자가, 회개, 구원, 실패, 지옥, 고난, 희생, 겸손, 경건, 헌신, 나눔 그리고 섬김을 제대로 강조하지 않습니다. 즉 복음을 제대로 전달하지 않습니다. 거꾸로 이들은 귀에 듣기 좋은 성공, 희망, 축복, 평안, 희락, 천국, 선교 등을 즐겨 노래 부릅니다. 주님께서는 빛과 소금이 되라고 하셨으나, 반대로 설탕을 뿌리고 있습니다. 그 결과 교회는 세상의 빛이 아닌 세상의 천덕꾸러기로 전락하고, 교인들은 이런 단맛에 깊이 길들여져 이제는 회복하기 어려운 영적 당뇨병에 신음하고 있는 것이 작금의 현실입니다.

교회 역사가 우리에게 가르쳐 준 중요한 교훈 중의 하나는 영적으로 무지한 성직자는 영적으로 무지한 신도들을 양산하고, 다시 그 무지한 신도들이 모인 교회는 부패한 성직자들의 놀이터로 바뀌게 된다는 것입니다. 그런 면에서 지금은 비상한 시기고, 성도들이 깨어 있어야 할 때입니다.

이 글에서 논하는 '귀족 목사'란 단순히 큰 교회의 목사나 부유한 목사만을 지칭하는 것이 아니라, 어느 교회 목사라도 스스로 신앙 양심을 버리고 사리사욕을 좇으며 부와 명예를 추구하는 목사를 의미합니다. 그리고 큰 교회나 부자들이 무조건 다 잘못했다거나 나쁘다는 식의 단세포적인 주장을 하는 것은 이 글의 의도와 크게 다르다는 것을 이해해 주시면 좋겠습니다.

'주의 종'이 '교회의 왕'인가?

우선 많은 목사님들이 자신을 '주의 종'이라고 부르시는 경우를 흔히 볼 수 있을 것입니다. 이 경우에 스스로 자신을 낮추는 좋은 의미에서 그리 말씀하시는 목사님들도 많이 계시지만, 반대로 은근히 권위를 내세우시기 위해 그렇게 부르시는 분들도 적지 않습니다. 심지어 어떤 때는 자신들이나 다른 교역자들을 '목자'라고 부르기도 하시는데, 이 대목에서 말씀을 좀 구별해서 하시면 좋겠습니다. '주의 종'이라는 말은 틀리지 않으나, 양들의 주인인 '진정한 목자'는 예수님 한 분뿐이시기에 함부로 쓸 말이 아닙니다.

구태여 말하면 목사는 '보조 목동'이나 '양치기 개' 정도로 보면 될 것이라 생각합니다. 예수님께서 '내 양을 치라'고 하셨지, 언제 '네 양을 치라'고 하셨는지 직접 성경을 확인해 보시기 바랍니다. 신도들은 목사의 소유가 아닙니다. 그리고 예수님은 분명히 자신을 '선한 목자'라고 칭하셨습니다. 우리에게 예수님과 동등한 목자가 여러 명이 있는 것이 아니라면, 목사님들께서 목자라는 용어를 사용하는 것에 대해 신중을 기해야 한다고 생각합니다. 간혹 목자라는 명칭을 악용하여 신도들의 주인 행세를 하려는 사람들이 더러 있기 때문입니다.

한 가지 더 지적할 것은 하나님이 목사님들에게 '주의 종' 노릇을 하라고 하셨지, 언제 '교회의 왕'이 되라고 하셨는가 하는 점입니다. 목사가 '주의 종'이라면, 교인들은 오히려 '주의 자녀'입니다. 종이면 종답게 주인의 자녀인 교인들을 잘 섬겨야지 무슨 근거로 군림하려 드는지 도대체 알 수가 없습니다. 신약성경에 따르면 목사직은 '가르치는 장로'나 '교사'의 직무입니다. 하나님께서 '자녀 교육'을 잘 시키라고 귀한 자식들을 맡겨 놓았더니, 오히려 이들은 교인들의 상전 노릇을 하며 '자녀 학대'를 하고 있습니다.

그리고 귀족님들께서는 목사만 주의 종이 아니라, 일반 교인들도 모두 주의 종이라는 것을 분명히 알아 주셨으면 합니다. 동시에 성도 모두가 동등한 '왕 같은 제사장'입니다.

따라서 교회를 다스리고 관리하는 일은 다른 장로님들이나 집사님들에게 맡겨진 고유의 책무이니, 아무 일이나 나서서 월권을 하지 말고 오늘부터라도 제발 가르치는 일에만 전념하시기를 부탁드립니다. 그래도 교인들보다 성경을 몇 자라도 더 배웠으면 좀 똑바로 처신해야 하지 않겠습니까?

특히 어떤 귀족님들께서는 입만 열면 '하나님의 뜻'이라는 말을 함부로 하시며 교인들을 쥐고 흔드는데, 이들이 말하는 하나님의 뜻이라는 게 자기 욕심을 채우는 내용들이 대부분입니다.

이분들은 화려한 예배당을 짓는 것도, 전과자 장로가 대통령이 되는 것도, 교회 세습을 하는 것도, 교회 돈을 빼돌려 개인 사업하는 것도, 호의호식하는 것도, 심지어는 간통하다 들켜도 모두 다 하나님의 뜻이라고 둘러대는 황당한 사람들입니다. 경건이라고는 눈곱만큼도 없는 인생들이, 마치 구약의 선지자나 예언자 행세를 하며 외식하고 있습니다. 입으로는 주님의 뜻이라고 말하면서, 실상은 늘 자기 뜻대로 살고 있습니다.

종들이 무슨 철학을

또한 근자에 들어 '목회철학'이니 '목회비전'이니 하는 말을 흔히 듣게 되는데, 비록 좋은 의도로 쓰더라도 적지 않은 거부감을 주고 있다는 점을 간과해선 안 됩니다. 좀 심하게 말을 하자면, 아니 종이 건방지게 무슨 철학이 필요하고 비전이 필요한지 정말 궁금합니다. 종이란 주인이 시키면 죽는 시늉이라도 해야 하는 신분인데, 종이면 종답게 주인께서 성경에 시킨 일이나 빠뜨리지 말고 열심히 실천할 것이지, 무슨 소크라테스나 플라톤이라도 되는 듯이 철학 타령을 할 필요가 있을까요?

이 '목회철학'이란 용어 역시 과거에는 전혀 못 듣던 말인데 언제부터인가 한국교회에 슬그머니 나타난 다소 시건방진 단어 중의 하나라고 생각합니다. 요즘 종들은 분수를 모르고 주인의 자녀이신 교인들에게 자기의 철학과 비전을 내세우며 따르라니, 이 종이 '종님' 인지 '종놈' 인지 영 헷갈리는 판입니다. 목사가 목회를 할 때, 성경대로 가르치고 그대로 살면 되었지 무슨 철학이 따로 필요한가요? 바울이나 아볼로 그리고 다른 제자들이 언제 각자 만든 철학을 가지고 목회했습니까? 오히려 자신들이 예수 외에 다른 복음을 전하지는 않나 늘 염려하며 경계하였다는 것을 주목해야 합니다.

그 목회비전이라는 것도 가끔 좋은 내용이 더러 있기는 하지만, 대부분은 몇 년도까지 교인 몇 명에 선교사가 몇 명이고 건물이 어쩌고저쩌고 등 돈을 부지런히 긁어모아 비즈니스 확대에 열중하겠다는 이야기들이던데, 이런 얘기는 다른 분들이 하도 많이 지적하셔서 이 정도로 생략하기로 합니다. 하여튼 순진하고 충성된 교인들은 그 개똥철학인지 비전인지를 따라서 총력 동원되느라 아예 등골이 빠지고 있습니다. 차라리 차분히 앉아 성경 공부와 구제만이라도 제대로 하면 좋겠습니다.

특히 큰 교회로 갈수록 일 년 내내 각종 화려한 프로그램으로 교인들을 혹사시키는데, 이는 보는 사람이 다 안쓰러울 정도입니다. 평일에는 직장이나 사업체 또는 학교에서 개고생을 하고 주일이라도 예배를 마치고 가정에 돌아와서 좀 쉬어야 하는데, 오히려 주일날이 더 바쁘고 더 피곤한 경우가 많습니다. 그래서 월요일이면 쌍코피가 정기적으로 터지는 교우도 여러 명 보았습니다. 귀족님들께서야 잡다한 일들은 부목사들에게 맡기고, 평일에 편안한 웰빙 책상에 앉아 멋진 설교를 준비하신 후, 주일 날 목소리 높여 화끈한 설교 몇 번 하시면 되는지는 잘 몰라도, 그 알량한 목회비전을 따르기 위해서 많은 교인들은 일주일 내내 하루도 제대로 쉬지 못하고 혹사당하고 있습니다.

예수님의 가르침은 '서로 사랑하라!'는 한마디로 요약할 수 있을 정도로 단순 명료한 것인데, 이분들은 오히려 여기에 군살을 덕지덕지 발라서 내용을 더욱 복잡하고 어렵게 만들고 있는 것은 아닌지 진지한 성찰이 있어야 합니다.

얼마 전에 미국의 대표적인 대형 교회 중의 하나인 윌로우크릭 교회의 빌 하이벨스 목사가 "우리는 실패했다"고 고백하면서, "교회에 수많은 프로그램을 만들어서 교인들로 하여금 영적인 활동을 하도록 이끌었지만, 그것이 영적인 성숙함을 보장해 주지 않더라"는 결론을 인정했던 일도 잊어선 안 됩니다.

지금 우리가 나아가야 할 방향은 주일에만 우리끼리 모여 분주히 활동하는 '선데이 크리스천'이 아니라, 오히려 평일에 사회 속에서 소금이 되는 '에브리데이 크리스천'이 아닌가요? 과연 초대 교회 기록에서 우리가 요즘 바쁘게 하고 있는 다양한 교회 행사나 프로그램들을 한두 가지라도 찾아볼 수 있는지 묻고 싶습니다. 혹시 이런 것 역시 교회의 몸집을 키우기 위한 비즈니스 마인드로 추진되는 것은 아닌가요? 마치 예수님은 한 가지만 해도 좋다고 하시는데 저 혼자 바쁘게 고생하는 마르다의 모습이 아닌지 반성해야 합니다.

귀족 목사님들께서는 평소에 매우 경건한 척하시며 목에 깁스하고 무게 잡기 좋아하시는데, 제발 교만 좀 떨지 마시고 진정으로 겸손해질 순 없는지 묻고 싶습니다. 설사 목사가 아니라고 해도 신자라면 누구나 온유하고 겸손하며 관대해야 하는 것이 옳지 않습니까? 그런데 사실 사람들 앞에서 천사처럼 경건한 척 열연하는 이분들 뚜껑을 살짝 열어 보면, 거룩이라고는 개벼룩만큼도 찾기 힘들다는 것이 그동안의 아픈 경험에서 얻어진 개인적인 소견입니다.

그리고 귀족 목사님들은 눈부신 고급차를 타고 다니는 것을 즐기시는데 중소형차로 바꿀 생각은 없으신지요? 스스로 종이라면서, 귀족 같은 차를 타고 다녀서야 되겠습니까? 자신의 인품이 모자라는 것은 참아도, 품위 없는 차를 타고 다니는 것은 절대 못 참으시는지요? 남들이 이를 비판하면 대부분 교인 중에서 누가 선물했다고 핑계를 대는데 목사가 정직해야 하는 것 아닌가요? 그런데 진짜로 고급차를 사주는 통 큰 교인도 더러는 있다니 다른 것은 몰라도 정말 돈 복은 많은 분들인 것 같습니다. 그런데 누가 선물로 주면 고급차라도 반드시 받아야 하는지 아직도 의문이 남습니다. 거절하거나 팔아서 다른 좋은 일에 쓰시면 안 되는지 묻고 싶습니다.

사리사욕을 채우는 귀족 목회

뭐니 뭐니 해도, 귀족님들의 가장 큰 약점은 바로 돈 문제라고 생각됩니다. 이분들은 거의 예외 없이 어떤 요상한 명분과 이유를 붙여서라도 기필코 돈을 챙기시기 때문입니다. 그래서 이 점만 유심히 관찰해 보아도 귀족 목사이신지 아닌지가 드러나게 되어 있습니다. 참새가 방앗간을 그냥 지나칠 수 없는 숙명과 비슷하다고 보면 됩니다. 흔히 잘 알려진 대로, '돈, 명예, 그리고 여자' 이 세 가지야말로 이 귀족님들에게는 뿌리칠 수 없는 업보이기 때문입니다.

그래서 이들은 교인들의 영혼보다는 교인들의 돈을 더 사랑하는 것이 기본입니다. 그중에서도 가장 큰 문제는 교회를 사유화하는 문제입니다. 특히 교회 재정을 직접 관리하며 예산과 결산을 불투명하게 하는 목사님들이 적지 않은데, 이런 행태는 한국교회가 반드시 뿌리 뽑아야 할 악행 중의 하나입니다.

최근 어느 형제님에게 받은 메일에 의하면, 자신의 교회는 출석 교인이 7천 명이 넘는 큰 교회인데 지난 15년간 단 한 번도 수백억 원의 교회 재정에 대해 결산보고를 하지 않았다는 것입니다. 이런 말도 안 되는 일이 일어나고 있는 곳이 바로 한국교회입니다. 심지어 어느 대형 교회는 교회 건물 등기를 아예 담임목사의 이름으로 등록했다니 어처구니가 없습니다. 그 외에도 목사의 친인척들로 교회 직원들을 도배하거나, 교회 재정 집행 시에 각종 이권에 관여하고, 기타 이분들의 범죄적 행실을 구체적으로 다 서술하려면 '귀족행전'을 한 권 추가로 써도 모자랄 것입니다. 따라서 여기서는 이분들의 눈에 띄는 행태들 위주로 몇 가지만 간략히 살펴보고자 합니다.

우선 목돈 버는 재미에 외부 강사로 일 년 내내 꾸준히 돌아다니시는 것이 이분들의 공통적인 생활 방식입니다. 이렇게 하면 교회 본봉은 그대로 굳고 추가로 부수입이 더 짭짤하다니, 이들의 눈에는 세상이 참 평안하고 즐겁게 보일 것입니다. 그렇지만 그런 강사 교류 인맥을 넓히기 위해 반대로 막대한 교회 예산을 들여 외부 강사들을 수시로 청빙하는 것은 너무 비열한 행동이 아닌가 합니다. 간단하게 말하면, 서로 짜고 상대 교회 돈을 나눠 먹는 셈이니 정말 두려움이라고는 전혀 모르는 분들입니다.

어떤 능력 있는 고참 귀족님은 몇 년 만에 월급 외에도 5억 이상 벌었다고 들었는데, 뭔지 모르는 순진한 교인들은 우리 목사님께서 안팎으로 말씀 사역에 너무나 수고를 하신다고 때로는 보약을 갖다 바친다고 하니 정말 "세상은 요지경"이란 가요가 히트 친 이유를 알 것 같습니다.

그리고 십일조와 건축헌금을 해야 복 받는다고 수시로 강조하시며 부추기신다고 하던데, 그렇게 열심히 긁어모아 정말 자신들의 일이 아닌 주의 일을 하려는지 묻고 싶습니다. '인자는 머리 둘 곳도 없다' 고 하시던 예수님이 언제 따르는 무리들에게 헌금 요청하시는 것을 본 적이 있습니까? 오천 명이나 사람들이 몰려 와도 대형 천막 하나 없는 빈들에서 한 아이의 오병이어를 함께 나누어 먹었다는 이야기는 못 들으셨는지요? 제자들도 옷 한 벌만 가지고 돌아다녔다고 하는데, 이분들도 자발적으로 들어오는 헌금만큼만 사업을 벌이시면 안 되는지 따져보고 싶습니다.

헌금을 조금 내거나 못 내는 교인은 결국 기죽어서 떨어져 나가거나 아니면 교회 모임에서 늘 구석 자리에 찌그러져 있게 되고, 헌금을 많이 낸 부자들이나 유명 인사가 장로나 권사가 되어 나서는 경우가 많은 것이 이들 교회의 현실입니다. 이는 마치 중세 교회 성직 매매와 무엇이 크게 다른가요? 이것도 확실히 해명이 필요한 문제입니다. 아울러 왜 교회 내에 가난한 이들이 설 자리가 갈수록 무너지는지 그 이유를 반성해야 합니다.

또한 귀족님들께서는 목회를 비즈니스로 여겨 교인 수를 중요시하며 교회당을 크게 짓는 것을 성장 목표로 삼는다고 합니다. 사실 이 문제는 이들의 체질상 웬만해선 고치기 힘듭니다. 그리고 원래 잔머리가 잘 돌기 때문에 설교를 미끈하게 잘하시고, 심지어 어떤 때는 자신의 빼어난 설교에 스스로 감동받아 강단에서 눈물을 짜기도 합니다. 이분들은 정말 순진한 교인들 홀리기에는 아주 탁월한 재능을 지닌 듯합니다. 아마 안방드라마 연기자로 나갔어도 크게 대성했을 것으로 확신합니다.

그런데 설교 내용은 주로 교인들 귀에 듣기 좋은 웰빙 설교만 즐겨 하니, 이것이 매우 심각한 문제입니다. 항상 복 받고 잘되고 평안하고 성공한다는 설교는 잘하시는데, 함께 십자가를 지고 고난을 받자는 내용은 잘 말하지 않는다니 우선순위가 잘못되었다고 생각해 보신 적이 없는지요? 게다가 요즘은 평일에는 골프에 낚시에 신나게 놀러 다니시다가, 주일이 되면 상습적으로 남의 설교를 표절하시는 저질 얌체 분들도 있다던데 정말 양심에 방탄조끼를 채우신 분들입니다. 그래도 어쩌다 가끔은 교인들에게 함께 회개하자고 설교할 때도 있다는데, 어느 분의 말씀대로 어째서 자신의 묵직한 돈주머니는 평생 회개하지 않는 것인지요?

그리고 감투를 너무 좋아하셔서 너저분한 명함 대여섯 개 정도는 기본이고, 떼로 몰려다니며 이름만 들어도 역겨운 허접 단체에도 많이 가입하신다던데, 쓸데없이 돌아다니지 마시고 그 시간에 교인들이나 잘 돌보시면 좋겠다고 부탁드리고 싶습니다. 아울러 이분들은 수구정권이나 수구언론, 재벌기업, 대형 교회 등을 비판하면 바로 종북이나 하나님을 대적하는 자로 매도합니다. 그동안 챙겨둔 재산과 인맥을 지키고 늘리는 데에 이들 수구세력의 강력한 보호와 지원이 필요해서 그러는 것은 이해가 가지만, 그래도 가끔은 하늘도 한번 쳐다보거나 '정의'라는 단어도 좀 찾아보시고 자숙하시면 얼마나 좋을까 생각해 봅니다.

더구나 이들은 각종 교단 선거에서 금품을 살포하고 패거리를 만들고 자기 사람을 챙기는 등 각종 추태 보여 주기를 서슴지 않고 있습니다. 이는 막가는 정치판에서조차 부끄럽게 여기는 일이 아닌가요? 이로 인해 교단이 너무 시끄럽고 혼란하여 국민들의 지탄을 받는 것은 물론 전도에 큰 지장을 주고 있다는 것을 아시기는 하는지 답답합니다. 누가 이분들 앞에서 감히 목사 임기제니 무슨 회장단임제니 이런 말을 꺼내면 난리가 난다는데, 차라리 지나가는 개의 귀를 잡는 것이 나을 것입니다.

또한 이들은 언론의 자유 이딴 거 무지 싫어하신다고 합니다. 자신들이 과식하는 것이 자꾸 노출돼서 괴롭다고 하니, 그나마 약간의 양심이라도 남아 있다는 것이 신기합니다. 특히 말이 많은 놈들은 무조건 싫어합니다. 또한 자기들은 뒤로 할 짓 못할 짓 고루고루 다 저질러 놓고 나중에 결정적으로 들통 나면, 언제나 주님의 사랑 운운하며 사랑으로 모두 다 덮자고 얼버무리는 것이 이분들의 상투적인 수법입니다.

가장 한심스럽고 우려스러운 것은, 많은 목사님들이 이 귀족님들과 귀족 교회를 하나의 성공모델로 삼아 프로그램이나 조직을 흉내 내며 불철주야 달리고 있다는 사실입니다. 다시 말하자면 압도적으로 유리한 여건을 두루 갖춘 한 대형 교회가 교인들의 수평이동을 통해 근처에 있는 다수의 소형 교회들을 무너뜨리는 현상 못지않게 더 심각한 문제는, 전국의 많은 교회들이 그 대형 교회를 모델로 너도 나도 모두 열을 내어 자기들도 저렇게 대형화하겠다고 몸부림치고 있다는 점입니다.

이런 이유로 많은 비판자들의 입에서 "대형 교회가 죽어야, 한국교회가 산다"는 말이 터져 나오고 있습니다. 아울러 대형 교회의 좋은 장점들은 거의 희석되고, 다른 이유도 물론 있지만 단순히 크다는 그 사실 하나만으로도 무거운 족쇄가 되어 따가운 비판의 대상이 되고 있습니다.

성전 안의 장사꾼들

여기까지 이들 귀족 목사님들의 개인기와 문제점들을 간단하게 검토해 보았습니다. 현재 전국의 지역 교회들은 물론 주요 교단의 총회나 지방회, 노회 지도부의 상당수가 이들의 절대적인 입김 아래 있다는 사실은 누구도 부인하기 어려울 것입니다. 악화가 양화를 구축하는 모양이 된 것입니다. 어찌 보면, 이들이 저질 정치꾼들처럼 돈 봉투까지 뿌리며 수단과 방법을 가리지 않고 자리 챙기기에 몰두해 온 당연한 결과입니다. 이렇게 해서 과거 예루살렘성전에 장사꾼들이 북적거렸던 것처럼, 지금 한국교회 내에도 온갖 잡상인들이 기생충처럼 서식하게 된 것입니다.

어쨌든 간이 아주 크신 이분들은 대부분 자신의 안위에만 몰두하고, 교인들이 영육으로 말라가도 크게 신경 쓰지 않습니다. 또한 사회 여론이 그들의 부정과 탐욕을 비난할 때는 적당히 연막을 쳐서 빠져나가거나, 그것도 잘 안되면 교인들을 동원하여 전면에 세우고 자신은 교회라는 성역의 울타리 뒤로 깊숙이 숨어 버리는 것이 일상적인 수법입니다.

이 귀족님들의 개인기가 너무 탁월해 한국교회가 거의 거덜 나게 생겼습니다. 그래서 "한국교회는 이미 스스로 정화할 능력을 잃었다"라거나 "한국교회는 예수를 버렸다"고까지 단정하는 분들도 있습니다. 더구나 이들 상당수는 무슨 기연이라도 있었는지, 맨손으로도 바리새인 몇 명쯤은 순식간에 뺨을 치고 초상비로 날아오를 정도로 엄청난 절정고수입니다. 양심에 철판을 삼 겹으로 깔고 천사처럼 가장하여, 교인들을 속이며 등치고 있습니다. 보통 사람들은 심장이 약하고 내공이 약해 정말 그런 경지에 이르지 못합니다.

예수님 당시의 바리새인들과 사두개인들은 종교 지도자인 동시에 막강한 권력을 손에 쥔 정치 지도자였습니다. 그들은 그런 큰 힘을 이용하여 백성을 억압하고 착취하여 자신들의 배만 채우는 늑대와 같은 자들입니다. 굶주리고 지친 백성들의 눈물과 탄식은 외면하면서, 자신들이 만든 유전과 규례는 철저히 지키라고 강압하였습니다. 그리고 그들은 자신들의 안위를 지키기 위해, 백성들이 자기들보다 예수를 따르는 것을 매우 두려워했습니다. 예수님께서 성전에 들어가 장사꾼들을 내어 쫓는 것도 보았습니다. 자신들의 밥그릇에 금가는 소리가 들렸을 것입니다. 그래서 사람들이 더 이상 예수를 따르지 못하도록 그분을 십자가에 못 박았습니다.

지금 주위를 살펴보면 한국교회의 부패와 탐욕이 그때보다 못하다고 감히 말할 수 없습니다. 한국교회의 무법자, 귀족 목사님들이 그래도 바리새인들보다는 더 의롭다고 말할 수 있을까요? 오히려 바리새인을 뺨치는 내공으로 한국교회를 거덜 내고 계신 것이 아닌가요? 이들은 예수를 따르고 있는 것일까요, 아니면 유다처럼 예수를 팔고 있는 것일까요? 이들의 귀에도 영육으로 메말라버린 저 양들의 처절한 울음소리가 들릴까요? 이들의 눈에도 저 양들의 목이 꺾여 늑대에게 찢겨지고 있는 모습이 보일까요? 그리고 이들의 양심에도 저 양들의 슬픈 눈망울에서 나오는 분노와 절규가 느껴질까요?

하도 답답해서 묻고 있지만, 결코 긍정적인 대답을 기대하는 것은 아닙니다. 역사책 어디에서도 바리새인들이 회개하고 돌아왔다는 이야기를 본 적이 없기 때문입니다. 이들은 예수님과 세례 요한이 외쳤어도 듣지 않은 사람들입니다. 세리와 창기들은 돌아왔으나, 그들은 성경을 손에 들고도 끝까지 거역하였습니다. 차라리 개 귀에 명심보감을 들려주는 것이 나을지도 모를 일입니다. 오죽해야 예수님이 바리새인들을 향해 '독사의 새끼들' 이라고 하셨겠습니까?

그러다가 결국에는 불과 몇 십 년 뒤인 AD 70년에 후일 황제가 된 티투스 장군의 강력한 로마 군단에 의해 처절하게 짓밟히고 찢겨져 예루살렘의 멸망과 함께 역사의 뒤안길로 영원히 사라졌습니다. 물론 그들이 자랑하던 큰 건물, 헤롯성전도 예수님이 예언하신 그대로 완전히 파괴되어 이때 함께 무너졌습니다. 기록에 의하면 당시 성읍에 살고 있던 유대인들의 거의 전부라고 할 수 있는 근 1백만 명 정도의 사람들이 비참하게 몰살당한 것으로 알려지고 있습니다.

그토록 슬프게 무너진 거대한 헤롯성전을 생각하며, 오늘날 오로지 큰 건물, 큰 무리, 그리고 큰 사업을 추구하며 교회 대형화에 눈이 먼 한국교회의 많은 목회자들을 바라보니 안타깝기 그지없습니다.

이제 결론을 맺기 전에, 존경하는 신현우 교수의 짧은 글을 먼저 인용하고자 합니다.

개는 없고 양반들만 있으니

아직 잠들지 않은 그리고 결코 잠들 수 없는
깨어 있는 목회자들에게 이 글을 바칩니다.

나는 차라리 개 같은 목사가 되렵니다.
경건을 보수의 울타리에 가두고 학문을 교리의 울타리에 가두고 실천을 교회의 울타리에 가두고 그리고 나면 우리는 감옥에 갇힐 겁니다.

역사의 암울한 시기에 한 번도 목소리를 내지 못한 교단에서 한 발짝 벗어나는 것이 이리도 힘드는 일까요?

성경을 교리로 난도질하는 인본주의적 인습에서 혁명적인 하나님의 말씀에 무릎 꿇는 길로 가는 것이 이리도 어려운 일일까요?

목사님들은 모를 겁니다. 그래서 저도 모를 겁니다.
교회를 보며 갑갑해하는 일반 성도들의 마음을, 이리를 보고도 짖지 못하는 개와 같은 목사들을 보며 물려죽으며 분통이 터져가는 양들의 마음을…….

예수님을 잃은 중세 가톨릭이 부패하였듯이 개혁정신을 잃은 개혁 교회가 썩고 있는 것을 보며 혹시 우리가 양들을 지키는 개가 아니고 이리가 아닌가 생각해 봅니다.
사나운 개가 몇 마리만 더 있어도 좀 덜할 터인데 개는 없고 양반들만 있으니 양들이 죽는 것이 아닌지요? 소금은 없고 설탕만 있으니 썩는 것이 아닌지요?

그래서 결심해 봅니다. 나는 개 같은 목사가 되어야겠다고, 설탕보다는 소금을 뿌리는 목사가 되어야겠다고.
거룩한 목사님들은 모르실 겁니다. 왜 제가 이런 말을 하고 있는지……. 왜 차라리 개 같은 목사가 되려고 하는지…….

양들 가운데 있다 보면 우리는 양 같은 목사가 되어 양을 바로 인도하지 못하는 거룩한 양 같은 목사가 되거나, 이리 같은 목사가 되어 양을 잡아먹게 되기 쉽습니다. 그러나 우리는 개 같은 목사가 되어야 할 겁니다.

점잖은 목사님들은 못 들으실 것입니다. 이리를 만난 저 성도들의 아우성을…….

천사들의 찬양 소리만 들리실 터이니…….

저는 이리를 물어뜯는 개 같은 목사가 되렵니다.

– 신현우

갈릴리로 돌아가자

이 글을 읽을 때마다 '점잖은 목사'와 '개 같은 목사'를 생각해 봅니다. 한국교회에는 지금 '점잖은 목사'만 너무 많은 것이 아닌지요? 양들을 해치는 저 이리를 막을 '개 같은 목사'는 없는지요? 그리고 이 일이 어찌 목회자들만의 책임일까요? 스스로 동역자라고 자처하던 모든 평신도들도 분연히 일어서야 하지 않습니까? 생각해 보십시오! 우리가 언제 나 하나 잘 먹고 잘살자고 예수를 따라 나섰던가요? 그렇지 않다면, 과연 예수를 따르겠다면서 가난한 이웃들과 배불러 죽어가는 부자들을 그냥 외면하고 이렇게 우리끼리만 건물 짓고, 흥청거리고, 재미있고, 즐거우면 되는 것인지요?

산에서, 빈들에서, 강가에서, 그리고 어두운 예배당 한구석에서 감동과 기쁨의 눈물을 흘리며 예수를 따르기로 결심했던 그 처음 사랑은 지금 다 어디에 있는지요? 먼저 믿은 우리라도 소금을 좀 뿌려야 하지 않을까요? 아니면 우리마저도 세상의 단맛에 빠져 다시 세리와 창기로 돌아가야 하는지요?

주님께서는 "누구든지 나를 따라오려거든 자기를 부인하고 자기 십자가를 지고 나를 따를 것이니라"고 말씀하셨습니다. 그런데 한국교회를 거덜 내고 계신 귀족 목사님들 대부분은 바리새인들처럼 이미 예수 따르기를 거부한 사람들입니다. 그래서 이제는 우리가 대답할 차례입니다.

눈을 감고 조용히 들어 보십시오. 2천 년 전 목수의 아들로 유대 땅에 오셔서, 가난한 어부들의 마을 갈릴리 바닷가를 걸으시던 그 예수님은 오늘도 변치 않고 우리에게 말씀하고 계시지 않은가요? "나를 따르라!"

> "화 있을진저. 외식하는 서기관들과 바리새인들이여 회칠한 무덤 같으니 겉으로는 아름답게 보이나 그 안에는 죽은 사람의 뼈와 모든 더러운 것이 가득하도다. 이와 같이 너희도 겉으로는 사람에게 옳게 보이되 안으로는 외식과 불법이 가득하도다." (마 23:27~28)

세습 목회자와 신도들, 그 나물에 그 밥

한국교회 세습은 중세 성직 매매의 아류

"이제는 말리기도 지쳤다! 해도 너무 한다!"

이런 탄식들은 오늘날 한국교회의 세습을 바라보는 세인들의 공통된 인식을 단적으로 잘 보여 주고 있는 말입니다. 하지만 교회 외부의 이런 비판적 시각에 매우 무감각한 한국의 많은 교회들은 소통에는 전혀 관심이 없는 듯 이제 재벌들의 세습을 흉내 내며 2세대 경영에 본격적으로 진입하고 있는 느낌입니다.

경제인이나 정치인들의 부와 권력의 세습도 그 도덕적 결함으로 인하여 사회적인 비판을 따갑게 받고 있는데, 하물며 가장 순결해야 할 교회마저 지극히 세속적인 세습을 무리하게 감행하고 있습니다. 이로 인하여 세상을 밝히고, 지역 사회를 섬겨야 할 교회가 오히려 세상의 손가락질을 받고 비난의 화살을 자초하고 있는 것이 작금의 현실입니다.

교회사 책들을 아무리 뒤져 보아도, 지구본을 이리저리 몇 바퀴 돌리며 찾아보아도, 사상 유례가 없는 교회 세습이 오늘날 오직 한국 땅에서만 무더기로 당당하게 이루어지고 있습니다. 이는 현재 한국의 교회들이 정도를 벗어나 얼마나 심하게 변절되었는지를 잘 보여 주는 대표적인 사례라고 할 수 있습니다.

그래도 처음에는 눈치라도 좀 보는 듯하더니, 요즘은 아예 노골적입니다. 그런데 외부의 비판에 대해 이들이 항변하는 공통점이 한 가지 있습니다. 당신들에게 직접 피해를 주는 것이 없으니 밥을 먹든 죽을 먹든 참견하지 말라고 합니다.

게다가 세습 기법도 갈수록 발전하여, '부자 세습'은 기본이고 서로 교회를 맞바꾸는 '교차 세습'이 있는가 하면, 아예 미리 교회나 법인체를 하나 따로 떼어 주는 '증여 세습'도 추가로 개발되었습니다. 물론 꼭 아들에게만 세습하는 것은 아닙니다. 딸이나 사위 그리고 기타 혈족에게 적당한 명분을 만들어 합법적으로 세습을 합니다.

교회의 기업화와 경영권 세습

어쨌든 이런 분위기에 편승하여, 오랫동안 '개혁 교회'라는 그럴 듯한 간판을 애용해 오던 한국교회㈜가 드디어 허울을 벗고 자신의 본 모습을 숨김없이 드러내고 있습니다. 그동안 십일조 장사를 아주 잘해서 영업 실적도 눈이 부실 정도고, 건물을 크게 지어 사업이 잘 확장되어서 직원들도 많이 늘어났고, 그 덕분에 회사 재산이나 자금 사정 역시 매우 탄탄하다고 합니다.

그래서 이제는 자식에게 적당히 모양을 갖추어 합법적으로 경영권만 슬쩍 넘겨주면 된다고 속으로 웃고 있습니다. 이렇게 교회를 기업에 비교하니 반발하실 분도 있을 것입니다. 그런데 이는 필자만의 시각이 아닙니다. 아래에 인용된 글처럼 이미 다른 많은 분들도 한국교회의 기업화에 큰 우려를 나타내고 있습니다.

> "대형 교회는 이미 기업이 되어 버리고 말았습니다. 목회에 경영적 개념과 기술을 도입하고 있습니다. 주체할 수 없이 모아진 헌금으로 투자를 하는 경우조차 생겨나고 있습니다. 그러니 이로 인해 성취된 재물과 권력의 기득권을 대주주의 혈통으로 보존하려는 욕망이 그 안에 자라나지 않을 까닭이 없습니다."

즉 교회가 성장하고 이권이 너무 커지다 보니, 보통 사람으로서는 그 유혹을 이기기가 매우 힘든 상황이 되었다는 실제적인 지적입니다. 달리 말하자면, 보통 사람의 욕심을 극복하지 못하는 미자격 목회자들은 세습의 유혹을 이기기가 아주 어렵다는 분석입니다.

이는 결국 많은 신도들로부터 큰 존경과 사랑을 받던 상당수 유명 목회자들의 뚜껑을 열어 보니, 유감스럽게도 그들 역시 그저 그렇고 그런 보통 사람의 수준에 있었다는 이야기가 됩니다. 이러니 여기서 목회자의 자질 문제가 또 다시 거론이 안 될 수가 없습니다.

차라리 말이나 말지. 언제나 입만 열면 주를 위해 헌신하자고 소리를 높이고, 가난한 이웃들을 돕자고 호소하고, 그리고 해외선교를 하자고 열을 내시던 분들 중의 상당수가 이들 세습 목회자들입니다.

그런데 이권이 걸려 있는 결정적인 순간이 다가오니 얼굴을 바꾸고 자기 욕심을 챙기고 있습니다. 결국 과거의 위선된 행동들은 그저 교회의 크기를 키우고 세력을 확장하기 위한 하나의 눈속임에 불과했음을 스스로 보여 주고 있습니다.

더욱 기가 막힌 것은 "(교회) 세습은 세습이 아니다. 세습은 어려운 길을 가는 것이므로 위로해 줘야 한다"라고 오히려 한 술 더 뜨는 대단하신 목사님도 있습니다. 과연 이리저리 둘러대는 데는 거의 예술적인 경지입니다.

그렇다면 만일 그들에게 이 '충성된 세습의 길'을 '자비량 목회'로 가라고 하면, 과연 몇 명이나 갈지 정말 궁금합니다. 아마 거의 다 도망을 칠 것입니다. 그들은 늘 말로써 교인들을 기만하고 있습니다. 대부분이 돈과 이권에 눈이 멀어 강행하는 교회 세습을 말 몇 마디로 치장하며 미화하려 하고 있습니다.

어떤 분은 이런 행태를 "세습이 남들이 다 가지 않으려는 곳에 가는 것이라면, 그 아들이 계승하는 것은 정말 훌륭한 일입니다. 그러나 그렇지 않다면 그 교회 목사의 아들이 그 교회에 다시 부임한다는 것은 손봉호 장로님의 지적처럼 '욕심의 대물림' 일 뿐입니다" 라고 강하게 비판합니다.

그런데 처음에는 한국의 내로라하는 몇몇 대형 교회들이 앞장서서 세습을 선도하더니, 현재는 중소형 교회에까지 일반화해 아예 정착 단계입니다. 이제는 그 도가 너무 지나쳐서 자세한 통계마저 공개하기가 부끄러울 지경입니다. 이로 인해서 연줄이 없고 인맥이 없는 신참 목회자들이 담임목사가 되기란 하늘의 별따기처럼 어려워졌다고 합니다.

하지만 은퇴 예정 목사님들에게 돈을 한 보따리 미리 건네주면 한자리 가능하다는 말이 공공연히 나돕니다. 목사라는 직함의 거룩하신 분들이 성직 매매를 서슴지 않고 자행하고 있습니다. 한마디로 말해서 한국교회 상당수는 지구상에서 가장 썩은 교회가 되어 버렸습니다.

교회의 사유화와 계급화

많은 세습 교회들의 특징 중 하나는 이들 교회가 담임목사를 중심으로 거의 사유화되어 있고, 또한 교회의 직제와 운영이 매우 계급 화되어 있다는 점입니다. 이는 물론 최대한의 교권과 이권을 누리기에 가장 적합한 시스템을 구축하기 위해서입니다.

따라서 자기 사람이 아니라고 생각되면 적당한 명분을 만들어 한직으로 보내고, 말을 잘 듣는 사람들로 인의 장막을 치고 자신의 왕조를 구축합니다. 이런 과정을 통하여 담임목사는 교회 내에서 사실상 거의 왕 같은 권력을 장악하게 됩니다.

이와 같은 교회들은 대부분 재정의 불투명한 처리가 교회 사유화의 가장 두드러진 증거가 될 경우가 많습니다. 예산과 결산을 자세하게 공개하지 않거나, 두루뭉술하게 처리합니다. 따라서 대부분의 신도들은 자신들의 담임목사가 이 핑계 저 핑계로 얼마나 많은 교회 돈을 챙겨 가는지를 잘 모르게 됩니다.

아울러 동역이라는 말은 글자 그대로 말뿐이고, 교역자들 간에도 담임목사를 총수로 하여 수직적으로 계급화해 있습니다. 감히 부교역자가 담임목사에게 말 한마디 잘못했다가는 그날로 옷을 벗어야 합니다. 조직의 경직성이 여느 족벌 주식회사 못지않습니다.

겉으로는 '평신도를 동역자로 세우는 교회'라고 멋진 선전을 하면서, 실제로는 평신도는커녕 교역자들 간에서조차 대등한 동역이 전혀 이뤄지지 않고 있습니다. 또한 그리스도 안에서 한 형제이며 자매인 개혁 교회의 정신은 슬그머니 사라지고, 기만이 가득 찬 독재 정권처럼 위선으로 치장된 경건을 보여 줍니다.

그 나물에 그 밥

그런데 이렇게 교회 세습이 현실적으로 가능하게 된 가장 큰 이유는 무엇일까요? 물론 담임목사가 대를 이어 교회를 사유화하려는 욕심이 그 뿌리입니다. 이만열 교수님에 의하면, 한국 개신교 목회자 대상의 어느 한 설문 조사에서 무려 65%가 목사직 세습이 가능하다고 대답하는 한심한 결과가 나왔다고 합니다. 현재 한국교회 목사들 수준이 이 정도입니다.

기회만 있으면 자기도 세습을 하겠다는 이야기나 다름없습니다. 이 모두가 전국의 수많은 신학교들에서 자격 미달의 목회자들을 무분별하게 양산해 준 덕분입니다.

그런데 여기서 우리가 주목해야 할 더 큰 문제가 있습니다. 교회 세습을 단지 목회자들의 책임만으로 돌리는 것은 아직 전체를 다 이해하지 못한 단견이 되기 때문입니다. 즉 목회자들의 잘못 못지않게, 오히려 이들 목사들에게 무조건 동조하거나 방관하는 절대 다수의 신도들에게 큰 책임이 있다는 사실입니다.

이런 신도들의 특징은 목사가 무슨 말을 해도 맹종합니다. 목사를 '주의 종'으로 모시고, 목사의 말이 구약 선지자의 말이라도 되는 것처럼 순종합니다. 목사에게 순종하는 것을 하나님의 뜻을 따르는 것으로 생각합니다.

이 같은 맹신의 문제점은 모두가 잘 아실 것입니다. 즉 올바른 목회자가 사역할 때는 별 일이 없겠지만, 조금이라도 사심을 가진 목회자가 이들을 이용할 때는 심각한 문제가 일어나게 됩니다. 지나간 교회 역사가 잘 보여 주듯이 맹신도들은 담임목사가 무슨 일을 해도, 무조건 믿고 따르며 좋게 보기만 합니다.

그러므로 심지어는 목사가 교회 공금을 수억 단위로 횡령해서 유죄 판결을 받아도, 이들은 '주의 종이 뭐 선한 일에 급히 쓰셨겠지' 하며 좋게 생각합니다. 또한 목사가 간통하다 걸려도, "또 이단들이 모함을 하는군" 하고 넘어갑니다. 담임목사가 교단 선거에서 더러운 돈을 물 쓰듯이 뿌린다는 소문 정도는 "설마" 하고 아예 믿지를 않습니다. 이러니 교회 세습 정도야 간단하게 "대를 이어 헌신하시는 귀한 분들이시다" 하고 받아들이는 것이 보통입니다.

사실 교회 공동의회에서 대다수의 신도들이 적극적으로 반대를 한다면, 어찌 교회 세습이 가능하겠습니까? 마치 예레미야 시대가 오늘날 또다시 재연되고 있는 듯한 착각마저 듭니다. 이는 "선지자들은 거짓을 예언하며 제사장들은 자기 권력으로 다스리며 내 백성은 그것을 좋게 여기니 마지막에는 너희가 어찌하려느냐"라고 기록된 말씀 그대로입니다.

물론 이런 맹신도들을 키운 사람들은 귀족 목사들입니다. 이들은 '예수의 제자'가 되기보다는 먼저 '목사의 제자'로 길들여져 있습니다.

이렇게 말하면, "그럼 세습 교회들은 모두 다 병든 교회인가?" 하며 항변하실 분들도 있을 것입니다. 필자 역시 단 몇 교회들이라도 예외가 있기를 진심으로 바라고 있습니다. 하지만 적어도 필자의 눈에 비친 대부분의 세습 교회들은 '개혁 교회'라는 간판을 내려야 할 교회들입니다.

개혁을 거부하는 한국의 개혁 교회들

상당수의 교회들은 개혁 교회라는 명함은 가지고 있으나, 실상은 개혁을 늘 거부하고 있는 교회들입니다. 그런데 이들의 편에 서서 교회 개혁에 반대하고 저항하는 인사들이 언제나 상투적으로 말하는 궤변이 있습니다. 하나님을 대적하거나, 서로 헐뜯지 말자는 것입니다. 또한 일부의 잘못을 가지고, 전체 목사나 전체 교회들의 잘못으로 확대하여 비방하지 말라고 합니다. 이는 거룩한 교회를 무너뜨리는 이적 행위라는 것입니다.

1415년 프라하 대학 총장이자 가톨릭 사제였던 개혁자 요한 후스는 당시 고위 성직자들의 '성직 매매'를 신랄하게 비판하다가, 결국은 당시 교회 지도자들에 의해 이단으로 몰려 화형을 당했습니다. 간단히 줄여 말하면, 괘씸죄에 걸린 것입니다. 이처럼 부패한 종교 지도자들은 언제나 바른 말을 하는 신자들을 교권으로 누르고 핍박합니다.

그때나 지금이나 크게 변한 것 없이 교회 역사는 반복되고 있습니다. 인간의 탐욕과 죄성이 전혀 변하지 않았기 때문입니다. 오늘날 교권주의자들도 방법만 다를 뿐이지 교활한 명분과 변명을 늘어놓으며, 비슷한 비행을 계속 저지르고 있습니다.

사욕에 눈이 어두워져 온갖 잘못은 자신들이 다 저질러 놓고서, 오히려 상대에게 뒤집어씌우는 적반하장식 수법을 구사하고 있습니다. 우선 이들은 교회론 그 자체부터 잘못되어 있습니다. 참된 교회는 눈에 보이는 조직이나 교회당 건물이 아니고, 우리 신자들 자신입니다.

따라서 목사나 신자들 자신이 상습적으로 잘못을 반복하고 있다면 이는 교회가 잘못되어 가고 있는 것이 확실한 것이고, 당연히 이를 지적하고 시정하여 바른길로 가도록 서로 권면해야 함이 마땅합니다.

이들의 배부른 논리를 따르자면 루터와 칼뱅이 교황을 반대하고, 나단이 다윗의 범죄를 지적하고, 바울이 베드로를 책망하고, 그리고 예수님이 당시 교회 지도자들인 바리새인을 향해 '독사의 새끼들'이라고 말씀하신 것도 해서는 안 될 비판이 될 것입니다.

그럴 바에는 차라리 중세 가톨릭에 그대로 남아 있지, 왜 뛰쳐나와서 개혁 교회에 참여하고 있는 것인지 그들에게 거꾸로 묻고 싶은 심정입니다.

이런 면에서, "끊임없이 세속화와 변질의 유혹을 받는 교회는, 계속적으로 복음을 수호하고 교회를 교회 되게 하는 반복적인 자체 개혁과 원상회복을 필요로 한다"고 정확하게 개혁의 핵심을 지적한 이정석 교수님의 발언을 결코 가볍게 들어서는 안 될 것입니다.

교회 세습과 부정부패

교회 세습은 교회 부패와 직결됩니다. 절대 권력은 절대로 부패하게 되어 있기 때문입니다. 대를 이어 유지되는 교권이 과연 얼마나 청렴할 수 있을까요? 이런 사실은 큰 노력 없이도 쉽게 확인할 수 있습니다. 우리 주변의 대부분 중대형 교회들에서 그동안 어떤 일들이 일어나고 있었는지 잠시만 둘러보면 됩니다.

구태여 세습까지 거론할 필요도 없습니다. 한 교회에서 수십 년간 사역한 담임목사들 중에 과연 부정과 부패 문제를 안 일으킨 중대형 교회 목사가 몇 명이나 되는지 거꾸로 묻고 싶습니다. 오죽 그 도가 지나쳤으면, 세상의 법정에까지 서서 심판을 받고 있을까요? 교회가 세상을 밝히는 것이 아니라, 세상이 교회를 심판하고 있습니다.

따라서 교회 세습은 유형 교회가 몰락으로 가는 넓은 길입니다. 과거에 면죄부를 팔아서 이권을 챙기던 중세 가톨릭이 크게 몰락했듯이, 교회 사유화에 앞장선 교회들은 스스로 몰락을 자초하고 있음을 알아야 합니다.

교회 세습이 부정적으로 다뤄지는 또 하나의 이유는 '불로 소득'이란 점에 있습니다. 특별한 노력 없이 단지 혈족이라는 이유만으로 다른 후보자들에게 불이익을 주고 직책과 기득권을 계승하기 때문입니다. 이는 상식적인 공평성의 원리마저 거스르는 일입니다.

따라서 교회 세습은 결코 면죄부를 줄 수가 없습니다. 이는 성경의 가르침은 물론, 보편적인 상식과 도덕에도 어긋나는 몰염치한 행동이기 때문입니다. 그 어떤 비루한 명분과 핑계를 대더라도 절대로 용납할 수 없는 일입니다.

교회 세습이 한 번이라도 용인된다면

만일 아직도 교회 세습의 심각성을 이해하지 못하시는 분들이 있다면, 반대로 세습이 정당시되고 일반화했을 경우를 상상해 보면 쉽게 이해가 될 것입니다. 이 경우 아마 대부분의 목회자들은 아무런 간섭 없이 자식이나 혈족에게 교회를 쉽게 물려주게 될 것입니다.

그렇게 되면, 특히 교회 재산과 이권이 큰 중대형 교회들은 이단과 사이비 교회들처럼 특정인의 자식들이 뿌리를 박고 자자손손 대를 이어 왕족같이 군림하게 될 것이 뻔합니다. 즉 큰 교회마다 왕조가 하나씩 생겨나게 될 것입니다. 일단 한 번 세습이 허용되면 계속해서 막을 명분도 없어지게 될 것이기 때문입니다.

이런 식으로 중세 교황도 부럽지 않은 막강한 세습 왕조들이 대형 교회마다 하나씩 들어선다고 상상을 해 보십시오. 현재도 목회자들의 부정과 부패로 한국교회가 고통 받고 신음하고 있는데, 더욱 강력한 교권을 지닌 세습 왕조가 들어서면 오죽하겠습니까? 생각만 해도 끔찍한 일이지요. 아마 이들은 일부 부패한 사학 재단들의 교직 매매처럼, 성직 매매도 서슴지 않을 것입니다.

아무리 좋은 목적이 있더라도, 보편적으로 지켜야 할 원칙이 있고 상식이 있는 법입니다. 주님의 몸 된 교회가 무슨 주식회사인가요? 대를 이어 경영하겠다니. 한국교회 세습은 그저 중세 성직 매매의 또 다른 아류일 뿐입니다. 돈으로 직분을 사는 것과 혈연으로 직분을 물려주는 것이 무엇이 다른가요? 일부 목회자들은 혈연으로 안 되니, 할 수 없이 돈을 주고라도 부당하게 직분을 사려는 것이 아넌지요?

그러니 누구라도 이런 세습 교회에 출석하여, 세습을 묵인하거나 동조하는 것이 과연 신자다운 일인지 스스로 진지하게 반문해 보시기 바랍니다. 이계선 목사님이 "대형 교회가 망해야 한국교회가 산다"는 주장을 하셨습니다. 필자도 역시 이를 적극 지지하며, 여기에 다음의 한마디를 더 추가하고 싶습니다. "세습 교회가 망해야 한국교회가 산다."

그러나 다행히 모든 목회자들이 교회 세습을 하는 것은 아닙니다. 동광교회 김인호 목사님처럼 20여 년 동안 사역한 교회를 떠나며, 퇴직금마저 헌납하고 자비량 농어촌 사역에 나서시는 훌륭한 분들도 우리 주변에서 얼마든지 볼 수 있습니다. 수많은 귀족 목사님들이 과소유의 욕심을 부리며 교회를 어지럽혀도, 이 나라 구석구석에서 전심으로 수고하시는 이런 귀한 목사님들 때문에 한국교회가 이나마 건재하는 것이 아닐까 생각합니다.

세습 목사와 '주의 종'

만일 교회 세습이 자신의 욕심을 채우는 일이 아니라고 당당하게 생각하는 세습 목사가 단 한 분이라도 있으시다면, 말로만 떳떳하다고 주장하지 말고 지금이라도 현재의 교회를 사임하고 즉시 농어촌의 미자립 교회로 가서 그 교회를 자식과 함께 대를 이어 섬겨 보십시오. 그리하면 필자는 그대의 진심을 믿어 줄 것이며, 그대를 마음으로부터 깊이 존경할 것입니다.

아울러 이미 부끄러운 세습을 받은 목회자들께 묻고 싶습니다. 한국교회를 바로 세우기 위해 자신이 물러설 수는 없는 것인지요? 주일마다 입술에 꿀을 발라 설교만 달콤하게 할 것이 아니라, 스스로 성경의 가르침을 직접 손과 발로 실천할 수는 없습니까?

몇 마디 위선적인 말로 세습을 미화만 할 것이 아니라, 이제라도 마음을 비우고 이 땅의 더러운 우상이 된 '목사교'를 무너뜨리고, 함께 손을 잡고 온전한 '예수교'를 세워 나갈 수는 없는 것인지요?

결론은 명확합니다. 교회 세습, 어떤 이유로든 앞으로 더 이상 묵과해서는 안 됩니다. 낙심하여 포기하고 침묵해서도 안 됩니다. 그리고 말리다 지쳐서도 안 됩니다. 만일 우리가 계속 침묵한다면, 그때는 하나님께서 직접 나서실 것이기 때문입니다.

세례 요한이 처음 오신 예수님의 길을 예비하고 증거하는 사역을 하였다면, 오늘날의 목회자들은 앞으로 다시 오실 주님의 재림을 예비하고 증거하는 직분을 맡은 사람들입니다. 그런데 세례 요한의 삶과 현재 한국 목회자들의 삶을 한번 비교해 보십시오. 단순히 부유한가 가난한가를 따지자는 것이 아닙니다. 복음의 사역자로서 주님을 향한 삶의 자세를 묻고 싶은 것입니다.

이런 면에서, 세습에 이미 안주하고 있거나 세습을 꿈꾸는 목회자들은 물론 나머지 모든 목회자들에게도 부탁드립니다. 적어도 광야에서 외치던 세례 요한처럼 복음을 위하여 자신을 비우고 살 마음의 자세가 없다면, 함부로 자신이 '주의 종'이라는 말을 입에 담지 마십시오.

아울러 그가 스스로 메뚜기와 석청으로 무소유의 삶을 실천하며 순교당하기까지, 예수님에 대하여 증거한 이 단순한 가르침을 결코 잊어서는 안 될 것입니다.

"그는 흥하여야 하겠고 나는 쇠하여야 하리라."(요 3:30)

말씀을 전하고 돈을 받는 목회자들

담임목사의 외부 집회 수입, 이대로 좋은가?

근자에 대형 교회인 명성교회 김삼환 목사께서 20년간 60억 원을 모아 장학재단을 설립했다는 소식이 화제가 되고 있습니다. 물론 이에 대해 아주 좋은 일을 하셨다는 긍정적인 평가도 있고, 반면에 주변의 어려운 이들을 돌보아야 할 목회자가 20년 동안이나 이런 엄청난 돈을 쓰지 않고 모으며 지키시느라 수고가 매우 크셨겠다는 다소 냉소적인 반응도 있습니다.

이 돈은 외부 집회 때 받은 사례비와 세 자녀 결혼 축의금, 부친상 부의금 등을 적립해서 모은 것이라고 합니다. 물론 다른 유명 목사님들 중에도 외부 집회로 몇 년 만에 수억 원 정도를 모으실 수 있는 분들이 적지 않은 것으로 알려지고 있습니다.

그런데 대부분의 중대형 교회에서는 전임 사역자들인 담임목사님들을 위해 기본 사례비는 물론이고 승용차를 제공하거나, 유류비를 포함한 차량 유지비를 모두 교회에서 부담합니다. 또한 사택을 제공하며, 각종 공과금도 교회가 납부합니다. 거기에다가 자녀 학자금과 심하면 해외 유학비도 교육비 명목으로 교회가 부담합니다.

그러니 실제로는 교회 결산서에 명시된 기본 사례비보다도 훨씬 더 많은 봉급을 받고 있는 셈입니다. 아울러 근로자의 소득에서 원천 징수되는 세금도 대부분 목사는 면세를 받으므로, 국가나 지방자치 단체에 세금도 거의 내지 않습니다.

즉 작은 교회의 많은 목회자들이 경제적으로 매우 열악한 여건에서 사역하고 있는 데 비해, 대부분의 중대형 교회 담임목사들은 한국 사회 중류 계층에 견주어도 이미 충분한 사례를 받고 있습니다. 오히려 일부에서는 사례비가 너무 지나쳐서 목사님들을 물질적으로 타락시키는 데에 크게 일조하고 있다는 비난도 만만치 않습니다.

말씀을 전하고 돈을 받는 목사님들

우리 주위를 둘러보면, 상당수의 담임목사님들께서는 틈만 나면 주중에 교회를 비우고 외부 집회 강사로 나서시는 것을 흔히 볼 수 있습니다. 그리고 일부 교인들은 이런 목사님을 크게 자랑스럽게 여기기도 합니다. 즉 자신들의 교회 담임목사님의 말씀이 매우 은혜로우셔서 여기저기에서 집회 요청이 오고, 그러다 보니 부득이 교회를 자주 비우고 바빠지실 수밖에 없는 것으로 이해하며 당연시합니다.

그런데 왜 많은 담임목사님들은 이렇게 외부 집회에 열심을 내실까요? 이분들 중에 순수하게 헌신을 하시는 분들도 적지 않겠으나, 만일 강사 사례비를 전혀 안 드려도 모두들 그리 열심히 다니실까 하는 의구심마저 크게 드는 것이 숨길 수 없는 작금의 실정입니다.

유감스럽지만 여기서 어두운 부분을 조금 들여다보면, 이분들 중에 일부는 외부 집회 인맥을 늘리기 위해 교단 선후배나 친구 등을 부지런히 접촉하고 필요하면 서로 '교차 초빙'을 하거나, 이것도 너무 표가 나면 친한 목회자들끼리 옆으로 돌아가면서 '순환 초빙'을 한다고 합니다. 즉 A 목사님은 B 교회로, B 목사님은 C 교회로…… 이런 식이지요.

이를 다시 쉽게 정리하면, 다수의 목회자들이 끈끈한 그룹을 형성한 후에 서로 상대 교회들의 재정을 돌아가면서 사이좋게 나누어 쓰는 셈입니다. 물론 목회 경력이 높아질수록 이런 인맥은 더욱 유기적으로 확장되며 다양하게 업그레이드할 수 있습니다.

또한 이런 외부 강사 초빙은 무명 목회자들이 교단에 이름을 알릴 수 있는 아주 유용한 기회가 되기도 합니다. 집회 기간 내내 '거물' 목사님과 깊이 사귈 수 있는 사적인 자리가 마련되기 때문입니다. 교회 재정을 효과적으로 이용하여 자신의 고급 인맥을 폭넓게 가꿀 수 있으니 가히 일석이조라 생각하는 것입니다. 많은 유명 목회자들의 외부 집회가 연중 내내 줄줄이 예약되어 있는 이유가 이런 현실과 전혀 무관하지는 않습니다.

하지만 이런 실상에도 불구하고, 명철하신 목사님들답게 그 방법이 아주 매끄러워 일반 교인들이 이를 눈치 채기란 그리 쉽지 않음이 당연합니다. 그래서 이런 공식적인 과정을 통하여, 교인들의 피와 땀이 어린 헌금이 은혜로운 집회 분위기 속에서 강사 목사님들의 주머니 속으로 조용히 들어가게 되는 것이 보통의 수순이 됩니다. 이런 면에서 본다면, 요즘 중대형 교회마다 철따라 집회가 자주 있고 외부 강사들이 수시로 들락거리는 현상을 결코 무심히 볼 수만은 없을 것입니다.

이분들도 목사 안수를 받고 처음 목사가 되었을 때는 말씀의 부르심이 있는 곳에는 어디든지 달려가겠다는 좋은 결심이 있으셨으리라 생각합니다. 그렇다면 그 소명에 순응하여 어디든지 가서 진이 빠지도록 말씀을 잘 전하면 그것으로 감사하고 족할 일이지, 왜 거액의 강사 사례비를 받아야 할까요? 이는 지각 있는 신자들이 아직까지도 쉽게 이해하기 힘든 부분입니다.

들리는 말에 의하면 3~5일간 집회를 하고 본 교회에서 주는 한 달 봉급에 준하는 사례비를 받는 경우도 있다고 하는데, 본인들이 비자금처럼 그 액수를 잘 밝히지 않기에 확실한 내역은 자세히 알 수가 없습니다.

전임 목회자의 외부 집회 수입, 과연 정당한가?

어찌 되었든, 강사 사례비로 얼마나 주고받는지를 따지자는 것이 이 글의 주제는 아닙니다. 다만 문제의 핵심은 이 사례비가 과연 개인이 챙길 수 있는 돈인지 아닌지를 확실히 해야 한다는 점입니다.

한 교회의 담임목사라고 하면 분명히 그 교회의 목회를 우선적으로 책임진 전임 사역자입니다. 즉 시간제 근무자가 아니라 전일제로 근무하는 사역자입니다. 그런데 자신의 근무지인 본 교회를 비우고 여러 날을 다른 곳에 가서 일을 했습니다. 이를 기업에 비교하면, 다른 기관이나 업체의 필요에 의해 일시적으로 파견되거나 출장 근무하는 것과 비슷한 상황입니다. 물론 이 경우 해당 직원은 모기업에서 사전에 허가를 받아야 하고, 이를 근거로 하여 합법적으로 기존 근무지를 이탈할 수 있습니다.

그런데 이런 공식적인 업무 과정을 통하여 상대 기관이나 기업에서 얻어진 수입은 해당 직원이 사유화할 수 없다는 것이 일반적인 상식입니다. 이는 일종의 유료 용역을 맡은 것과 비슷한 상황으로 볼 수 있으며, 비록 모기업을 떠나서 일을 하고 있지만 사적인 일을 하는 것이 아니라 아직도 모기업의 승인과 위임하에 공적으로 일을 하는 것이기 때문입니다.

같은 이유로, 심지어 대통령이 공식 업무 출장 중에 외국에서 개인적으로 받은 지나친 선물이나 부수입도 국고로 환수되는 것이 정상으로 알려져 있습니다.

구태여 이런 복잡한 사회법을 논하지 않더라도 이는 도덕적으로도 명확한 일입니다. 더욱 쉬운 예를 하나 들자면, 어떤 주인이 가게에 점원을 하나 고용했는데 그 점원이 매달 월급을 꼬박꼬박 잘 받아 챙기고도 수시로 며칠 동안이나 자기 가게를 비우고, 다른 가게에 가서 이중으로 부수입을 올린다면 이것이 정당한 일이라 할 수 있을까요?

물론 아닙니다. 따라서 이런 이유로 일부 비판자들이 상당수 담임목회자들을 위선된 모습으로 교회의 단물을 빼어 먹는 바리새인과 같은 종교 지도자들로 취급하며 극단적으로 비난하고 있는 것입니다.

전액 본 교회 재정으로 반납해야

목회자들의 은밀한 돈주머니가 일부라도 공개될 때면, 자금 출처로 거의 예외 없이 이 외부 집회 사례비가 거론되는 것을 흔히 볼 수 있습니다. 여기에는 세금도 없고, 대개는 교회에 공식적으로 자세한 명세서를 보고하지 않습니다. 마치 재벌들의 비자금을 연상케 합니다. 그냥 눈먼 돈처럼 담임목사의 주머니로 슬그머니 들어가 버리는 것이 보통입니다. 대부분의 목회자들은 십일조 명목으로 일부를 떼어 교회에 헌금을 하면 만사가 끝난 것으로 생각합니다.

물론 신실하신 목회자들 중에 그저 교통비 수준의 사례를 받고 외부 집회에서 전심으로 수고하시는 분들까지 폄하해서는 절대 안 될 것입니다. 이런 목사님들이야말로 순수하게 말씀 사역을 위해 헌신하시는 귀한 분들입니다.

단지 이 글에서 필히 지적하고자 하는 것은 이미 본 교회에서 충분한 사례를 받으시면서도 오히려 부수입에 더 열중하시는 일부 중대형 교회 귀족 목사님들의 잘못된 행태입니다.

필자는 개인적으로 뉴라이트와 김진홍 목사님의 행보에 전혀 공감을 하지 못하고, 오히려 크게 반대하는 입장입니다. 그런데 비록 서로 큰 견해 차이는 있으나, 오래전에 이분이 보여 주신 훌륭한 처신만은 아직도 높이 평가하고 있습니다. 당시 필자는 해외에 체류 중이었는데 한번은 출석하던 한인 교회에서 김 목사님을 강사로 초빙하여 며칠 동안 집회를 가진 적이 있었습니다. 김 목사님은 집회 기간 내내 한 교우의 집에서 숙박하시며 좋은 설교를 들려 주셨고, 모든 교인들이 매우 유익한 시간을 보냈던 것으로 기억합니다.

그런데 집회가 모두 끝나고 이분이 귀국하신 뒤에, 어느 사석에서 담임목사님께 들은 이야기는 정말 인상적이었습니다. 김 목사님이 강사 사례비를 끝까지 거절하시고 귀국 비행기를 타셨다는 것입니다. "집회 기간 동안에 강사 목사를 먹여 주고 재워 주었으면 충분하지, 뭐가 더 필요하냐"고 오히려 반문하셨다고 합니다. 어찌 보면 당연한 자세인데도 세태가 워낙 별나다 보니 필자에게는 그것이 매우 아름답고 신선하게 느껴진 것이지요. 그래서 당시 교회에서는 할 수 없이 그분의 본 교회로 사례비를 송금해 드렸습니다.

결론을 미리 밝히자면, 담임목사의 외부 집회 수입은 전액 본 교회에 반납해야 옳을 것으로 봅니다. 전임 목회자로서 말씀을 전하는 사역은 당연한 것이고, 또한 이는 본 교회의 승인과 위임하에서 이루어진 공적 사역이므로 이를 통해서 개인적인 이득을 절대로 취해서는 안 될 것으로 보기 때문입니다.

따라서 담임목사가 외부 집회에 나갈 때는 사전에 당회의 승인을 받아야 하고, 집회 뒤에 돌아와서는 실제 지출 경비를 제외한 사례비 전액을 명세서와 함께 본 교회에 반납함이 마땅합니다. 이렇게 투명한 절차를 거친다면 누구도 담임목사의 처신에 대하여 이의를 제기하지 않을 것입니다. 그리고 이런 모습이야말로 개혁 교회의 목회자가 보여 주어야 할 바른 자세라고 확신합니다.

많은 목회자들이 항상 말로는 자신들이 '주의 종'이라고 주장합니다. 그런데 근무 시간에 밖에 나가서 돈을 벌어 사익을 취한다면 그것이 자영업자의 처신이지, 무슨 종의 모습인가요? 그런 종은 스스로 청지기가 되어야 하는 종의 본분을 망각하고 주인의 것을 도적질하는 자로 비난을 받아도 정당한 변명을 하기가 힘들 것입니다.

"부족한 것이 있더냐!"

그동안 외부 강사 사례비는 중대형 교회 목회자들을 필요 이상으로 치부케 하여, 목사직의 귀족화에 크게 기여를 해 왔고 고급차와 호화 주택을 포함한 그분들의 지나친 사치로 인해 사회의 지탄을 받는 결과를 가져왔습니다. 또한 배부른 목회자들을 전국적으로 양산하여 교회 세속화에 결정적인 일조를 해 온 것도 부인하기 어려운 사실입니다.

한국 가톨릭의 지도자이신 김수환 추기경께서는 불과 3~4백만 원도 안 되는 급료를 받으시며 검소하게 사셨다고 들었습니다. 다른 사제들의 급료가 얼마인지는 언급할 필요조차 없을 것입니다. 그런데 가톨릭을 개혁하자고 나선 많은 개신교 목사님들의 사치와 방종을 우리는 어떻게 해석해야 할까요?

역사적으로 보아도 부패한 종교 지도자들은 언제나 교묘한 명분으로 돈을 탐하였습니다. 요즘 지방에 교인 2~3백 명만 모아 놓아도 억대의 연봉을 받으며, 고급차를 타고 호의호식하는 목회자들을 우리는 많이 보고 있습니다. 아니면 또 극히 일부의 이야기라고 축소하며, 구구한 변명을 해야 하나요?

자신들의 사치스러운 주머니 하나조차 제대로 개혁하지 못한 목회자들이 두꺼운 얼굴로 스스로 영적 지도자라고 나서서 행세하는 곳이 현재 밑창부터 침몰하고 있는 한국 개혁 교회들의 현주소고, 이를 그저 바라만 보며 기도하기조차 지쳐가는 신자들의 마음은 이래서 오늘도 슬픈 것입니다.

복음을 전하는 자들에게 왜 큰 주머니가 필요할까요? 예수님이 언제 돈주머니 챙겨서 제자들을 파송하셨는지요? 또는 세례 요한이나 다른 사도들이 부지런히 자신들의 주머니를 치장했나요? 언제나 돈주머니를 먼저 챙긴 자는 가룟 유다가 아니었던가요?

마지막으로, 앞으로 어떤 목회자들이라도 큰돈을 모아서 좋은 사업에 쓰겠다고 구상을 하는 것은 매우 경계할 일입니다. 사적으로 돈을 모아 공익사업을 하는 것은 말씀 사역을 담당하는 목회자의 본업이 아니고, 교회나 다른 기관에서 할 일입니다. 또한 구제나 장학금을 명분으로 공익 재단이나 비영리 법인체를 만드는 것 역시 매우 조심할 필요가 있습니다.

이런 방법은 일부 재벌들의 수법처럼 '부의 세습'을 위한 하나의 위장된 도구로 큰 의심을 받을 수 있기 때문입니다. 즉 재단을 설립한 후에는 자신의 가족들이나 지인들을 재단 이사로 세우고, 재단의 실제적인 자금 운영을 좌지우지하며 나중에 자산을 더욱 불리거나 필요시 적당한 편법으로 얼마든지 경제적인 이득을 취할 수 있는 것입니다.

주님의 제자들은 가난했어도 온 세상에 흩어져 복음을 잘 전하고 죽도록 충성을 했건만, 요즘 한국에는 왜 이렇게 부자 목사님들이 많은가요? 도대체 자기 십자가를 지고 예수님의 길을 따라야 할 목회자들이 거룩한 교회 내에서 어떤 명분으로, 무슨 비즈니스를 그리 잘해서 그토록 부유해졌는지 상식적으로 도저히 이해하기 힘든 현실입니다.

오늘날 목회자들이 진정으로 마음을 쏟아야 할 곳은 '의와 인과 신'이지 돈주머니가 아닙니다. 그리고 목사님들의 두둑한 주머니를 진심으로 회개하지 않는 한, 한국교회의 건강한 개혁을 기대하기 매우 힘들 것입니다.

추가로 한 가지 문제가 더 있습니다. 과연 우리는 일방적으로 일부 목사님들만 나무라도 되는가 하는 점입니다. 교회의 장로님들, 집사님들, 그리고 성도들 누구라도 이 돈이라는 매혹적인 우상 앞에서 그렇게 자유롭지 못한 것이 냉엄한 현실이기 때문입니다.

따라서 우리 모두가 늘 두려운 마음으로 항상 자신을 더욱 살피며 주님의 음성에 귀를 기울여야 할 이유가 여기에 있습니다. 아울러 목사님들뿐만 아니라 진정으로 세상에 복음을 전하려는 모든 제자들은, 예수님께서 친히 주시는 다음의 물음에 늘 겸허한 답변을 준비해야 옳을 것입니다.

> "그들에게 이르시되 내가 너희를 전대와 배낭과 신발도 없이 보내었을 때에 부족한 것이 있더냐 이르되 없었나이다."(눅 22:35)

목사와 박사

자폐 수준의 목회 윤리

한국교회에 박사가 유난히 많다는 것은 사실 어제오늘의 이야기가 아닙니다. 웬만한 중대형 교회 담임목사들은 나중에 보면 대부분 다 박사입니다. 안식년이니 뭐니 하며 잠시 안 보이더니 어느 날 갑자기 박사라고 합니다.

그러나 과연 목회를 위해 이런 박사 학위가 꼭 필요한 것인가 하는 의문은 물론이고, 이들 학위의 상당수가 거의 가짜 수준의 허접한 학위이며 그 취득 목적과 과정 역시 한심하기 짝이 없다는 점이 문제의 심각성을 더하고 있습니다. 특히 이와 관련하여 최근 강남의 대형 교회인 사랑의교회 담임목사의 논문 표절 사건은 우리에게 중요한 것을 시사해 주고 있습니다.

놀라운 점이 매우 많으나 우선 몇 가지 사항만 주목하자면 아래와 같습니다.

- 남의 논문을 무더기로 표절해도 심사 교수단이 쉽게 적발하지 못한다.
- 표절이 들통 났는데도 학위는 취소되지 않았다. 고등학생 과제도 표절이면 무효인데, 하물며 표절한 박사 논문을 유효로 하는 거룩한 대학이 있다.
- 표절한 사람보다 표절을 무마하고 적당히 수정하여 용인하는 그 대학이 더 저질이다.
- 풀타임으로 유학할 필요 없이 틈틈이 들러 수업을 듣고 논문만 작성하면 학위를 주는 대학교가 있다.
- 그나마 저 학교는 약과다. 더 형편없이 학위를 남발하는 신학교도 많다.
- 당연히 위의 방법은 수업료, 항공료, 그리고 체류비 등 돈이 아주 많이 든다. 낮은 연봉의 목회자는 꿈도 꾸지 못한다.
- 저런 가짜성 박사 매매 때문에 진짜 박사까지 매도당한다.
- 교회에서 표절 사실이 공론화되어도 목사의 신분으로 끝까지 아니라고 잡아뗀다.
- 표절을 두둔하거나, 또는 오히려 의혹을 제기한 사람들을 몰아세우는 기득권 세력이 있다.

- 표절이면 담임직을 사임하겠다고 일단 큰소리 친 후, 나중에 사실이 드러나자 슬쩍 이를 번복하여 당회에 떠넘긴다.
- 표절보다 거짓말이 더 나쁘다.
- 목사의 말 바꾸기가 부패 정치인보다 더 몰염치하다.
- 공교회의 당회가 공석에서 거짓말을 한 목사를 즉시 파면하여 퇴출시키지 않고, 고작 유급 휴가 수준의 솜방망이 처벌을 한다(참고로, 미국 닉슨은 거짓말 한마디 때문에 대통령직에서 물러났다).
- 거짓말하는 목사의 설교를 즐기며 그래도 계속 충성하는 신도가 차고 넘쳐 초대형 교회당을 증축하고 있다.

본래 신학은 가장 어렵고 힘든 공부 중의 하나입니다. 하지만 최근 교회 세속화의 가속으로 인해 극소수의 신학대학들을 제외한다면 갈수록 그 질이 저하하고 있는 것이 부인할 수 없는 현실입니다. 특히 외국의 경우 신학 지원자가 급감하여 많은 신학교들이 극심한 재정난에 시달리고 있습니다. 심지어 상당수 명문 신학대학들마저 이런 어려움에서 벗어나지 못하고 있습니다.

그러다 보니 이 대학들이 돈을 싸들고 오는 한국 유학생을 반기지 않을 리가 없습니다. 그래서 일부 신학대학에서는 개가 오든 소가 오든 별로 개의치 않습니다. 최소한의 입학 요건만 요구하며 웬만하면 다 받아 주고, 또 웬만하면 학위를 줘서 돌려보냅니다. 만일 학위 취득을 까다롭게 한다면 나중에 소문이 나서 다른 유학생들이 추가로 오지 않기 때문입니다. 간단히 요약하자면, 요즘은 신학교도 돈벌이 장사를 한다는 부끄러운 말이 됩니다.

그런데 왜 유독 한국 목회자들이 이렇게 박사 학위에 연연할까요? 보통의 경우 신학교 정규 과정을 정상적으로 이수하고 열린 가슴으로 성경을 한 백 번 정도만 읽으면 저절로 눈과 마음이 밝아져서 충분히 좋은 설교와 목회를 할 수 있을 것인데…… 아마 전 세계에서 박사가 가장 많은 교회가 한국교회일 것입니다. 만일 신학교 교수가 되려 한다면 학위가 긴요하겠지만, 도대체 왜 목사가 이렇게 큰돈과 시간을 바쳐 무리를 해야 할까요? 바른 목회가 목사 안수만으로는 부족한 것일까요?

다른 이유도 있겠지만, 우선은 목회 자세에 가장 큰 문제가 있다고 봅니다. 하나님 말씀의 권위에 의지하여 설교하고 목회해야 하는데, 자신을 치장하고 학문적 권위를 세워 설교하려는 작은 욕심이 그 출발점입니다. 자신을 낮추고 전적으로 말씀에 의지하는 것보다는 학위에 기대어 목회를 품위 있게 해 보자는 심리지요. 그러다 보니 복음의 빛을 제대로 발하지는 못하고 오히려 자신을 빛나게 하는 엉뚱한 목사들이 적지 않습니다.

이런 교회는 결국 교인들을 성숙한 '예수님의 제자'로 키우지 못하고 기껏해야 어쭙잖은 '목사의 제자'로 만들기 십상입니다. 이것이 소위 말하는 '맹신도'나 '병신도'의 탄생 과정입니다. 유감스럽게도 한국 중대형 교회 목회자들의 상당수가 겉만 반지르르한 '쭉정이'다 보니 이런 고질적인 현상을 쉽게 해결하기 힘든, 안타까운 현실입니다.

요즘 신자들은 정말 날마다 울고 싶습니다. 누가 일부러 뺨을 쳐 주지 않아도 절로 눈물이 납니다. 진짜 순수한 주의 종들은 생활고에 시달리며 목회하는 경우가 많은 데 비해 배부른 쭉정이들이 정통 행세를 하니 하루라도 한국교회가 조용할 날이 없습니다.

교회 세습은 이제 아예 기본 메뉴입니다. 그제는 어떤 자가 대담하게 거액의 교회 공금을 횡령해서 감옥에 가더니, 어제는 다른 잡상인이 성추행하고 큰소리치고, 오늘은 늘 멋진 설교를 늘어놓던 또 다른 분이 표절과 거짓말로 망신을 당하고 있습니다. 내일은 다시 무슨 일이 있을지 가뜩이나 콩알만 해진 성도들의 속 타는 가슴은 조마조마합니다.

중대형 교회를 장악한 일부 귀족 목사들의 그 가상하고도 철면피한 의기가 아주 태산을 찌릅니다. 부패한 정치인의 습성이 쥐와 같다더니 딱 그 모양입니다. 쥐가 체면 차리는 것을 보신 적 있습니까? 창고가 바닥 날 때까지 터는 것이 쥐입니다. 몰염치한 세습의 비난을 받아도 태연하고, 교회 돈을 유용하다 들켜도 의연하고, 그리고 여신도들을 농락하다 들켜도 뻔뻔하게 설교를 잘합니다. 세인들이 원색적인 언어로 욕을 하여도 못 들은 척하니 하여튼 대단한 강심장들입니다. 교인들은 수시로 이런 욕설을 듣고 있는데, 정작 목사 본인만 못 듣고 있는 것인지요?

게다가 스스로 소위 성직자라는 자들이 자신을 조금만 비판하면 명예훼손이니 뭐니 하며 무조건 세상 법정으로 끌고 갑니다. 자신들이 땀 흘려 키워 놓은 맹신도들과 기득권자들의 기피처가 된 '명예훼손 법' 만이 이들의 유일한 구세주가 된 지 이미 오래입니다.

과거 군부 독재자들과 그 추종자들의 모습이 그랬었지요. 말 한마디만 까닥하면 경찰 구인장이나 법원 소환장이 날아왔습니다. 권력욕으로 감행한 파렴치한 쿠데타를 '구국의 결단'으로 미화한 인간들이니 오죽하겠습니까? 하여튼 그런 코걸이 귀걸이 법 덕분에 일부 대형 교회 목사들 역시 별 더러운 범죄를 백주에 저지르고도 공공연히 목회를 계속할 수 있게 되었습니다. 법정 싸움을 좋아하는 분들이 많지 않으니까요.

작금의 한국교회 헌금통에는 저런 들쥐 같은 교권주의자들이 서식하고 있기에 비극이 더욱 확산하고 있습니다. 하여튼 이들은 무슨 핑계와 명목을 만들어서라도 기어코 신도들의 주머니를 행주처럼 쥐어 짠 후, 마침내는 그 돈을 자신의 주머니에 채웁니다. 그렇게 배를 불리면 그다음 수순은 거의 예외 없이 여자, 명예, 또는 권력 추구입니다. 그리고 한국 목회자들의 지나친 박사 학위 선호는 그런 불의한 연장선상에 위치해 있습니다. 물론 그 선의 종착역은 언제나 '교회 사유화'입니다.

이처럼 부패한 교회는 달리 노력하지 않아도 저절로 독사의 소굴이 됨을 알아야 합니다. 예수님께서 당시 종교 지도자들에게 괜히 '독사의 자식들'이라고 책망하신 것이 아닙니다.

한국교회의 목회 윤리가 밑바닥까지 떨어졌습니다. 오늘날 기독교 정신을 가장 훼손하는 사람들이 바로 목회자임을 알고 계십니까? 그런데도 일부 담임목사들은 동네 강아지도 안 물어 갈 그 이상한 특권 의식에 빠져 교인들을 휘두르려 합니다. 소통이 전혀 안 되고 있는 것입니다. 더구나 이렇게 심각한 영적 자폐증에 감염된 독사들은 주일마다 강단에서 달콤한 독을 열심히 뿜어내고 있습니다. 그래서 많은 순진한 신도들이 바른 복음을 얻지는 못하고 지옥으로 향하는 단맛에 빠져 세속적 복과 성공에 심취해 있습니다.

이 옛 뱀의 제자들은 결국 자신들도 천국에 들어가지 않고 다른 사람들도 못 가게 교회당 문턱을 막고 있는 것입니다. 과연 그동안 저들의 위선과 탐욕에 상처 받은 교인들이 얼마나 많이 교회를 떠난 줄 알고 계십니까? 최근 한국 가톨릭의 급성장은 이런 사태와 결코 무관하지 않습니다.

누가 무슨 변명을 해도 교회 문제의 80% 이상이 목회자에 기인한다는 사실은 변하지 않습니다. 일반 신도들이 교회에 무슨 대단한 이권이 있다고 거기서 소동을 일으킬까요? 설사 문제가 있더라도 그런 문제가 교회에 치명적인 상처를 주지는 않습니다. 항상 심각한 문제가 되는 것은 지도자 위치에 있는 목사의 사욕과 변질이 야기하는 사안들입니다. 그래서 목사가 바로 서야만 교회가 행복해지는 것입니다.

이런 맥락에서 보면 지금 한국교회에 정말 시급히 필요한 것은 진정한 '목사'이지 알량한 '박사'가 아닙니다. 한국교회에 신학 박사, 목회학 박사, 선교학 박사 그리고 교육학 박사가 모자라서 이 모양이 되었을까요? 또한 그 어떠한 박사 학위든 결국은 세상의 일개 초등 학문에 불과하다는 점을 잊어서는 안 됩니다. 따라서 목회 현장에서 학문적 권위를 무시하는 것도 잘못이지만, 반대로 학위를 너무 과대평가하는 것은 더욱 큰 잘못이 될 것입니다.

하지만 박사 학위 목사를 지나치게 선호하는 교회가 많이 있는 한 앞으로도 박사 목회자 문제는 지속될 것입니다. 늘 불필요한 헛발질에 명수인 여러 대형 교회들이 이런 박사 청빙에도 역시 빠짐없이 앞장을 서고 있기 때문입니다. 그러니 먼저 신도들이 정신을 차려야 합니다.

갈릴리 어부 출신 사도 베드로가 박사 학위를 가지고 목회를 했나요? 아니면 구약의 선지자들이 박사 학위 이수자들인가요? 교회마저 세상을 따라 학벌 위주로 가면 슬픈 일입니다. 바르고 건강한 목회를 위해 적정선의 기본 자격은 반드시 필요하겠지만, 그것이 과하면 오히려 매우 어리석은 사역이 될 것입니다.

나사렛 마을 가난한 목수의 아들로 오셨던 예수님의 겸손하신 사역이 언제 세상의 학문적 성취에 연연하셨던가요?

> "거짓을 행하는 자는 내 집 안에 거주하지 못하며 거짓말하는 자는 내 목전에 서지 못하리로다."(시 101:7)

부유한 목사와 가난한 목수

귀족 목회가 말하지 않는 것

기독교는 가난을 미화하거나 찬양하지 않습니다. 또한 부 자체를 죄악시하지 않습니다. 그럼에도 성경을 통해 본 예수님의 삶과 가르침을 자세히 살펴보면, '부가 축복'이라거나 또는 '부를 추구하라'는 식의 내용이 전혀 없음을 알 수 있습니다.

오히려 자신을 따르고자 하는 부자 청년에게 "네게 있는 것을 다 팔아 가난한 자들에게 나눠 주라"고 하셨습니다. 또한 "낙타가 바늘귀로 들어가는 것이 부자가 하나님의 나라에 들어가는 것보다 쉬우니라"고 하셨습니다. 더구나 예수님 자신은 "인자는 머리 둘 곳도 없다"고 하실 정도로 가난하게 사셨습니다.

이 정도면 거의 무소유로 사셨다고 보아야 하는데, 아무런 이유 없이 그렇게 고생하시며 사신 것은 아닙니다. 만일 성도에게 물질적인 복이 그리 중요하고 필수적인 것이라면 물로 포도주를 만드신 능력의 예수님께서 풍족하게 부자로 사셨을 겁니다.

그런데 예수님의 삶과 가르침을 따른다고 서원한 목회자들 중의 상당수가 구약의 물질적 축복은 강조하면서 정작 '예수님의 가난한 삶'만은 결코 따르지 않으려 하는 것을 보면 정말 이상한 일입니다.

십일조는 좋으나 십자가는 싫다

한국교회의 복잡한 문제 중심에는 바로 이런 일부 귀족 목회자들의 배도적이며 물욕적인 행실을 그냥 방치하거나 적당히 눈감아주는 무분별한 관용이 있습니다. 도덕적으로 가장 엄격해야 할 직분자들에 대한 윤리 잣대가 썩은 옥수수자루보다 더 허약하다는 것입니다. 그 덕분에 이 시대에 누구보다도 모범적으로 예수님의 삶을 실천해야 할 직분의 사람들이 신도들의 눈을 속이며 은밀하게 부를 채우고 있습니다.

목회의 길은 주님의 십자가의 도를 따르는 길이 분명하건만 이들은 그런 고난을 기피합니다. 천국도 좋고, 명예도 좋고, 그리고 돈도 좋지만, 고난만은 싫다는 것입니다. 돈이 되는 십일조는 좋은데,

고생스러운 십자가는 싫다는 것이지요.

그런데 그렇게 돈이 좋으면 사업을 할 것이지 왜 교회에 와서 순진한 신도들을 속일까요? 결국 이들이 목사가 된 동기가 매우 불순했거나, 아니면 중도에 가룟 유다처럼 크게 변절했다는 것입니다.

진실한 목사의 사역이 한 주일 내내 매우 힘든 것은 필자도 잘 인지하고 있습니다. 반면에 성직을 이용하여 적당히 위선을 부리고 요령을 피운다면 짝퉁 목사처럼 편하고 탄탄한 직업이 또 어디 있을까요? 귀찮은 잡일은 부목사나 다른 교역자들에게 대충 떠맡기고, 평일에는 성경 연구하는 척 유유자적 게으름 피우다가, 설교는 여기저기에서 짜깁기 표절해서 합성하고, 그다음은 주일날 목소리 깔고 적당히 무게를 잡으면 되는 것 아닙니까?

혹시 이런 지적들이 지나친 혹평으로 들리실 수도 있습니다. 그러나 목회자들의 사역이 힘들다고 말이 많지만, 세상에 만만하고 쉬운 직업이 있습니까? 대부분의 교인들은 물론, 비정규직 근로자들이나 시장 구석의 노점상 할머니들도 웬만한 목사들보다는 더욱 진하고 고단한 삶을 살고 있습니다.

이에 비해 주변에 있는 중대형 교회 담임목사들의 사는 모양을 한번 보십시오. 그들에게서 거룩한 직분자다운 검소함과 경건함을 느끼십니까? 모두가 그렇지는 않지만 억대의 연봉, 고가의 부동산, 고급차, 자녀 해외 유학, 집회를 핑계로 한 잦은 해외여행, 과도한 유흥비, 그리고 사치한 소비생활 등은 이제 아주 흔히 볼 수 있는 풍경이 아닌지요?

최근 언론에 보도된 일부 목사들과 그 가족들의 기만적인 호화

생활을 구태여 거론하지 않더라도, 이런 현실은 목회자들도 스스로 인정하고 있는 사실입니다. 그래서 미자립 교회와 중대형 교회 목회자들 사이의 빈부 차이가 매우 심각한 문제가 되고 있습니다. 작은 교회의 많은 목회자들은 가족들 생계마저 염려할 정도인데, 평생 목회만 했다는 다른 목회자는 수십억 원의 재산을 지니고 있다면 이것이 정상일까요?

우선 바른 목회자라면 고액의 연봉을 받으면 안 되지요. 목사님들이 걸핏하면 "네 보물 있는 그 곳에는 네 마음도 있느니라" 하신 성경을 인용하여 헌금 독려를 하며 성도들의 주머니는 수시로 털면서, 막상 자신들의 주머니에는 왜 그리 재물을 채우려 애쓰십니까?

물론 가난하게 산다고 해서 그 자체가 '의'가 되는 것은 아닙니다. 그러나 부유하게 사는 것은 더욱 조심해야 합니다. 현실적으로 정당한 방법으로 부자가 되는 것이 그리 녹녹치 않고, 설사 그렇게 부를 이루었다고 해도 그 재물의 주인이 자신은 아니라는 '청지기 정신'을 잊어서는 안 되지요.

많은 목사님들이 십일조를 강조할 때 자주 쓰는 말처럼 '모든 것이 하나님께로부터 온 것'이 아니겠습니까? 그런데 귀족 목사님들은 유독 자기 재산만은 예외로 하고 있습니다. 이분들이 교회 공금이 아닌 자신의 사재를 털어 전심으로 이웃을 돕는 것을 자주 보십니까? 만일 그랬다면 결코 현재처럼 부유하게 살 수는 없을 것입니다. 이들 대부분은 언제나 교회 돈이나 성도들의 것으로 생색을 낼 뿐입니다.

성직자가 부유하면 불행한 사회

어느 목회자가 진정으로 교인들과 이웃을 사랑하며 돕는다면 어떻게 돈을 많이 모을 틈이 있겠습니까? 자신의 친인척이나 교회 주변에 도와주어야 할 가난한 사람들이 그렇게도 없을까요? 이런 면에서 필자는 한 가지 사실을 단언할 수 있습니다. 부유한 목사는 십중팔구 사이비이거나 목회 자격이 없는 사람입니다.

교회를 섬기는 목사가 누릴 것 다 누리고 즐길 것 다 즐긴다면 그게 종의 모습입니까? 만일 그런 것이 목회라면 개나 소나 다 할 수 있습니다. 목사직이 귀하고 소중한 이유는 아무나 쉽게 할 수 없는 '종의 직분'이기 때문입니다. 사도들이 세상의 좋은 것을 다 누리며 사는 것을 보셨습니까? 아니지요. 성경의 기록대로 그들은 '만물의 찌꺼기' 같이 살았습니다.

중세 교회 형편이 요즘 일부 중대형 교회와 아주 비슷했습니다. 교인들 대부분은 가난했는데 소위 성직자라는 사람들과 교회는 돈이 넘쳤습니다. 합동신학원 초대 원장이셨던 박윤선 목사님은 이에 대해 다음과 같이 탄식하셨습니다. "감독들의 사택은 궁전과 같이 우뚝 솟아 있는데 동리에 가득 찬 것은 학고방 집들이었습니다. 이런 것이 중세 시대의 현상입니다. 그들은 평민들이요 교인들이었습니다. 교회가 이렇게 부패해서 주의 일하는 거룩한 자들이라고 성직자라 불리며 높은 자리에 앉아 있었던 것입니다."

그런데 지금 한국교회가 그런 중세 교회를 비웃을 자격이 있을까요? 많은 목회자들이 성경을 크게 왜곡하고 있는 것 중의 하나가 바로 이 부의 문제입니다. 특히 교회 직분을 사실상 계급화하여 부당한 교권과 금권의 단맛에 빠져 있는 귀족 목사님들은 이런 왜곡에 있어서 아주 프로 선수입니다.

그 덕분에 '한국교회는 자정 능력을 잃었다'는 말이 여기저기에서 터져 나오고 있습니다. 전 세계에 지금 한국교회처럼 헌금 종류가 많고, 공금 횡령이 많고, 뇌물 수수가 많고, 무더기 세습이 많고, 성추행이 많고, 그리고 목회자가 많은 교회가 있습니까? 영국 교회 전체 목사의 수보다 훨씬 더 많은 목회자들이 한국에서는 해마다 나오고 있습니다.

그러나 이처럼 소위 성직자라는 사람들이 급증하는 사회는 매우 불행한 사회입니다. 거룩한 성직이 타락하여 먹고살 만한 '인기 직업'이 된 사회이기 때문입니다.

물론 교회가 부패하는 책임은 모든 신자들에게 있습니다. 그러나 가장 큰 원인은 교회의 지도자 위치에 있는 목회자들입니다. 중세 시대처럼 자격 없는 사람들이 지도자가 되어 교회를 어지럽히고 있습니다. 이런 사람들이 지도자에서 배도자로 변절하여 예수님의 삶을 따르지 않고 십자가의 도를 대적하는데, 교회가 제대로 될 리가 없습니다.

생활고로 힘든 교인들의 주머니를 짜서 걷은 헌금으로 목사가 부를 누린다면 누가 그런 목사를 존중하겠습니까? 수십 년간 목회해서 대형 교회를 만들어 놓고 결국은 거액의 교회 돈을 횡령하거나 자식에게 교회를 세습한다면 누가 그를 거룩한 직분자로 보겠습니까?

하여튼 목사로서 고액 연봉을 받거나 자기 재산을 숨기는 자는 무조건 경계하십시오. 또한 목사만이 안수 기도할 수 있다거나 목사만이 축복권이 있다고 주장하는 사이비 뚜쟁이들도 마찬가지입니다. 특히 '목사는 하나님의 대리인' 이라고 주장하는 사람들을 각별히 조심하십시오. 예수님 외에 하나님께서 이 땅에 보내신 대리인이란 절대로 없습니다.

귀족 목회가 말하지 않는 것

한국교회 귀족 목사들이 결코 말하지 않거나 실천하지 않는 것은 바로 '예수님의 가난한 삶' 입니다. 왜 예수님께서 그 많은 신분 중에서 하필이면 가난한 목수의 아들로 오셨는지를 제대로 가르치지 않습니다. 왜 예수님께서 이왕이면 요즘 귀족 목사들처럼 편하게 살지 않으시고 도리어 가난하고 불편하게 사셨는지를 결코 가르치지 않습니다.

한번 생각해 보시기 바랍니다. 복음이 무엇입니까? 부가 복음인가요? 돈이 복음입니까? 출세가 복음입니까? 아니면 무병장수가 복음입니까?

예수님께서 언제 따르는 무리들에게 부지런히 돈을 바치라고 한 적이 있던가요? 예수님이 신도들의 헌금으로 거액의 연봉을 받으셨습니까? 예수님이 제자들에게 급여를 나누어 주시던가요? 예수님이 백성들에게 큰 교회당 건물을 많이 세우라고 하셨던가요? 또는 사역을 핑계로 교회 돈을 가지고 해외여행 자주하며 홍청망청 돌아다니라고 했나요? 아니면 부지런히 외부 집회에 다니며 본봉 외에 추가로 강사비를 듬뿍 챙겨 먹으라고 하셨던가요? 그리고 대를 이어 그 철밥통 담임목사직을 자식에게 물려주라고 하셨나요?

지금 우리는 무슨 짓을 하고 있습니까? 뱃살이 부풀 정도로 '부유한 목사'들이 정색을 하고 자신은 '가난한 목수'의 제자라고 합니다. 너무 웃기지 않습니까? 그러면서 실제로는 가난한 이들을 거의 돌보지 않는 이 철면피한 현실을 어떻게 해석해야 할까요?

게다가 어떤 정신 나간 교인 중에는 이런 부자 목사에 대해 "우리 목사님은 큰 인물이 되실 주의 종이니 더욱 떠받들어 모셔야 된다"고 하니 참으로 통탄할 노릇입니다. 아니 종이면 다 그냥 종이지, 큰 종님이 따로 계십니까? 그리고 저게 정말 '종의 모습'입니까? 세상에 어느 간 큰 종놈이 감히 주인의 자녀들인 교인들 앞에서 저토록 사치와 교만을 떨며 삽니까?

성경 어디에서 요즘처럼 방자하고 배부른 직분자들을 보셨는지요? 거룩한 공교회를 통째로 맹신 집단으로 만드는 사람들이 도대체 누구입니까? 예수님은 자신을 비워 '종의 형체'로 오셨는데 스스로 그분의 제자라는 자들이 교인들의 상전 노릇을 하며 너무나 많은 것을 소유하고 있습니다. 저들은 목회는커녕 교인 자격도 없는 사람들이 아닙니까?

누가 거룩한 교회를 이 모양으로 만들고 있습니까? 만일 귀족 목사들의 주장처럼 정말 '헌금이 진정으로 복 받는 비결'이라면 아마 예수님께서는 헌금을 많이 하라고 여러 번 강조하셨을 것입니다.

하지만 과연 예수님이 그런 비슷한 말씀이라도 하신 적이 있습니까? 그리고 사도들이 자원하는 연보를 강조한 것은 어려운 형제들을 구제하기 위함이었지 결코 직분자들의 치부를 위함이 아니었습니다.

일부 목사들은 '마음이 가난한 자와 의에 주리고 목마른 자는 복이 있다'고 하신 예수님의 중요한 가르침을 크게 망각하고 있습니다. 그리고는 엉뚱하게 '십일조나 헌금을 많이 바치면 복이 있다'고 헛소리를 합니다. 기독교인으로서 '공의'를 위해 애쓰는 모습은 강아지 턱수염만큼이나 보기 힘들고, 오로지 돈에만 눈독을 들입니다.

가난한 목수의 아들

현재 한국교회가 당면한 시급한 문제 중 하나는 유능한 목사가 부족한 것이 아니라, '입술만 유능하고 변절한 목사'가 너무 많은 데에 있습니다. 교회가 부족한 것이 아니라, '건물만 크고 변질된 교회'가 너무 많습니다. 귀족 목사들은 작당하여 배운 알량한 '목회 기술'을 펼치며 부와 성공을 미끼로 많은 신도들을 유혹하고 있습니다.

사실 이들은 이천 년 전 이 땅에 섬기러 오셨던 그 가난한 목수에 대해 별로 관심이 없습니다. 그저 그분의 이름을 팔아 장사할 뿐입니다. 물론 가난한 교인들에 대해서도 그다지 관심이 없습니다. 그들의 눈에는 오직 돈이 나올 만한 부유한 교인들만 크게 보입니다. 이들은 경건과 위선을 동일시하는 영적 사기꾼들입니다. 이런 종교 상인들이 무서운 이유는 적어도 겉보기에는 진짜보다 더 진짜인 척 위선을 보여 주기 때문입니다. 그리고 그런 위장술에 일반 신도들이 쉽게 넘어가는 것이 큰 비극입니다. 중대형 교회에 이런 사기꾼들이 적지 않지만 그 교회 교인들은 오히려 그런 목사를 천사처럼 생각하고 있는 경우가 많습니다. 그래서 실제 삶에서는 전혀 경건하지 않은 군상들이 강단에서는 아주 거룩하고 고상한 척 생쇼를 하고 있습니다.

한국교회가 욕을 먹고 있는 이유는 사실 순수한 목회자들 때문이 결코 아닙니다. 바로 이런 잡상인들 때문입니다. 학력을 속이고, 논문을 속이고, 경력을 속이고, 재산을 속이고, 추행을 속이고, 사역을 속이고, 인격마저 속이고, 그리고 아예 인생 전체가 사기인 자들이 교회를 어지럽히고 있습니다. 그래서 종이란 자들이 상전이 되고, 성직을 맡은 자들이 부자가 되는 교회는 슬픈 교회입니다.

예수님께서 가난한 목수의 아들로 오신 사실이 시사하는 바는 분명합니다. 은혜 시대를 사는 우리 신자들에게는 사회적 신분이나 세속적 성취 따위가 성도의 삶에 결정적으로 중요한 지표가 아니라는 것입니다. 그래서 요셉처럼 억울한 종이 되든, 무고한 죄수가 되든, 또는 권세 있는 총리가 되든 세류와 풍파에 흔들리지 말고 언제나 하나님 앞에서 성결을 지키며 겸손하게 살라는 것입니다. 목적을 위해 수단을 정당화하는 '목적이 이끄는 삶'에 현혹되지 말고, 늘 '진리가 이끄는 삶'을 살라는 것입니다.

정상적인 목회자 역시 사람이니 간혹 실수할 수 있습니다. 그래서 성도들은 언제든지 너그럽게 용서할 마음의 준비가 되어 있습니다. 하지만 그런 관용에도 한계가 있습니다. 이런 선의를 오용해서 그 부실함의 정도가 너무 지나치면 곤란합니다.

지금 성도들이 목사님들에게 바라는 것은 예수님처럼 무소유로 살거나 또는 무슨 수도자같이 고결하게 살아달라는 것이 아닙니다. 공금 횡령, 뇌물, 사치, 성추행, 그리고 교회 세습처럼 남부끄러운 사고나 치지 마시고 그저 보편적으로 성실한 '보통 교인' 수준만큼이라도 되어 주십사 하는 것입니다.

"참된 경건은 열심히 목욕을 하는 것입니까? 불결한 음식을 먹지 않는 것입니까? 술을 마시지 않는 것입니까? 팔자걸음을 걸으면 되는 것입니까? 상스러운 말을 하지 않는 것입니까? 예배에 열심히 참석하는 것입니까? 목소리를 저음으로 깔고 느릿느릿 거룩하게 말하는 것입니까? 아닙니다.

참된 경건은 자신의 잘못을 정당화하는 전통을 만들지 않는 것입니다. 잘못을 언제든지 시인하고 고치려는 열린 마음 자세입니다. 인간의 전통보다 하나님의 법도를 높이는 겸손한 마음 자세입니다. 내 뜻보다는 하나님의 뜻을 구하는 순종하는 마음입니다.

이것은 나단 선지자의 경고를 듣고 자신의 잘못을 깨달은 다윗의 마음입니다. 이것은 '내 뜻대로 마옵시고 아버지의 뜻대로 하옵소서' 하고 고난의 잔을 마신 예수님의 마음입니다. 이것은 하나님의 말씀으로 인간의 전통을 과감히 개혁한 칼빈과 루터의 용기입니다.

참된 경건은 말에 있지 않고 능력에 있습니다. 그것은 자신을 이기는 능력입니다. 그것은 구습을 타파하는 용기입니다. 그것은 돈을 사랑하지 않는 능력입니다. 그것은 성장 이데올로기나 출세욕에 물들지 않는 순수함입니다. 그것은 하나님의 율법을 참으로 사모하는 열정입니다. 그것은 무시당하는 천민들과 운명을 같이하기 위해 왕궁을 떠난 모세의 용기입니다. 그것은 죄인들과 과감히 식탁 교제를 시도한 예수님과 제자들의 사랑의 마음입니다.

이러한 용기와 사랑이 없는 경건은 거짓 경건이요, 그것은 경건의 모양에 불과합니다. 혹시 우리가 지금 바리새적인 외식 가운데 빠져 있지는 않습니까? 경건을 위장하고 무언가 이기적인 일을 하고 있지는 않는가요?

주께서 우리에게 참된 경건의 영과 회개하고 애통하는 마음을 부어주시기를 간절히 바랍니다."

– 신현우, "예수님의 종교개혁" 중에서

3. 한국교회 돌아보기

인간적인 위대함은 값싼 것

나는 국왕께서 예복을 입으시는 시간에 상원에 붙어 있는 한 방에 있게 되었다. 국왕의 얼굴은 더해지는 연세로 주름이 늘어났고, 여러 가지 심려로 그늘져 있었다. 겨우 이것이 이 세상이 국왕께 드릴 수 있는 전부일까? 이것이 세상이 국왕께 드릴 수 있는 영광이란 말인가?

국왕은 어깨 한쪽에 너무 무거워서 몸을 움직이기조차 어려울 정도의 담비모피를 두르고 있었고, 머리 위에는 커다란 가발을 썼으며 황금 장식품들이 번쩍였다. 아! 인간적인 위대함이란 실로 값싼 것이로구나!

1755. 12. 23 _존 웨슬리의 일기

교권주의의 밑뿌리 '담임목사 종신제'

직분은 감투가 아니다

한국교회가 자주 언급하지 않는 거북한 주제가 하나 있습니다. 그것은 바로 목회자의 임기를 별도로 규제하지 않는 '담임목사 종신제' 입니다. 현재 대부분 교회가 종신제입니다. 또는 형식적으로는 임기제이더라도 연임을 별도로 제한하지 않아 사실상 종신제나 마찬가지로 운영합니다.

그래서 한번 담임은 은퇴할 때까지 담임입니다. 심지어는 은퇴 후에도 원로목사가 되어 그 영향력을 계속해서 행사하려는 분이 적지 않습니다. 그것도 부족해서 상당수 목사는 아예 자식에게 교회를 넘겨주는 세습까지 시도하고 있습니다. 결국 종신제를 방치하니 이제는 세습제까지 넘보고 있는 것입니다. 본래 염치를 아는 도적이란 극히 드문 법입니다.

반면에 똑같은 목사인데도 부목사나 교육목사 등의 교역자는 흔히 임기제로 하고 있습니다. 심한 경우는 이 교역자들의 임기를 연임 보장 없이 1년으로 하여 마치 파리 목숨처럼 만든 비정한 교회도 있습니다.

직분과 직책의 차이

종신제 논란이 신도들에게 다소 혼선을 주는 이유는 담임직을 '직책'이 아닌 '직분'으로 오해하는 데에 크게 기인합니다. 우리가 교회에서 일반적으로 호칭하는 목사, 장로, 그리고 집사 등은 분명히 신약성경에 언급된 직분입니다. 특별한 일이 없는 한 한번 목사는 영원히 목사고, 한번 장로는 영원히 장로입니다.

그러나 신약성경에 '담임목사'라는 직분은 없습니다. 협동목사라는 직분도 없습니다. 마찬가지로 당회장, 부목사, 교육전도사, 시무장로, 협동장로, 서리집사, 성가대장, 그리고 각 기관장 등의 직분도 성경에 없습니다. 따라서 이들 직위는 직분이라기보다는 직책이라고 하는 것이 더 정확한 표현입니다. 예를 들어, 어느 집사가 한번 성가대장을 했다고 해서 그를 평생 성가대장으로 부르지는 않습니다. 즉 직책이란 교회가 필요에 의해 특정 직분자들에게 임기를 정하여 맡긴 자리입니다.

이들 직책은 성경에 명시된 직위가 아니라, 개교회가 여러 직분자들의 사역을 보다 능률적이고 효과적으로 수행하기 위해 임의로 만든 것입니다. 교회는 필요하면 시대적 여건에 따라 새로운 직책을 만들거나 또는 기존 직책을 폐지할 수 있습니다.

직분은 특정 교회나 단체에서의 시무 여부와 직접 관련이 없습니다. 시무하는 교회가 없어도 목사는 여전히 목사입니다. 반면에 직책은 시무와 함께 시작되고 시무를 마치면 자동으로 종료됩니다. 비록 일부에서는 직분 자체도 임기제로 해야 한다는 주장이 있기는 하지만, 현재 개신교에서 '직분은 종신제이나, 직책은 종신제가 아니다'라고 일반적으로 요약할 수 있습니다.

보통의 경우 직분을 직책의 의미로 또는 직책을 직분의 의미로 사용하여도 특별한 문제가 발생하는 것은 아닙니다. 그러나 그 근본적 적용 원칙은 명확히 해야 합니다. 한국교회는 이 직분과 직책을 적당히 혼합하여 얼버무리고 있습니다. 그리고 교인들에게도 무의식중에 그렇게 인식하도록 합니다. 그래서 마치 목사 직분이 종신제이니, 담임목사 직책도 당연히 종신제인 것처럼 오도합니다.

그러나 담임목사직은 단지 회중이 청빙하고 교회가 임명한 직책일 뿐입니다. 따라서 담임목사직이 회중보다 우위에 있을 수 없고, 오히려 필요하면 회중은 그 직위를 언제든지 해임할 수 있습니다.

칼뱅은 일찍이 "안수는 직분자를 하나님께 맡기고 바치는 일을 상징하는 예식일 뿐 그 외에 다른 심오한 신비가 깃들여 있지 않다"고 했습니다. 즉 안수 자체가 직분자들에게 특별한 '신적 권위'를 부여하는 것은 아닙니다. 따라서 안수를 받았다고 해서 마치 하나님의 대리자라도 되는 양 크게 착각하지 말라는 것입니다.

특히 미국 장로교회와 달리 유럽의 개혁 교회와 스코틀랜드 장로교회는 전통적으로 장로와 집사 임직 시에 안수하지 않습니다. 목사 역시 가르치는 장로의 직분이므로 목사 안수가 목사직을 다른 직분보다 더 우월하게 만드는 것은 결코 아닙니다.

가장 결정적인 사실은 한 교회에서 거의 70세까지 담임목사 직위를 보장해 주는 현행 '담임목사 종신제'는 오직 한국에서만 아주 광범위하게 운용하고 있는 문화유산적인 제도라는 점입니다. 일부 예외는 있겠지만, 대부분의 외국 교회에서는 3~7년간 임기를 두고 연임을 적절히 제한하여 특정 목사가 지나치게 오랫동안 한 교회에 머물러 사역하는 것을 제도적으로 방지하고 있습니다.

가톨릭이나 구세군 역시 임기에 따라 정기적으로 순환하는 사역을 성공적으로 잘 시행하고 있습니다. 물론 이런 순환 목회 제도는 교회 부패를 막고 사역자의 질을 높이는 데에 매우 효과적인 역할을 하고 있습니다. 이런 면에서 보면, 왜 유독 한국교회가 개신교 역사상 가장 부패한 교회가 되었는지 쉽게 이해할 수 있을 것입니다.

교권주의는 한국교회 악의 축

대부분의 목회자가 교회에서 예배, 구원, 헌금, 주일, 그리고 교회 봉사 등에 큰 관심을 두고 열심히 가르치고 있습니다. 하지만 정작 진리의 핵심인 십자가의 도를 따르는 일은 제대로 강조하지 못하는 경우가 많습니다. 또는 설교로는 바른 진리를 말하지만, 실제 행위로는 이를 부인하기도 합니다.

아울러 '예수 믿으면 복을 받는다'고 습관적으로 말하지만, 실제로는 그리스도의 고난에 동참하는 삶을 누락하여 복음을 크게 왜곡하고 있습니다. 과연 예수님이 언제 잘 먹고 잘사는 것이 참된 복이라고 하셨던가요? 만일 그러한 것이 핵심적인 복이라면 돌에 맞아 죽은 스데반, 광야에서 고생하다가 목이 잘린 세례 요한, 그리고 톱에 잘려 죽은 이사야 선지자는 저주를 받은 것인가요?

예수님께서 말씀하신 복은 분명히 다른 복입니다. 마음이 가난한 것이 복이고, 의에 주리고 목마른 것이 복입니다. 우리가 십자가의 길을 따르다 의를 위해 박해를 받고, 교회와 이웃을 위해 고난을 나누는 것이 진정한 복입니다. 비록 우리가 늘 이웃을 '내 몸과 같이' 사랑하지 못하는 부족한 죄인들이지만, 그래도 우선 말이라도 바르게 해야 하지 않습니까?

왜 한국의 일부 목사들은 바른 복음을 따르지 않고 돈과 권력을 추구하며 교회를 사유화하고 신도들을 기복화할까요? 왜 부자를 우대하고 가난한 사람을 경시할까요? 과연 이들의 행위가 목사 가운을 걸친 것 외에 실제로 무신론자보다 더 나은 것이 무엇입니까?

이들은 목자의 마음을 배신한 변절자들입니다. 그리고 이들이 바로 한국 '교권주의'의 본체이며, 동시에 종신제라는 음흉한 뿌리를 개 교회에 깊숙이 박고 무한정 교회의 단물을 빠는 한국교회 악의 축입니다.

목사가 선한 길을 걷다가 연약하고 부족해서 실수할 때는 성도들이 서로 감싸 주고 기도해 주어야 합니다. 목사가 다소 무능해도 이해할 수 있습니다. 더욱 힘써 도와주고 세워 주면 됩니다. 우리도 많이 무능하니까요. 하지만 어느 목사가 십자가의 도를 버리고 자의로 세상과 짝한다면 이야기는 전혀 달라집니다.

교회 공금 횡령, 성추행, 교권 남용, 그리고 교회 사유화 등을 고의적으로 반복하는 행위는 세상과 야합하는 일입니다. 이는 우발적이며 일회적인 실수와는 전혀 다른 죄악입니다. 이런 경우는 더는 교회가 인내하고 관용할 수 있는 대상이 아닙니다. 이는 하나님을 대적하는 일이기 때문입니다.

담임목사 임기제가 대안이다

교회 갱신에 대한 글에 대해 "비판만 하지 말고 대안을 제시하라"는 댓글을 주변에서 자주 봅니다. 그러나 이는 비판이 바로 대안의 시작이라는 것을 모르는 답답한 주장입니다.

또한 근본적으로 사람이 변하지 않는데 "제도의 개혁만으로는 교회 개혁을 이룰 수 없다"고 하는 변명을 자주 듣습니다. 하지만 이 역시 부분적으로만 맞는 말입니다. 기본적 제도 개혁이 때로는 교권주의와 교회 부패를 제거하는 매우 치명적 무기가 될 수 있습니다.

담임목사 임기제가 바로 그런 경우입니다. 이는 사실 중대형 교회 귀족 목사들이 내심으로 제일 두려워하는 제도입니다. 그래서 이들은 임기제라는 말만 나오면 기겁을 하고 온갖 궁색한 논리와 핑계를 만들기에 급급합니다.

게다가 이런 증상이 아주 심한 분은 임기제가 비성경적이라고까지 공격합니다. 제사장이나 사도직이 임기제가 아니었다는 것이 그 알량한 이유입니다. 하지만 이들은 아직도 신약 교회에서 단지 가르치는 장로의 하나인 목사를 제사장, 선지자, 또는 사도의 반열에 올리는 어리석은 우를 범하고 있을 뿐입니다.

제사장이나 선지자나 열두 사도는 하나님 또는 예수님께서 직접 세우신 특별한 직분입니다. 회중에게 허락을 받아 선지자나 사도가 되는 것을 보셨는지요? 제사장 역시 하나님께서 레위 지파로 정하셨습니다. 반면에 목사, 교사, 장로, 그리고 집사는 크게 다릅니다. 이 직분들은 회중이 선택하거나 교회가 임명합니다. 따라서 사람이 세운 목사는 원천적으로 하나님께서 직접 세우신 선지자나 사도와 결코 동급이 될 수 없음을 잘 알 수 있습니다.

단 하나의 예외가 있는데, 그것은 초대교회가 가룟 유다의 자리에 맛디아를 선출하여 임명한 일입니다. 그러나 이에 대해 일부 신학자들은 매우 성급한 선택으로 보고 있습니다. 왜냐하면, 예수님께서는 이미 그 자리의 적임자로 사도 바울을 예비하셨기 때문입니다.

하여튼 교권주의자들이 목사 임기제에 대하여 예민하게 반응하는 이유는 모처럼 쌓아 놓은 기득권이 한 번에 날아가 버리기 때문입니다. 담임목사 임기제는 목회 부정과 교회 사유화는 물론 망국적인 교회 세습도 잔뿌리까지 철저히 응징할 수 있는 좌우에 날 선 검입니다. 동시에 각 교단 지도층에 서식하는 교권주의자들을 정기적으로 살충할 수 있습니다.

임기가 차면 교회법에 따라 물러나야 하는데 무슨 더 이상의 독재나 사유화가 가능할까요? 오히려 잘못하면 평판이 나빠져서 다음 임지를 구하는 데에 장애가 됩니다. 따라서 목사와 장로 등 시무 직분자들의 종신제 이것 하나만 바르게 고쳐 임기제로 바꾸어도, 현재 한국교회가 직면한 고통의 반 이상을 당장에 경감시킬 수 있습니다.

물론 목사 임기제에도 장점만 있는 것은 아닙니다. 가장 가슴 아픈 문제는 목회자의 경제적 자립을 보장하지 못하는 것입니다. 매우 안타까운 문제고 실제로 간단히 해결하기 어려운 난제입니다. 그래서 필자가 강조하고 싶은 것은 누구도 쉽게 목회에 나서지 마시라는 것입니다. 거룩한 사명을 위해 자신의 품성과 자질이 과연 얼마나 목회에 적합한지 반드시 치열한 검증을 거쳐야 합니다.

반면에 목사 임기제는 평생 특정 목사의 목회 취향에만 의존하지 않고 여러 목회자의 설교를 다양하게 경험할 수 있게 하여, 교인들이 영적 편식을 하지 않고 성경의 진리를 골고루 배울 수 있게 해주는 장점이 있습니다.

또한 목회자들이 정기적으로 순환 이동을 해야 하므로 자연스럽게 지역 교회에 새로운 피를 수혈할 수 있게 해 줍니다. 기존처럼 중견 목회자들이 평생 한자리에 눌러앉아 과도한 기득권을 누린다면 젊은 목사들은 교회 개척 외에는 대안이 없어지고, 그러다 보니 지금처럼 미자립 교회가 난립하게 되는 것이 아닐까요?

건강한 목회인 경우 필자는 처음 청빙 시 임기는 2년으로 재신임을 묻고, 그 후에는 6년 연임 임기를 2~3회까지 허용하여 한 교회에서 최대 14~20년 정도로 제한하는 것이 가장 좋다고 개인적으로 생각하고 있습니다. 그 이상은 설사 베드로가 와서 목회한다고 해도 말리고 싶은 심정입니다. 시무장로도 연임을 제한하여 당회의 터줏대감이 되어 교회를 좌지우지하는 현상을 막아야 합니다.

하여튼 한 교회에서 20년 이상 장기 집권을 하다 보니 자의 반 타의 반으로 자기 사람을 키우게 되고, 그러다 결국 교권의 단맛을 본 후에는 스스로 욕심을 못 이겨 부정을 자행하고 사회의 지탄을 받는 목회자들이 너무 많습니다. 또한 이렇게 권력의 단맛에 중독된 자들이 세력을 형성하여 떼로 몰려다니며 여러 교단의 상층부를 장악하고 있는 것이 한국교회의 암울한 현실입니다.

직분은 감투가 아니다

특히 대형 교회 목회자들이 한국교회 타락에 앞장을 서고 있습니다. 요즘 이분들 중에 사회의 존경을 받는 분이 몇이나 있습니까? 이들이 진정 종의 모습을 보여 주고 있습니까? 오히려 상당수는 시정잡배나 사기꾼 수준의 부정을 저지르며 세인의 혹독한 지탄을 받고 있습니다. 예배 중에는 그리도 경건하고 명철하고 거룩하신 분들이 왜 강단에서 내려오면 기초적인 교회 정의마저 지키지 않습니까? 성경은 그저 설교용이고 자신의 실제 삶과는 무관한지요?

더욱 심각한 문제는 한국교회가 이들 종교 업자들을 일거에 몰아내고 치리할 만한 자체 정화 능력을 크게 상실하였다는 점입니다.

사실 상식을 조금이라도 가진 신자라면 어떤 인물이 문제아인지 금방 알 수 있습니다. 그런데 누가 도적인지 뻔히 알면서도 그 도적을 합법적으로 치리하기가 어렵습니다. 심지어는 도적이 오히려 파수꾼을 해치려 더 날뜁니다. 왜냐하면 이 도배들이 교권의 칼자루를 쥐고 있기 때문입니다.

어찌하여 이런 기막힌 일이 발생했을까요? 이는 한국교회가 고인 물은 반드시 썩는다는 교회 역사의 냉엄한 교훈을 '감히' 무시한 결과입니다. 아울러 목사나 장로도 그 근본이 죄인임을 망각한 대가입니다.

정작 현실이 이 지경인데도 우리는 세계에서 거의 유일하게 담임목사 종신제를 끝까지 고집해야 할까요? 중세 교회라면 모를까 개혁 교회에 이 무슨 시대착오적인 제도입니까? 반드시 종신제여야만 주의 종노릇을 제대로 할 수 있다는 말입니까? 아니면 철밥통을 위한 종신제인가요?

직분자들이 죽어야 교회가 삽니다. 그러나 거짓된 직분자들은 자신들이 잘살기 위해 거꾸로 교회를 죽이고 있습니다. 이제 양심이 있는 목사님들이라면 스스로 종신제 폐지에 앞장서 주시기를 촉구합니다. 담임목사는 사도나 선지자가 아니고, 제사장이나 왕은 더더욱 아니지 않습니까?

언제부터인지 한국교회에 감동이 사라지고 있습니다. 대신 그 자리에 양들의 탄식과 눈물이 넘치고 있습니다. 이처럼 양들을 울리는 목회는 불의한 목회입니다. 차라리 목사가 울어야 합니다. 목사가 먼저 자복하고 바로 서야 합니다. 목사마저 바로 서지 못한다면 양들은 도대체 어디로 가야 하나요?

사도행전의 바울은 결코 한자리에 안주하며 사역하지 않았습니다. 그는 '움직이는 불덩어리' 였습니다. 동으로 서로 바울이 가는 곳마다 새로운 변화가 일어났습니다. 그가 가는 곳에 그리스도의 교회가 세워지고 성령의 뜨거운 역사가 일어났습니다.

예수님께서 당신의 사랑하시는 제자들에게 진실로 원하시는 것은 직분을 감투 삼아 한동네에 눌러앉고 기득권의 바벨탑을 쌓는 것이 아니라, 전도자의 마음으로 부지런히 '다른 동네' 로 가는 것임을 잊지 말아야 합니다.

> "예수께서 이르시되 내가 다른 동네들에서도 하나님의 나라 복음을 전하여야 하리니 나는 이 일을 위해 보내심을 받았노라." (눅 4:43)

밥 놔두고 죽 퍼먹는 교회

구약으로 역주행하는 한국교회

사실 우리 주변을 자세히 살펴보면 이름 없이 빛도 없이 수고하시는 진실한 목회자들이 아주 많이 계십니다. 그럼에도 한국교회가 지금 크게 고통 받고 있는 이유는 별로 순수하지 못한 인사들이 속된 수단을 동원하여 부끄러운 인맥을 형성하고 여러 교단의 교권을 뿌리 깊게 장악하고 있기 때문입니다.

그런데 그동안 이 교권주의자들이 심한 월권으로 중앙선을 넘나들며 가슴을 졸이게 하더니, 요즘은 아예 한국교회를 구약 시대로 역주행시키고 있다는 자괴심마저 듭니다. 그 증거는 자명합니다. 시대착오적인 율법 중심, 성전 중심, 그리고 제사장 중심 사상이 한국 교회에 전방위적으로 확산하고 있기 때문입니다.

물론 교리 상 스스로 율법 중심이라고 자인하는 교단은 하나도 없습니다. 겉으로는 복음, 십자가, 은혜, 그리고 만인 제사장을 노래하며 진리 안에서 자유하다고 말합니다. 그러나 실제로는 겉과 속이 많이 다릅니다. 적지 않은 교회들이 구약 율법의 참된 정신과 제도를 왜곡하여 백성을 억압하며 사욕을 취하던 바리새인의 길을 따르고 있습니다.

율법 중심

세계 유일의 한국형 십일조가 그런 율법주의의 대표적인 예입니다. 이는 명백히 복음 시대에 어울리지 않는 율법의 무거운 짐입니다. 만일 어떤 특정 개인이 자율적으로 십일조를 한다면 이를 구태여 잘못이라고 할 수는 없을 것입니다. 그러나 교회가 신도들에게 일률적으로 '신약 시대에도 십일조를 해야 한다' 고 주장한다면 이는 분명히 큰 오류입니다.

하여튼 많은 교회에서 '하나님의 소유권' 을 인정하거나 '받은 은혜에 감사하는 마음으로' 십일조를 하라고 강조합니다만, 사실은 하나님께 '거저 받은 은혜' 를 율법의 십일조로 보암직하게 포장하여 순진한 신도들에게 아주 비싸게 팔고 있는 셈입니다.

율법의 중심축이었던 제사, 안식일, 그리고 할례를 모두 폐기

한 한국교회가 왜 유독 십일조만은 이리 집착할까요? 그래도 마지막 남은 양심의 찌꺼기와 좁쌀만 한 체면 때문에 '돈이 된다'라는 솔직한 고백은 차마 못 하고 있습니다. 이는 십일조 없이 교회를 건강하게 잘 운영하고 있는 전 세계 교회들에게 너무나 부끄러운 일입니다.

창조주이신 하나님께서 무엇이 부족하셔서 우리 피조물들로부터 돈을 원하실까요? 하나님께서는 다만 성도들이 물질을 서로 나누며 이웃 사랑을 직접 실천하기를 바라십니다. 하나님께서 집이 부족하실까요? 아니면 재물이 부족하실까요? 돈을 간절히 원하는 자들은 오직 교회 내에서 사익을 추구하는 종교 업자들뿐입니다.

선교나 건축을 위해 십일조가 필요하다는 변명 또한 매우 부적절합니다. 구약에 제정된 십일조의 본래 용도는 결코 선교나 건축이 아닙니다. 십일조는 우선적으로 가난한 이들의 몫입니다.

아울러 마치 이방 종교처럼 무엇을 '바치라'는 말 또한 자제할 필요가 있습니다. 희생물을 바치듯 바침을 강조하는 것은 구약 제사 시대의 율법적 사고입니다. 신약 시대에는 성도의 삶 전체가 하나님께 드려지는 거룩한 '산제사'입니다. 따라서 이미 포도나무이신 그리스도의 지체가 되어 한 몸이 된 상태인데, 무엇을 따로 더 바치라는 것인지요?

한국교회 지도자들이 진정으로 그렇게 바치는 것을 좋아하신다면, 차라리 필요 이상으로 사치스러운 중대형 교회 목사들의 고급차와 두둑한 재산부터 먼저 바치시기를 권면합니다. 자신들은 호의호식하면서 생활고에 지친 교인들에게 열심히 바치라고 설교하는 것은 지독한 기만이며 위선입니다.

은혜 시대인 신약의 가르침은 '바침'이 아니라 '나눔'입니다. 하나님은 연보나 십일조가 필요 없으신 분입니다. 연보는 하나님이 쓰시는 것이 아니라, 사람들 사이에서 나누어 쓰는 것입니다. 십일조의 참된 정신 역시 바침이 아니라 나눔입니다. 어려움을 당한 이들에게 주고 가난한 이들과 나누라는 것입니다.

그러나 한국교회는 이웃 사랑을 실천하는 '십일조의 정신'은 죽이고, 그 껍데기인 '십 분의 일'만 살려 열심히 바치라고 강요하고 있습니다. 제대로 나누지는 않으면서 계속 바치라고만 합니다. 그래서 이 돈의 대부분은 교회의 거품 성장과 교회 사유화에 악용이 될 뿐 가난한 이웃의 근처에도 가지 못하고 있습니다.

성전 중심

언제부터인지 한국에서는 교회당이 슬그머니 성전으로 둔갑했습니다. 처음에는 다분히 사이비성이 있던 어느 교단에서 애용하던 이 기만적 호칭에 요즘은 소위 정통 보수라는 교단들마저 노골적으로 가세하고 있습니다.

이렇게 교회당 건물을 성전이라 하며 신성시하는 신앙 역시 극히 구약적인 사고에서 비롯됩니다. 신약성경은 그리스도의 몸인 신자들 자신이 성전이라고 명백하게 가르치고 있습니다. 그런데 배울 만큼 배웠다는 목회자들이 단체로 합심하여 단지 콘크리트 덩어리일 뿐인 교회당 건물을 거룩한 성전이라고 오도하고 있으니 참으로 기이한 일입니다.

그러나 우리가 어느 장소 어느 건물에서 예배를 하든 그것은 단지 모임을 위한 처소일 뿐 성전과는 아무런 관계가 없습니다. 하나님께서는 십자가가 장식된 건물 속에 임재하시는 것이 아니라, 신자들 마음속에 직접 임재하십니다. 강단 역시 그저 설교의 편리상 세운 단이지 구약의 성스러운 제단과는 아무런 관계가 없습니다.

따라서 빈말이라도 교회당이나 강단을 성전이니 제단이니 하며 함부로 호칭해서는 안 될 것입니다. 이런 무분별한 언사는 기독교의 무속화 또는 미신화를 촉진하고 다만 교권주의자들을 즐겁게 할 뿐입니다.

게다가 근자에는 교회당 부지를 '거룩한 땅'이라고 하며 십자가에 붉은 리본을 줄줄이 달아 마치 성황당처럼 차려 놓고 무속적 '땅 밟기'까지 하고 있으니 이는 지나가던 선무당이 다 비웃을 일입니다. 하여튼 한국의 일부 교회들은 성경에서 시키지 않은 희한하고 기발한 일을 연구하고 개발하는 데에 아주 도가 텄습니다.

'건물 신앙'은 근본적으로 구약의 성전이라는 '거룩하고 신성한 이미지'를 기복 신앙에 접합하여 신도들을 일단 감동시키고 이를 인위적인 교세 확장에 이용하려는 잔머리에서 출발합니다. 성장과 전도를 명분으로 내세운 이런 통속적 수법의 배후에는 단지 '교회 사유화'라는 음흉한 욕망이 자라고 있을 뿐입니다.

강남의 어느 대형 교회가 성전이라는 미명으로 수천억 원의 초대형 건물을 지으며 당당하게 준비한 핑계가 '협소'해서라고 합니다. 또한 이미 충분히 큰 다른 대형 교회들도 같은 이유로 틈만 나면 계속 초대형 증축을 시도하고 있습니다.

그런데 훈련된 제자들을 다른 지역에 흩어 파송하지 않고 암탉이 병아리 품듯 끼고 있으니 그렇게 비정상적으로 비만한 모양이 된 것이 아닙니까? 들어오는 물길만이 있고 나가는 물길이 없으니 소금 덩어리 사해처럼 그렇게 기형적인 모습이 된 것은 당연한 일입니다. 그래서 세상으로 흩어져야 할 소금이 대형 창고에 재고품처럼 쌓여 있는 형국이 되었습니다.

작은 교회들은 일꾼이 없어 날마다 울고 있는데, 훈련된 제자가 넘치는 대형 교회들은 이를 외면하고 고작 하는 말이 교회당이 협소해서 불편하다고 합니다.

예수님과 세례 요한은 변변한 초막 하나 없는 야산이나 광야에서도 사역을 하셨습니다. 그런데 주변의 작은 교회들을 수도 없이 도살하며 키운 그 육식 공룡 같은 건물이 그리도 자랑스럽습니까? 유럽의 교회들이 과연 대형 건물이 없어서 그처럼 몰락했을까요? 우리는 큰 건물 헤롯성전을 자랑하던 바리새인들의 종말을 잊지 말아야 합니다.

제사장 중심

목사의 제사장화 또한 한국교회의 부끄러운 전통이 되고 있습니다. 중세 교회 사제직을 폐하고 신설한 목사직이 교회의 삼권을 흔들며 사제보다 더욱 강력한 제사장적 특권을 누리고 있습니다. 결국 한국 개신교만은 종교개혁을 거꾸로 한 느낌입니다.

중세 사제는 그나마 로마 추기경이나 교황의 통제라도 받았지만, 한국 중대형 교회 목사들의 월권은 누구도 쉽게 못 말립니다. 당회는 어용화되기 일쑤고 많은 경우 노회, 연회, 그리고 총회 역시 교권주의자들에 의해 좌지우지되어 오히려 개 교회 목사의 부정을 비호해 주고 있는 실정입니다. 가재와 게는 한 통속이기 때문입니다.

무엇보다도 목사 제사장화의 절정은 '교회 세습'입니다. 마치 구약의 제사장처럼 대를 이어 담임목사직을 이어가는 것입니다. 문제의 핵심은 제사장 직분과 전혀 다른 목사들이 제사장의 권위를 새치기하여 다른 직분보다 더 특별한 특권을 누리려 하는 데에 있습니다.

구약 율법은 귀하고 소중한 것입니다. 그러나 율법의 완성인 '그리스도의 복음'은 율법보다 더욱 위대합니다. 구약의 십일조 또한 좋은 것입니다. 하지만 사도들이 가르쳐 준 자발적 연보는 그보다 더더욱 좋은 것입니다. 즉 성경의 진리는 역사 속에서 '점진적으로' 하나님의 백성에게 계시되었음을 잘 알 수 있습니다.

이처럼 주님께서는 구약 시대보다 더 귀한 것을 우리에게 주셨는데 왜 구태여 그보다 못한 것에 집착해야 하는지요? 하나님께서는 장성한 성도들에게 밥을 주셨는데, 한국교회는 왜 계속 죽을 먹겠다고 하는지 정말 답답한 일입니다. 어린아이에게 죽이 나쁜 것은 아니지만 장성한 후에도 여전히 죽만 먹는다면 이는 심각한 문제가 됩니다.

예수님은 '생명의 떡'입니다. 그런데 한국교회는 성장한 신도들에게 죽을 먹이고 있습니다. 그리고 목회자들이 제자 훈련은 열심히 하는데 훈련된 제자를 품에 안고 쉽게 놓아 주지를 않습니다. 성장을 했으면 나가서 일을 하도록 해야 하는데 예배당 바닥에 모여 앉아 어리광 부리며 해마다 돌잔치만 반복하고 있습니다.

시대착오적 역주행을 멈추어야

이 세상에 우리 신자들 외에 감히 성전이라 불릴 수 있는 존재란 절대로 없습니다. 한국교회는 구약의 율법과 관습으로 신도들을 얽매어서는 안 됩니다. 큰 건물을 짓고 세속적 복을 구하던 것은 구약의 일입니다. 하지만 지금은 은혜의 시대입니다.

예수님을 영접한 우리는 이미 넘치는 복을 받은 사람들입니다. 그보다 더 큰 복이 어디 있다고 설교 때마다 복을 노래하며 남은 인생을 기복에 몰입해야 할까요? 이는 밥 놔두고 죽 퍼먹는 격입니다. 만일 육신을 위한 복이 그리도 중요했다면 예수님께서는 가난한 목수의 아들이 아닌 로마 황제의 아들로 오셨을 것입니다.

이제 직분자들은 더 이상의 거짓말과 역주행을 멈추어야 합니다. 목회자들이 구약의 제사장 행세를 하거나 율법의 무거운 짐을 또다시 성도들에게 강요하는 것은 바리새인을 따르는 일입니다. 그 같은 행위는 죽통에 머리를 박는 어리석은 짓이며, 동시에 그리스도의 복음과 십자가 사역에 정면으로 도전하는 것임을 명심해야 합니다.

"너희는 이것이 여호와의 성전이라, 여호와의 성전이라, 여호와의 성전이라 하는 거짓말을 믿지 말라."(렘 7:4)

부패한 교회도 흥해야 하나

역사상 가장 흥한 교회는 중세 교회

한국교회가 많이 혼탁하다 보니 과거에는 신도들이 '교회 밖에 구원이 있는가'를 진지하게 토론했는데, 요즘에는 반대로 '교회 내에 구원이 있는가'를 염려해야 할 지경이라고 합니다. 매우 안타까운 일입니다. 그런데 교회 부패와 관련하여 일부에서 흔히 오해하는 것이 하나 있습니다. 그것은 한국 개신교가 최근에 와서 갑자기 타락했다는 인식입니다. 하나 이는 정확한 사실이 아닙니다. 선교 초기에는 매우 순수했던 한국교회가 그 이후 점차 세속화하여 60년 전만 해도 이미 불순한 교권주의가 심각했었고, 30년 전 또한 현재와 크게 다르지 않았습니다.

한국 최대의 장로교 교단이 신도들의 의사와는 아무런 관계없이 교권을 탐하는 목사들의 물욕적 세력 다툼으로 인해 수십 개의 교단으로 분열하여 만신창이 되었고, 룸살롱에 출입하거나 교회 여신도와 불륜을 저지른 유명 목사들이 백주에 활보하였습니다. 교회 사유화나 공금 횡령 역시 은밀하고 폭넓게 진행되었습니다. 이 모두가 한 세대 전의 이야기입니다.

그래서 마음에 상처받기 십상이니 노회나 교단 총회에 가급적 참석하지 말라는 말이 그 시대에도 공공연히 나돌았습니다. 다만 대다수 순진한 교인들이 자세한 내막을 잘 모르고 있었을 뿐입니다. 교회 세습 역시 그때 뿌린 쭉정이 씨앗을 지금 심은 대로 거두고 있습니다.

1950년대 또한 마찬가지입니다. 일제강점기 동안 신사참배를 하며 일본에 협력하던 교권주의 세력들이 공적인 회개나 친일 청산을 제대로 하지 않은 채 한국교회의 기득권과 인맥을 그대로 유지하며 교권을 상속했습니다. 그래서 한국교회는 현재처럼 상층부로 올라가면 갈수록 더욱 부패한 구조가 체질화되었습니다.

거짓 목사들과 맹신도

다행히 한국교회에는 아직도 순수하고 충성된 직분자들이 많이 있습니다. 그럼에도 전체적으로 보면 개신교가 이미 자정 능력을 상실했다는 극평이 있을 정도로 현실은 위기 상황입니다. 직장이나 사업 등 개인적 사정으로 타지방에 이사를 해 보신 분들은 실감하실 것입니다. 새로 교회를 선택하기가 겁이 납니다.

매주 설교의 결론은 헌금 많이 하면 복 받는다는 무속적 교회, 돈이 없으면 부끄러워 갈 수 없는 교회, 십일조를 강요하여 미자립 교회나 가난한 교인들은 대충 돕고 나머지 목돈으로 교회 증축이나 목사 자녀 유학 보내는 교회, 선교는 허울일 뿐이고 국내나 외국에 법인을 세워 돈을 빼돌리거나 부동산 장사하는 교회, 등록 교인 350명에 목사 연봉이 1억이 넘는 교회, 재정을 공개하지 않고 영수증 없이 마음대로 사용하는 교회, 겉으로는 진실한 척 성경적 설교를 구사하나 뒤로는 교회 소유 부동산을 부인 앞으로 등기한 교회, 그리고 추잡한 교회 세습을 끝까지 목회 승계라고 우기는 이런 여러 교회가 양들의 마음을 아프게 하며 큰 상처를 주고 있습니다.

이들 세습 목사들의 논리대로 말하자면 북한의 정권 세습도 정치 안정을 위한 탁월한 승계가 되고, 재벌들의 족벌 세습도 경영 안정을 위한 뛰어난 선택이 됩니다. 그래서인지 한국의 수구 기득권 교회들은 불과 11세의 재벌가 어린아이가 453억 원의 주식을 소유하고, 5세의 대통령 외손자가 9억 원의 주식을 가진 불편한 사실을 결코 비판하지 않습니다.

최근 어느 기사에 따르면 한국인은 일본인보다 위증이 약 430배 이상 많고, 무고는 무려 540배 이상 많이 한다고 합니다. 그래서 '일본에서는 거짓말을 하고 살기가 힘들고, 한국에서는 거짓말을 안 하고 살기가 힘들다'는 말이 나오고 있습니다. 이것이 진실이라면 정말 큰 충격이며 시급히 고쳐야 할 부끄러운 일입니다. 그런데 설사 그런 통계를 글자 그대로 믿지는 않더라도 한국에 유난히 거짓 목사들이 많이 있다는 사실은 부인하기 힘듭니다.

한국교회 부패의 배후에는 항상 거짓된 지도자들과 무지한 맹신도들이 있습니다. 복음은 고귀한 것이며 예수님은 생명이신데 종교업자들은 유다처럼 자신의 영혼을 팔아 금과 은을 구하고 있습니다. 그래서 많은 교회에서 단순한 수치적 부흥이 복음을 대체하고, 물질적 번영이 진리를 대신하는 악순환이 빈발하고 있습니다.

역사상 가장 흥한 교회는 중세 교회

그러나 우리는 역사상 가장 흥한 교회가 중세 교회였다는 사실을 잊어선 안 됩니다. 황제가 교회에 출석하고 권력자들과 재력가들이 줄줄이 그 뒷자리를 채웠습니다. 교회에 힘과 돈이 넘치게 되니 큰 건물을 짓고 사람들을 모았습니다. 예수를 진심으로 믿든 안 믿든 그것은 중요하지 않았습니다. 교회에 출석하지 않으면 사람 행세를 할 수 없는 시대가 되었기 때문입니다. 그 결과 성경을 전혀 모르는 사람들이 교회를 가득 채웠습니다.

그러다 보니 교회가 결정해서 안 되는 일이 별로 없었습니다. 교회는 심지어 세력 확장이나 경제적 필요에 의해 대규모 전쟁도 교사했습니다. 거룩한 전쟁이라는 미명 아래 수많은 무고한 사람들이 이국땅에서 헛되이 죽거나 비참한 노예가 되었습니다.

그러나 그것은 단지 비극의 일부분에 지나지 않습니다. 왜냐하면 근 천 년의 기나긴 세월 동안 중세 교회는 성스러움으로 포장한 교회당 건물 속에 안주하던, 그보다 훨씬 더 많은 무수한 영혼을 어두운 지옥으로 조용히 인도했기 때문입니다.

이래도 아무 교회나 무조건 홍해야 할까요? 수많은 중세 교인들이 천국 문으로 알고 들어간 교회당이 사실은 지옥으로 안내하는 문이었습니다. 과연 성경조차 허용되지 않았던 중세 신도들 중에 얼마나 많은 사람이 천국에 갔을까요? 큰 건물에 십자가를 높이 세우고 간판만 달면 모두 교회일까요?

중세 교회는 외부의 침공을 받아 무너진 것이 아니라, 내부의 극심한 부패와 타락으로 침몰했습니다. 성직자들은 돈과 명예를 탐하였고, 신도들은 진리에 무지하였고, 그리고 가장 순수해야 할 수도원마저 탈선하여 지하에 수많은 영아들의 사체를 버렸습니다.

이렇듯 교회가 일단 본격적으로 타락하면 수도원도 소용없고, 기도원도 못 막습니다. 새벽 기도회나 철야 기도회가 무색하고, 부흥회도 무당 굿판이 됩니다. 과연 한국교회에 예배와 기도회가 부족해서 이 모양이 되었다고 생각하십니까? 한 주일 내내 각종 예배와 기도회가 전 세계에서 가장 많은 교회가 한국교회입니다. 오히려 너무 자주 모여 균형 있는 사회생활이나 가정생활에 지장을 줄 정도입니다. 아마 '모이기를 힘쓰라'는 말씀을 단순히 '자주 모이라'는 뜻으로 오해하는 듯합니다.

그러나 아무리 자주 모이고 분주하여도 진리를 떠나 자정 능력을 상실한 교회는 그냥 완전히 무너질 때까지 계속 썩어 갈 뿐입니다. 위선적 바리새인들은 결코 참된 회개를 하지 않습니다. 그것이 역사가 가르쳐 준 교회 부패의 생생한 교훈입니다.

거짓 목사들은 언제나 교회가 평안하다고 합니다. 그리고는 모두 조용히 하라고 합니다. 하지만 본래 종교 업자들과 정치 독재자들이 조용한 것을 좋아하는 법입니다. 조용히 포식하는 것이 최적의 상태이기 때문입니다. 그럼에도 이들에게 기만당한 우매한 백성은 언제나 독재자에게 표를 몰아주고, 무지한 신도들은 거짓된 지도자를 지지합니다. 그리고 그런 거짓 선지자는 세상에서 호사를 누리고, 참 선지자는 고난을 받습니다.

신도들을 약탈하며 속이 텅 빌 정도로 심하게 썩었어도 겉으로는 평안하고 조용했던 교회가 중세 교회입니다. 그리고 그런 타락한 교회가 무려 천 년이나 유지된 것은 바로 '그 조용함' 때문입니다. 물론 중간에 간간이 개혁의 목소리가 더러 있었지만, 대부분 이단으로 몰려 무자비한 박해를 받고 처형당했습니다. 서슬 퍼런 교권의 칼날이 워낙 무서운 점도 있었지만, 절대다수의 신도들이 너무 무지하였기에 내부에서의 조직적 저항이나 자체 개혁이 아예 불가능했습니다.

거짓으로 위장된 평안

우리는 중세 교회의 아픈 교훈을 잊어서는 안 됩니다. 위장된 평안 속에 거짓과 위선이 난무하는 교회당은 더 이상 '예배당'이 아니라 '니골라당'입니다. 자정 능력을 상실한 교회는 부패한 교회고, 부패한 교회는 더는 그리스도가 주인이 아니라 사람이 주인인 교회입니다.

그런 면에서 세습 교회는 목사가 교회의 주인 행세하는 전형적인 표본입니다. 만일 세습 목사들이 정말 충성심이 불타서 그토록 대를 이어 목회를 간절히 원한다면 좋습니다. 그렇다면 자식들을 배부른 중대형 교회가 아니라, 일꾼이 턱없이 부족한 농어촌 미자립 교회에 보내 거기서 평생 충성하도록 하기 바랍니다. 하지만 필자의 견식이 부족한 탓인지 몰라도 그런 멋진 세습을 하는 목사님을 본 기억이 별로 없습니다.

결국 이들은 복음을 위하는 것이 아니라, 자신들의 비만한 배를 위하고 있을 뿐입니다. 지금 동네마다 차고 넘치는 것이 교회당인데 하필이면 그런 고약한 세습 교회가 흥해서 무슨 유익이 있을까요? 부패한 교회가 부흥하면 결국 중세 교회처럼 됩니다. 그런데 현재 한국의 여러 대형 교회들이 서로 경쟁적으로 이런 중세적 부패와 흥행에 앞장을 서고 있습니다.

그래서 사실 교회의 문제가 매우 복잡한 것 같지만 그 결론과 대안은 언제나 동일합니다. 신자들이 깨어나야 합니다. 무지한 신도는 거짓된 지도자를 보위하여 결국 부패한 교회를 만듭니다. 한국교회의 문제가 외견상 직분자들의 부패인 것처럼 보이나, 정작 문제의 진짜 핵심은 신도들에게 있습니다.

따라서 우리가 복음은 값없이 거저 받았지만, 제자 된 사명을 잘 감당하기 위해서는 반드시 대가를 치러야 합니다. 안일한 자세로 십자가의 길을 따를 수는 없습니다. 신자들은 바르게 알고, 바르게 가르치고, 그리고 바르게 실천해야 합니다.

한 세기 만에 놀라운 성장을 이룬 한국교회는 이제 성숙의 문턱에서 크게 좌절하고 있습니다. 그동안 덩치가 커져 매우 기뻐했는데 어느 순간에 조로증을 거쳐 그만 치매에 걸린 것입니다. 아무리 좋은 약도 이 치매에는 별 효과가 없습니다. 신약과 구약 모두 들이대도 환자는 다 뱉어내고 엉뚱한 오물만 집어 먹습니다.

우리가 바른 교회를 다시 가꾸어야 하는 이유입니다. 만일 자신의 교회가 치매에 걸려 소통이 전혀 안 되는 교회라면 거기서 헛되이 다투지 말고 이제라도 과감하게 나오시는 것이 낫습니다. 거기서 중세적 부패와 약탈에 동참하는 것보다는 바른 교회를 찾는 것이 옳습니다. 만일 주변에 바른 교회가 없다면 소수라도 뜻을 같이하는 분들과 합심하여 따로 모이는 것도 좋습니다. 형편에 따라 유급 사역자가 없어도 무방하고, 있으면 더욱 좋습니다.

초기 교회나 지하교회는 유급 사역자가 없어도 잘 견디어냈습니다. 반드시 신학 전공 사역자가 있어야 교회가 된다는 생각은 크게 잘못된 오해입니다. 예수님의 제자들 중에 신학 전공자가 몇이나 있었나요? 또한 교회는 건물이 아닙니다. 그냥 둘러앉아 성경을 함께 읽고 기도하는 단순한 공동체도 성령께서 함께하시면 아주 좋은 교회가 될 수 있습니다. 그리고 그런 공동체가 점차 성숙하면 지역사회를 위한 적절한 사역을 얼마든지 잘 감당할 수 있습니다.

그리고 교회의 사명보다 우선해야 할 것은 교회의 순결입니다. 따라서 부패한 교회보다는 차라리 가정 교회나 지하방 교회가 훨씬 낫습니다. 직분자들이 주인이 아니라 예수님이 주인이신 교회, 그리하여 복음이 바르게 증거되고 정의가 강물처럼 흐르는 선한 공동체를 다시 세워야 합니다.

'십자가의 도'를 따르는 공동체

이를 위해 우선 당장 몇 가지라도 구체적으로 변해야 합니다. 사람의 눈을 의식하는 강요적 헌금 대신에 자발적인 무기명 연보를 격려하고, 군림하는 계급적 직분 대신에 함께 대등하게 섬기고 동역하는 직분자들을 세우고, 유급 직분자는 최대한 검소하게 살고, 노회나 연회는 목회 파송제와 순환제도를 적극 실천하고, 봉건 영주적 담임 목회 제도보다는 공동 목회와 공동 사역을 추구하고, 강한 자를 대접하기보다는 약한 자를 섬기는 일에 힘써야 합니다.

기독교는 단순히 자기 구원이나 자기 수양의 종교가 아닙니다. 또한 교양 있고 품위 있는 사람들만의 공동체도 아닙니다. 우리의 공예배가 어느 서부 영화에 나오는 장면처럼 반드시 멋있게 정장을 하고 엄숙해야만 하는 것은 아닙니다. 하나님께서 진정 기뻐하시는 예배는 제물을 바치고 숭배하는 구약의 수직적 예배가 아니라, 진리 안에서 친구 되신 주님과 사랑으로 교제하는 수평적 예배입니다.

따라서 신약의 예배에 '바침'을 지나치게 강조하는 삯꾼 목사들은 차라리 구약 유대교로 돌아가는 것이 나을 것입니다. 예수님께서 스스로 희생 제물이 되시었고 신도들은 이미 그 지체가 되어 신자의 삶 자체가 바침이 되었는데, 매주일 예배마다 무엇을 그리 더 바치라는 것입니까? 연보는 본래 하나님께 바치는 것이 아니라, 단지 어려운 형제와 함께 나누기 위함입니다. 하나님은 돈이 필요 없으신 분입니다.

이제 교회는 신분의 차별이나 빈부의 구별 없이 모두 사랑으로 하나 되는 담백한 공동체가 되어야 합니다. 주중에 열심히 일하다 지친 몸으로 다소 간편한 옷을 입고 교회에 나온들 좀 어떻습니까? 하나님은 우리 아버지이신데 아버지 앞에 자녀들이 항상 정장을 입어야 하나요? 아버지께서는 자녀들과 따뜻한 대화를 원하시는 것이지, 거창한 회담을 원하시는 것이 아닙니다.

교회는 모든 계층의 사람들이 쉽게 참여할 수 있도록 쓸데없이 높은 문턱을 제거해야 옳을 것입니다. 사정에 따라 허름한 작업복을 입고 오는 사람에게도 앉을 자리를 주어야 합니다. 그러니 소박한 예배보다 엄격하게 격식을 갖춘 장중한 예배가 좋은 예배라고 너무 허풍 떨지 않으면 좋겠습니다.

한국교회의 위기는 십자가 정신의 상실에 있습니다. 많은 신도가 달콤한 성장과 번영에 취해 그보다 더욱 소중한 가치들을 잃어가고 있습니다. 그래서 단순한 세속적 성취가 순결, 겸손, 섬김, 절제, 희생, 배려, 검소, 그리고 나눔을 대신하고 교회 내에서 잘나고 많이 가진 자가 대접을 받고 있습니다. 그러나 앞으로 흥해야 할 새로운 교회는 권력자와 지식인이 겸손해지고, 부자가 마음을 비우며, 가난한 자가 당당하고, 삶에 지친 사람들이 위로를 나누는 진솔한 사랑의 공동체가 되어야 합니다.

반면에 바리새인의 교회와 중세 교회는 그 큰 건물과 함께 무너져야 마땅한 교회였습니다. 성경의 참된 가르침을 대적하고 사욕에 따라 제도와 관습을 악용한 상업적 종교인이 넘치던 교회입니다. 주님은 없고 제사장, 서기관, 교황, 주교, 사제, 그리고 귀족들이 실질적인 상전 노릇을 하던 교회입니다. 그런데 유감스럽게도 오늘날 많은 교회가 그 허망하기 그지없는 세속적 복을 탐하여 거짓된 지도자들을 따르며 또 다시 그런 배도의 길을 가고 있습니다.

그러므로 우리에게 지금 이 시간이 매우 중요합니다. 바로 이 순간이 그냥 덧없이 살다가 죽을 수밖에 없었던 초라한 한 죄인이 하나님 말씀으로 변화하여 기필코 주님 십자가의 도를 따라 한번 바르게 살아 보겠다는 놀라운 결단을 하는 '진리의 순간'이 될 수 있기 때문입니다.

> "예수께서 이르시되 네가 이 큰 건물들을 보느냐? 돌 하나도 돌 위에 남지 않고 다 무너뜨려지리라 하시니라."(막 13:2)

세상을 속이는 교회

예수님이 복이다

요즘 교회에서 가장 많이 듣는 말 중의 하나가 '복'이라는 단어입니다. 그것이 세속적인 복이든 영적인 복이든 아마 복을 싫어하는 사람은 거의 없을 것입니다. 그래서인지 복이 빠진 설교가 드물고, 복이 빠진 기도가 드뭅니다. 어느 목사님은 아예 복을 입에 달고 삽니다. 입만 여시면 복입니다. 그러다 보니 예수를 믿는 것이 복인지, 복을 받기 위해 예수를 믿는 것인지 주객이 바뀌는 경우를 흔히 봅니다.

기독교 진리에 대한 오해가 시작되는 것입니다. 예수님을 믿고 하나님을 알게 된 그 자체가 가장 크고 중요한 복인데, 그것을 경시하고 더 큰 복을 받겠다고 엉뚱한 일에 분주한 분들이 많습니다. 이는 진리의 우물가에 앉아서 목이 마르다고 엉뚱한 포도주를 찾는 격입니다. 마치 우물가의 그 여인처럼 영원한 생수를 옆에 두고도 못 알아보고 계속 목말라 하는 것입니다.

더욱 큰 문제는 일부 목회자들이 신도들의 이런 기복적 욕구를 이용하여 거룩한 교회를 마치 복채를 나누어 주는 저급한 종교 장터로 만들고 있는 점입니다. 그들은 순진한 교인들을 오도하여 무속적인 성황당 신도로 만들고 있습니다.

만일 세속적인 복이 그리 중요했다면 왜 예수님이 가난한 목수의 아들로 오셨을까요? 이왕이면 로마 황제의 아들로 오셔서 요즘 일부 귀족 목사님들이 애용하시는 표현 그대로 '더 크고, 더 멋지게, 더 많이' 사역을 하실 것이지 겨우 보잘것없는 어부들 몇 명으로 세상을 바꾸려 하셨을까요?

차라리 왕자로 오셨으면 병이 든 사람들을 일일이 손수 치료할 필요 없이 전문 의원들을 대량으로 동원하여 더 많이 고칠 수 있었을 것입니다. 그리고 왕자라면 막강한 재물을 동원하여 더 많은 사람들을 구제할 수 있었을 것입니다. 또한 큰 권력을 이용하여 거대한 회당들을 짓고 더 많은 사람들이 쉽게 진리에 접근하도록 유리한 여건을 만들 수 있었을 것입니다. 그러나 예수님은 그리하지 않으셨습니다. 만왕의 왕이시지만 실제로는 구유에서 태어나 유대인의 종처럼 섬기며 살다가 마침내는 십자가를 지고 죽으셨습니다.

오늘날 "예수 믿고 세속적 복을 많이 받으라"고 설교하는 목사가 있다면 그는 예수님의 십자가 사역의 진정한 의미를 하나도 이해하지 못한 사람입니다. 성경에 '예수를 믿으면 잘 먹고 잘산다'는 말이 한 구절이라도 있습니까? 예수님의 말씀에 헌금을 잘하면 무병장수하고 부자가 되고 자손이 잘된다는 말이 있습니까? 요즘 만연하는 소위 성공주의나 성장주의는 바른 복음이 아닙니다.

그러면 신앙생활을 잘하면서도 못살고 병들고 파산하신 분들은 어찌 해석해야 하나요? 십일조를 아주 열심히 했는데도 쫄딱 망한 이야기들은 왜 거론하지 않으십니까? 또한 신앙 좋은 목사님들은 절대로 중병에 걸리면 안 되겠지요? 아울러 일본 같은 나라는 예수님을 믿는 사람이 별로 없어도 왜 우리보다 훨씬 더 잘살고 있습니까?

교회는 이제 정직해져야 합니다. 기독교 진리를 가장 왜곡하고 오도하는 곳이 바로 공교회라면 이보다 기가 막힌 일이 어디 있겠습니까? 하나님의 방법은 사람과 다릅니다. 예수님의 광야 시험이 바로 그것입니다. 사단은 권력과 명예로 일을 하라고 말합니다. 그러면 세상의 좋은 것을 다 주겠다고 말합니다. 그러나 예수님은 이를 단호히 거부하셨습니다.

그런데 많은 현대 교회들은 이런 사단의 방법을 그대로 수용하고 따르고 있습니다. 예수를 잘 믿으면 만사형통할 것이며, 오직 부흥과 성장만이 있는 것처럼 큰소리칩니다. 교회에 돈을 바치면 큰 복을 받는다고 말합니다. 하지만 이는 매우 달콤한 거짓말입니다.

그렇다면 왜 그 목회자들은 자신의 재산을 전부 다 교회에 바치지 않습니까? 열심히 바쳐서 복을 받는 것이 확실하다면 아예 전부

바쳐서 복을 곱빼기로 받으셔야지요. 왜 자신들은 뒤로 부동산을 사고 법인을 만들고 돈을 은닉합니까? 구약 십일조의 참된 정신은 '십분의 일'이란 수치에 있는 것이 아니라 '나눔'에 있건만, 일부 약삭빠른 목회자들은 더도 덜도 아닌 딱 십분의 일만 바치라고 합니다. 왜냐하면 괜히 그 이상을 더 강조했다가는 자신도 모두 다 바쳐야 하니까요. 한마디로 이들 중 상당수는 밤중에 몰래 들어와 주인 행세를 하는 고약한 도적들입니다.

우리는 교회 역사가 주는 생생한 교훈을 잊으면 안 됩니다. 교회의 권력이 비대해져 세속을 향하자 로마의 황제도 감히 대항하지 못했습니다. 신의 이름을 빌려 호령하니 감히 가로막을 자가 없었습니다. 신도들은 무지하여 알아듣지 못하는 언어로 장식된 미사에 참여하거나 경문을 반복하여 외우는 것이 신앙생활의 거의 전부였습니다. 삶의 지침이 되어야 할 성경은 오직 사제들에게만 주어졌습니다. 신도들이 성경을 직접 읽거나 해석하면 바로 이단으로 몰렸습니다.

그리고 그렇게 절대적 교권을 구축한 후 성직자들은 거의 집단적으로 부와 권력에 탐닉했습니다. 교황이 세속화하여 타락하고 추기경, 신부, 수도사, 그리고 수녀들이 줄줄이 그 뒤를 따랐습니다. 무자격한 자들이 거룩한 직분을 사유화하거나 돈으로 매매한 결과입니다. 수도원과 수녀원에서 영아들이 버려지고, 대부분의 신도들이 가난한 농노로 신음할 때 사제들은 화려한 저택에서 호의호식했습니다. 그 시대에 수많은 사람들이 매주 교회당 문턱이 닳도록 들락거렸지만 그들 중에 과연 몇이나 천국에 도착했을까요? 이것이 과거 중세 교회의 비극적 실체입니다.

중세 교회는 세상을 속이고 또한 자신을 속인 교회입니다. 세상에 복음의 바른 진리를 전하지 않고 사리사욕을 따르던 교회였습니다. 그런데 그때처럼 지금도 적지 않은 교회들이 또 다시 세상을 속이며 '다른 복음'을 전하고 있습니다.

십자가와 간판을 달았다고 다 교회가 아닙니다. 목사와 장로와 신도가 있다고 모두 바른 교회가 아닙니다. 어찌된 일인지 '병 고친다, 은사 준다, 또한 복 준다'고 하면 수천수만이 환호하며 모입니다. 반면에 바른 교회를 위한 개혁 모임에는 고작 칠팔십 명이 모입니다. 강단에서 진리가 바르게 선포되면 강 건너 불 보듯이 무심하고, 오히려 요란한 종교 쇼를 하면 쉽게 통하는 안타까운 시대가 되었습니다.

정직한 목회를 하는 교회는 십 년 동안 교인 백 명이 되기도 힘든데, 같은 지역 사기꾼 목사가 목회하는 교회는 수천 명이 되기도 합니다. 그래서 점차 바른 교회들이 소수가 되고 있습니다. 예레미야 시기처럼 참으로 슬픈 시대입니다.

신도들이 각성해야 합니다. 이젠 목사의 말을 듣지 말고, 목사의 삶을 보아야 합니다. '공금 횡령 안 했다, 성추행 안 했다, 세습 안 했다, 그리고 표절 안 했다' 이런 거짓말을 믿지 말고 그들의 삶을 보아야 합니다. 수천수만 명을 모아 놓고 설교는 청산유수인데, 뒤로는 교회 돈을 곶감처럼 빼먹으며 사치를 누리거나 간통하고 세습하는 목사들이 한두 명이 아니지 않습니까? 과연 그들의 그런 위선과 거짓이 진정으로 복된 삶의 모습입니까?

이들은 교인들을 만만하게 보고 두려워하지 않음은 물론, 하나님도 두려워하지 않습니다. 누가 그들의 간덩이를 그리 겁 없이 키워 주었습니까? 바로 그 교회에 출석하는 신도들이 아닌가요? 그래서 그런 답답한 공동체에서는 귀한 복음의 진리가 돼지우리에 던져진 진주가 되고 있습니다. 겉으로는 천사의 모습을 갖추었으나 속이 사악했던 중세 교회가 시대를 넘어 부활하여 오늘날 한국 땅에서 다시 기승을 부리고 있습니다. 과거나 지금이나 부패한 인생들의 무지와 탐욕은 별로 크게 변한 것이 없기 때문입니다.

교회는 세상을 속이지 말고 바른 복음을 전해야 합니다. 예수님은 스스로 가난하게 사셨습니다. 그것도 머리 둘 곳도 없으실 정도로 불편하게 사셨습니다. 잘 먹고 잘사는 것 그 자체가 나쁜 것은 아니나, 그것이 신도의 삶에 우선적 목적이 되거나 교회의 상습적 가르침이 된다면 이는 분명히 잘못입니다.

세속적 복은 성실하게 열심히 일하면 받을 수 있습니다. 그것은 일반 은총의 영역입니다. 그러니 부자로 장수하며 살기 위해 굳이 교회를 열심히 찾을 필요는 없습니다. 교회는 그보다 더욱 귀하고 소중한 가치를 추구하는 곳입니다.

오히려 예수님은 화평케 하는 자, 애통하는 자, 마음이 가난한 자, 그리고 의에 주리고 목마른 자에게 복이 있다고 하셨습니다. 그리고 이 말씀이야말로 바로 사도들이 목숨을 걸고 우리에게 전달해 주려고 한 바른 복음입니다.

'잘 먹고 잘사는 것'을 추구하는 것은 세속적 복리일 뿐 결코 복음이 아닙니다. 예수님이 몸소 가난한 목수의 아들로 오신 이유는 부나 권력 따위가 감히 신령한 복이 아님을 분명히 말해 줍니다. 그리고 우리는 그런 예수님과의 만남이 가장 큰 복임을 결코 잊어서는 안 될 것입니다.

> “우리나 혹은 하늘로부터 온 천사라도 우리가 너희에게 전한 복음 외에 다른 복음을 전하면 저주를 받을지어다.”(갈 1:8)

'유사 교회'와 종교 상인들

주류 교회의 변절

'유사 교회(Pseudo Church)'란 겉모양은 보편적인 교회의 모습인데 그 내용에 있어서 '교회의 본질'을 크게 벗어난 교회를 의미합니다. 대부분의 경우 교회의 머리가 그리스도라고 주장하지만, 실제로는 특정 직분자들이 예수의 이름을 팔아 신도들을 모으고 이들을 우민화하거나 기복화하여 교회를 사유화한 경우를 말합니다.

어느 시대건 이처럼 종교라는 신성한 이미지를 이용하여 성직자란 허울을 쓰고 자신의 배를 채우는 사람들이 항상 있었습니다. 흔히 말하는 이단이나 사이비 교회가 일차적으로 이에 해당됩니다.

그런데 이보다 더욱 심각한 것은 소위 정통이라고 하는 교단에 소속된 일부 교회들도 이런 사악한 대열에 점차 합류하고 있다는 점입니다. 유사 교회 역시 잘 알려진 대형 교단에 속해 있을 수 있고, 번듯한 교회당이 있고, 목사와 장로가 있고, 당회와 제직회 등 그 직분과 조직에 있어 외형상 흠을 잡을 수 없는 정상적인 모습을 갖추고 있습니다. 적어도 겉으로는 있을 것이 다 있다는 것이지요.

그래서 일반인들은 진짜 교회와 가짜 교회를 구분하기가 그리 쉽지 않습니다. 오히려 유사 교회일수록 더욱 정통인 양 위장하기 때문에 보통의 교회들보다 더 겉치장에 열을 올립니다. 그래서 선교나 사회봉사 그리고 구제 등에도 좋은 모습을 보이려고 더욱 애씁니다.

교회론 왜곡

당연히 담임목사의 설교도 유창합니다. 그리고 그 상당 부분은 나름 성경적이고 옳은 내용입니다. 문제는 결정적인 부분에서 진실을 숨기거나 왜곡한다는 데에 있습니다.

이단이 아닌 경우라면 그래도 비교적 구원론은 잘 가르칩니다. 예수님을 구주로 영접해야 천국 백성이 된다고 가르칩니다. 일단 구원론을 확실히 해야 종교 상인들이 성직자 행세를 하며 신도들을 휘어잡을 수 있기 때문입니다. 아울러 성경 공부나 제자 훈련도 열심히 합니다. '종교라는 틀' 속에 신도들을 잘 가둘수록 자신들의 힘과 이익이 확대됨을 잘 알고 있습니다.

반면에 유사 교회가 가장 엉터리로 가르치는 것 중의 하나가 바로 '교회론' 입니다. 왜냐하면 거기에는 자신들의 '세속적 이권' 이 크게 걸려 있기 때문입니다. 이들은 암묵적으로 직분을 수직화하고 계급화합니다. 즉 '성직자' 와 '평신도' 라는 차별적 구분입니다. 자신들은 구약 제사장 같은 성직자고 나머지 교인들은 모두 이들의 지시에 순종해야 하는 평신도라는 것입니다. 이렇게 교회론을 왜곡하는 이유는 단순합니다. 일단 교회를 권위주의적인 수직 구조로 체계화한 후 거기에서 사익을 최대로 취하기 위함입니다.

그러나 이런 이분법은 감히 예수님의 제자들조차 시도하지 않은 매우 반기독교적인 작태입니다. 사도들의 가르침처럼 모든 신자들은 다 '왕 같은 제사장' 의 대등한 신분입니다. 그 직분이 목사든 장로든 집사든 또는 교회학교 교사든 그것은 단지 사역의 구분을 의미할 뿐입니다. 따라서 어느 목사라도 자신이 다른 교인들보다 특별히 우월하거나 높은 직분처럼 처신한다면, 그는 이미 사이비의 문지방을 넘고 있다고 보셔도 무방합니다.

교회의 세력화, 권력화, 그리고 사유화가 종교 상인들의 궁극적인 목표임은 잘 알려져 있습니다. 그래서 '성전 건축' 이라는 기만적 명분으로 신도들에게 가시적인 '건물 신앙' 을 부추깁니다. 일단 무리해서라도 교회당을 크게 지으면 신도가 늘고 교세가 크게 확장되는 것이 일반적인 추세기 때문입니다. 목사 개인의 야망과 탐심을 '성전 건축' 이라는 미명하에 숨기고 아주 당당히 강력하게 추진할 수 있는 것입니다. 많은 유사 교회들은 이런 수법으로 세계 교회사에 보기 드문 외적 성장을 단기간에 이루어냈습니다.

거짓 목사와 우민화한 신도

그런데 이처럼 유사 교회가 증식될 수 있는 원인은 어디에 있을까요? 다른 요인들도 있겠으나 크게 두 가지로 요약할 수 있습니다. 첫째는 많은 신도가 세속적 복을 갈망하며 마치 미신이나 무당을 의지하듯 교회당을 찾고 있기 때문입니다. 기독교를 진리로 이해하는 것이 아니라, 단순히 의지하고 믿을 만한 종교로 보는 것이지요. 그래서 많은 경우 스스로 땀 흘려 일해서 보답을 받는 것으로 만족하지 못하고, 덤으로 종교적인 힘에 기대어 세상에서 좀 더 부요하고 평탄하게 살기를 기원합니다. 그 동기가 전통적인 원시 무속 신앙과 크게 다르지 않습니다.

물론 이는 복음을 크게 오해하는 것입니다. 예수님의 제자들이 목숨을 걸고 전해 준 복음은 그런 수준의 것이 결코 아니지요. '예수님을 믿으면 잘 먹고 잘산다'는 그런 어린애 사탕발림 같은 유치한 보장은 성경 어디에도 없습니다. 오히려 예수님께서는 "네게 있는 것을 다 팔아 가난한 자들에게 나눠 주라"고 하셨습니다. 제자들 역시 대부분 가난하게 고생하며 살다가 순교를 했습니다.

둘째 원인은 바로 이런 기복적 욕구를 악용하는 종교 상인들에게 있습니다. 이들은 목사 가운을 입고 성경을 입에 달고 설교하고 있지만 실상은 바리새인들보다 더 가증한 사람들입니다. 진실한 목회자는 성경 한 구절이라도 더 잘 지키기 위해 모든 수고와 희생을 감수합니다. 때로는 생명까지 바칩니다. 반면에 이 종교 상인들은 입에 가시가 돋을 정도로 늘 성경을 노래하지만 실제로는 결코 성경대로 살지 않는 사람들입니다. '십자가의 도'를 진실하게 따르지 않는 자들입니다.

결국 유사 교회의 두 축은 '거짓 목사'와 '우민화한 신도'로 요약할 수 있습니다. 즉 가르치는 자나 배우는 자 모두가 합심하여 예수님과는 상관없는 엉뚱한 종교 놀음을 하고 있는 것이지요. 그러니 갈수록 가관이 됩니다. 일단 이 둘이 적당히 조합하게 되면 저절로 유사 교회로 변질하게 되어 있습니다. 그리고 그런 교회에서는 필연적으로 경건을 가장한 종교적 압제와 착취가 은밀하게 작동하게 됩니다.

종교 상인들은 십일조와 수십 종의 헌금을 강요하여 부를 축적하고 나중에 갖은 명분을 만들어 결국 이 돈을 자신들의 주머니에 채웁니다. 겉으로는 성전 건축과 전도와 선교와 구제를 부르짖지만 이는 신도들의 신앙심을 자극하여 헌금을 더 짜내기 위한 기만적 전술일 뿐입니다.

유사 교회를 판별하려면

그런데 유사 교회가 아무리 진짜 교회처럼 위장하고 연기해도 이를 판별하는 방법이 전혀 없는 것은 아닙니다. 종교 상인들의 본래 목적을 조금 생각해 보면 그 실마리가 보입니다. 이들은 기독교 진리를 '종교화'하여 신도들을 종교라는 초법적 울타리에 가두고 이를 이용하여 돈을 갈취합니다.

따라서 많은 경우 '헌금을 어떻게 걷고 또한 어떻게 쓰는가' 하는 것만 잘 관찰해도 유사 교회 여부를 어렵지 않게 판단할 수 있습니다. 그리고 진짜 목사인지 짝퉁 목사인지 알 수 있습니다.

어떤 목회자가 아무리 설교를 잘하고, 은사가 뛰어나고, 병을 잘 고치고, 선교를 잘하고, 그리고 교회를 크게 성장시키더라도 그것만으로 그를 섣불리 판단하지 마시기 바랍니다. 그 정도는 뛰어난 종교 상인들의 기본적인 필수 스펙이기 때문입니다. 가장 중요한 사항은 그 목사가 정말 제자 된 삶을 실천하고 십자가의 길을 따르고 있는가 하는 점입니다.

이 점은 사실 종교 상인들 스스로도 매우 고민하고 있는 부분입니다. 그들도 자신들이 호의호식하며 사는 것이 떳떳하지 못함을 잘 알기 때문입니다. 그래서 겨우 둘러대는 궁색한 변명이 하나님께서 복을 주셔서 잘사는 것처럼 말하거나, 아니면 재산을 가족이나 친인척 명의로 부지런히 숨깁니다.

하여튼 이런 불순한 의도로 교회 재정을 공개 안 하거나 교회 장부를 숨기는 교회가 있다면 유사 교회로의 가능성을 우선적으로 의심하셔도 좋을 것입니다. 돈에 깨끗하지 못한 목회자치고 바른 목회자를 본 기억이 없으니까요. 따라서 돈주머니를 회개하지 않는 목회자는 절대로 믿지 마십시오. 변절한 목회자들 대부분의 업보는 '돈' 아니면 '이성 문제' 입니다.

성전을 헐라

유사 교회는 진리를 떠난 교회입니다. 예수님 당시의 유대교가 그러했습니다. 율법의 정신인 '하나님 사랑과 이웃 사랑'은 외면한 채, 백성들에게 율법의 짐만을 무자비하게 강요하던 교회였습니다. 오죽하면 예수님께서 '그들은 과부의 가산을 삼키는 자'라고 하셨을까요?

그런데 지금 한국교회는 어떻습니까? 교회가 가난한 이들을 제대로 돕던가요? 교회가 압제받는 사람들과 함께 고난을 받습니까? 교회가 공의를 실천하고 있습니까? 아니면 교회가 도리어 사회의 손가락질을 받으며 권력자와 부자의 편에 서서 함께 성찬을 나누고 있습니까?

중세 교회는 주류 교회가 통째로 부패하여 유사 교회의 수준에 이른 경우입니다. 극히 일부의 교회나 사제가 예외일 수는 있겠지만, 전체적으로 볼 때 그 견고한 부패 구조 속에서 진리에 도달한 이들이 과연 몇이나 있었을까요? 그런데 그런 어두운 시대가 앞으로 다시는 없을 것이라고 누가 장담하겠습니까?

지금은 영적으로 어려운 시기입니다. 성도들이 각성해야 합니다. 그렇지 않다면, 다시 중세 시대처럼 유사 교회가 주류가 되어 그들이 노회나 연회의 수장이 되고, 기독교 연합 단체의 요직을 차지하고, 또한 그들이 '대통령 조찬 기도회'를 주관하는 불행한 시대가 올 수 있습니다. 아니 우리는 이미 그런 전조를 충분히 맛보고 있습니다. 최근 기독교대한감리회 감독회장 선거를 보십시오. 성직을 돈으로 사고파는 일이 중세 시대만의 전유물이 아님을 아주 잘 보여주고 있습니다.

우리 교단은 그래도 좀 낫다고 생각하시는 분들이 계실지 모르겠습니다만, 아마 지각이 있는 분이라면 그것도 결국 도토리 키 재기라는 것을 본인도 잘 아실 것입니다. 아직도 주변에 신실하신 목회자들이 많고 또한 제자도를 따르려는 바른 교회가 분명히 많이 있습니다만, 그것이 갈수록 천연기념물 보기만큼이나 어려워지고 있는 것을 인정해야 합니다.

예수님께서는 유대인들이 그토록 자랑하던 "이 성전을 헐라"고 하셨습니다. 이는 율법의 정신은 따르지 않고 율법 조항만을 문자적으로 따르는 '율법 신앙'과 '건물 신앙'에 빠져 잘못된 길을 가고 있던 유대 교회에 대한 선전포고였습니다. 그리고 예수님께서 다시 일으키시려던 성전은 결코 요즘 흔히 보는 그런 거대한 콘크리트 덩어리 따위가 아닙니다. 그것은 바로 예수님의 지체인 교인들이 모인 신약 교회입니다.

이런 맥락에서 볼 때 한국교회도 이제는 그릇된 성전 신앙을 헐어야 합니다. 왜곡된 교회론을 허물고 바른 교회론을 정립해야 합니다.

성도 중심 교회

특정 직분이 교회 운영을 과도하게 주도하는 '목사 중심' 교회를 극복하고, 그리스도의 지체인 모든 직분자들이 대등하게 동역하는 '성도 중심'의 바른 교회를 이루어야 합니다. 지역 교회들은 큰 교회당으로 위세 부리려 하지 말고 유대교적 의미의 건물 성전을 헐어야 합니다. 참된 성전은 부활하신 주님의 몸이며, 또한 그분의 지체가 된 성도들이기 때문입니다. 교회는 건물이 아니라 성도들이 교회입니다.

그래서 앞으로 이 땅에 다시는 유사 기독교, 유사 복음, 그리고 유사 기독교인이 없도록 노력해야 합니다. 종교 상인이 독주하고 맹신도가 화답하는 교회는 참된 교회가 아니라, 거짓과 짝퉁이 좌판을 깔고 설치는 유사 교회입니다.

어느 분의 지적처럼 "이스라엘은 웅장한 석조 성전보다 천막에서 더 신실했다. 이스라엘은 몇 십 년씩 걸려서 건설한 거대한 예루살렘 석조 성전보다 광야의 보잘것없는 먼지투성이 천막 앞에 엎드렸을 때 훨씬 더 하나님을 전심전력으로 섬기고 예배했다"는 점을 잊어선 안 될 것입니다.

세상에는 두 종류의 교회가 있습니다. 진짜 교회가 있고, 이를 불법 복사한 유사 교회가 있습니다. 지금 여러분이 출석하시는 교회는 과연 어떤 모습의 교회입니까?

"성전에 들어가사 장사하는 자들을 내쫓으시며."(눅 19:45)

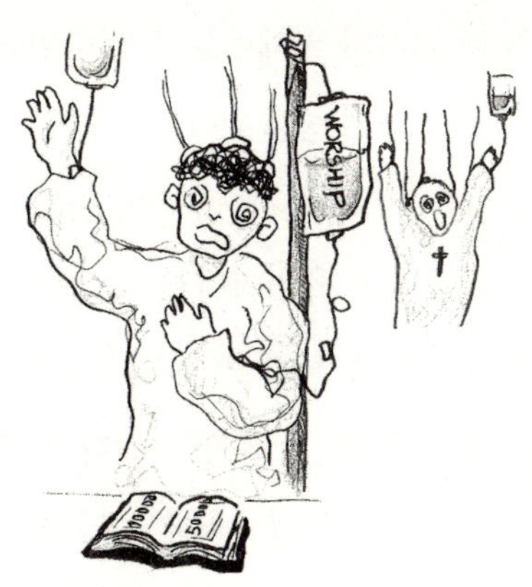

예배의 변질과 예배 중독

예배는 무당굿이 아니다

한국의 교인들은 지금 예배와 집회의 홍수 시대에 살고 있습니다. 세계 유일의 새벽 기도회를 선두로 하여 주일 대예배, 저녁 예배, 수요 예배, 금요 기도회, 찬양 예배, 그리고 구역 예배 등 한 주간 내내 집회가 있습니다. 그 외에도 추가로 정기적인 부흥회, 신앙 강좌, 그리고 특별 집회가 수시로 열립니다. 그 덕분에 전 세계에서 예배가 가장 많은 교회가 한국교회입니다.

교회생활이 예배를 중심으로 하여 이루어지는 것은 매우 자연스러운 일입니다. 성도들이 정기적으로 모이는 가장 큰 이유가 예배니까요. 그러나 가정생활, 직장생활, 학교생활, 기타 나머지 사회 활동의 영역마저 모두 교회의 공예배들로 인하여 시간적 또는 공간적으로 제한을 받고 과도하게 종속된다면 이는 심각한 신앙적 불균형을 초래합니다.

예배가 매우 중요하고 유익하다는 데에는 이견이 없을 것입니다. 이렇게 교회 내에 각종 예배와 프로그램들이 범람하지만 정작 신도들의 삶은 어떠한가요? 음식이란 귀하고 좋은 것이지만 이를 너무 과식하거나 잘못 먹으면 급체 또는 식중독이 됩니다. 마찬가지로 교회가 예배를 바르게 시행하고 적용하지 못하면 신도들은 심각한 '예배 중독'에 빠질 수 있습니다.

더구나 그 많은 예배에도 불구하고 한국교회가 '개신교 역사상 가장 부패한 교회'라는 오명을 듣고 있는 이유는 무엇일까요? 이런 현실이 우리의 예배 생활과 전혀 무관할까요?

삶을 변화시키지 못하는 예배

어떤 경우는 수십 년 동안 교회를 다녀도 삶이 별로 바뀌지 않습니다. 예수님을 따른다고 하면서 여전히 가정에서 짜증내고, 직장에서 이기적이고, 모임에서 험담하고, 사업에서 부정을 행하고, 어려운 친척에게 무심하고, 그리고 가난한 이웃에게 박정합니다.

예수 믿고 다소 나아지기는 했지만 아직도 인색하고, 옹졸하고, 잘난 척하고, 다투고, 시기하고, 공의에 무감각하고, 기복적이고, 미신적이고, 그리고 주는 것보다 받기를 좋아합니다.

일 년 내내 각종 예배를 통하여 매주 설교를 듣고, 기도를 많이 하고, 그리고 찬양도 많이 하는데 이처럼 삶은 쉽게 변하지 않습니다. 성경을 줄줄 외우고 통성기도 또한 요란하건만 실제 생활에서는 자비와 경건이 아직도 멀기만 합니다.

그래서 묻고 싶습니다. 왜 공예배에 그토록 열심히 참여하십니까? 진정 하나님께 영광을 돌리고 경배하기 위함입니까? 그렇다면 아직도 삶과 동떨어진 경배를 주님이 기뻐하신다고 생각하십니까? 아니면 이번에도 또 무당굿처럼 '복을 받기 위해서'라고 대답하시려는지요?

우리의 예배가 삶에 참된 변화를 주지 못한다면 그것은 분명히 잘못된 예배입니다. 자신은 요지부동으로 변화를 거부하면서 하나님이 해결해 주시기를 기도하는 것은 그저 욕심일 뿐입니다. 내 속 사람과 탐욕은 그대로 둔 채 내 의도대로 하나님을 움직이려 하는 것이 문제입니다.

바른 예배는 바른 실천이 동반된 예배입니다. 그래서 힘이 들어도 내 뜻보다는 아버지의 뜻을 따르겠다는 깊은 자각이 필요합니다. 그런 진지한 각오와 결연한 마음 없이 만날 신발이 닳도록 예배당 문턱을 밟아 봐야 무슨 변화가 있을까요? 성도들은 세상을 바꾸려 하기 전에 자신을 먼저 바꾸어야 합니다.

그런데 지금 한국교회는 자신을 바꾸는 일에서부터 실패하고 있습니다. 그리고는 온갖 좋은 말을 늘어놓으며 세상을 바꾸겠다고 허세를 부리고 있습니다. 그러니 바른 예배가 될 리가 없습니다. 한

마디로 말해서 기본이 안 된 것입니다.

교회의 직분자들이 사치, 공금 횡령, 뇌물 수수, 성직 매매, 패거리 작당, 교권 남용, 성추행, 세습, 그리고 교회 사유화 등 갖은 악행을 고치지 않으면서 무엇을 바꾸고 누구를 변화시키겠다는 것인지 정말 무책임하고 몰염치한 현실입니다.

최근에 어떤 분이 한국교회의 총체적 부패를 보며 '신학의 부재가 심각한 문제'라고 지적을 하셨더군요. 그 말씀이 별로 틀린 것은 아니지만 필자가 보기에는 그런 표현조차 큰 사치로 들립니다.

한국교회의 위기는 고난도의 신학적 지식 결여에서 오는 것이 아니라, 매우 기본적인 기초 상식의 결여에 기인합니다. 그런 상식의 회복 없이 아무리 신학자들과 전문가들이 모여 세미나하고 토론하고 논문을 많이 써 봐야 말짱 헛수고지요.

한국교회 문제의 핵심에는 인간의 기본적인 상식과 최소한의 양심마저 무시하고 불의한 교권을 휘두르고 있는 거짓된 종교 지도자들이 있습니다. 가장 타락한 무리들이 가장 경건한 척 성직으로 위장하여 신도들을 속이고, 세상을 속이고, 그리고 진리를 대적하고 있습니다.

예배의 변질

이들에게 예배는 하나의 공연 무대에 불과합니다. 유창한 설교와 멋진 기도로 신도들의 마음을 훔치고 자신을 하나님의 사자처럼 돋보이게 하려 애씁니다. 그래서 이방신의 거대한 사원처럼 시각적으로 크고 수려한 예배당이 필요하고, 엄숙한 의식이 필요하고, 고가의 전자 악기가 필요하고, 그리고 신도들의 감각을 자극할 '언어의 유희'가 필요합니다.

가장 성경적이어야 할 설교에는 권위주의적 위세와 달콤한 기만이 난무합니다. '하나님 말씀'을 잘 전하라고 했더니 엉뚱하게 '목사님 말씀'을 열심히 전하고 있는 것입니다.

설교 표절과 짜깁기가 만연하고 마무리 기도도 그냥은 못 합니다. 감미로운 음악을 깔고 사전에 고심하여 준비한 기도문을 변사처럼 애절한 목소리로 읽으며 미사여구를 늘어놓습니다. 혹시 한 글자라도 잘못 읽으면 망신이니 노심초사하며 조심조심 읽습니다. 그래도 간혹 오인 낭독을 하게 되면 그런 날은 정말 신성한 목사님의 스타일을 사정없이 구긴 고약한 날이 됩니다.

하여튼 이래도 감히 은혜를 안 받으면 그 교인은 정말 경우를 모르는 사람입니다. '주의 종'께서 이렇게 수고하시는데 어찌 은혜를 안 받고 배기겠습니까? 그래서 결국 순진한 신도들은 별 수 없이 그 은혜라는 것을 받게 됩니다.

그리고 그 덕분에 거룩하신 담임목사님의 교회는 또 예수님의 이름을 팔아 돈을 더 많이 걷고, 건물을 확장하고, 교인 수를 늘리고, 그리고 다시 대형화를 향해 힘차게 전진합니다. 이런 교회에서 은혜는 하나님께서 주시는 것이 아닙니다. 마치 작두에 맨발로 선 무당처럼 홀로 북 치고 장구 치며 수고하시는 주의 종께서 주십니다.

그런데 이런 부끄러운 이야기를 좀 하면 "그건 극히 일부의 이야기"라며 반발하는 분들이 반드시 있습니다. 침소봉대하지 말라는 것입니다. 또한 이왕이면 부정적인 것 말고 아름답고 듣기 좋은 얘기만 하라고 합니다. 그리고는 교회의 회복이나 갱신을 언급하는 사람들을 모두 불평주의자로 몰아 버립니다.

그래서 그런 너그럽고 고상한 분들께 말씀드립니다. 우리 마을의 공동 우물에 개똥이 한 조각 떠 있습니다. 그러면 뭐 그까짓 거 오직 한 조각뿐이니 괜찮다고 그냥 두시는지요? 그리고 지금 한국교회의 현실이 정말 단지 한 조각 정도라고 보십니까? 또는 단지 일부의 문제이니 아예 전부가 썩어 문드러질 때까지 기다리며 구경을 하자는 것인지요?

성도들의 깊은 각성이 필요합니다. 은혜가 도대체 무엇입니까? 하나님은 교회에만 계신 것이 아니신데 유독 공예배를 지나치게 신성시하는 분들이 많습니다.

그래서 주일날 아침 하나님을 만나러 간다고 정장을 빛나게 차려 입고 미리 은혜 받을 준비를 단단히 하고 교회에 갑니다. 무슨 이유인지는 몰라도 평상시 가정에서는 하나님을 만나시기 힘든 모양입니다. 하여튼 그리고는 마음을 단정히 하고 예배의 벅찬 감동과 감격이 내리기를 간절히 사모합니다.

물론 이런 자세가 아름답게 보일 수 있지만 이것이 지나치게 되면 목회자나 분위기에 의존하는 신앙에 빠지기 쉽고, 또한 바른 지식보다는 감정에 좌우되는 불균형이 문제가 됩니다. 찬양만 열심히 해도 가슴이 뜨거워질 수 있지만, 그것이 은혜의 중심이 되면 문제가 됩니다. 신자들은 생각을 좀 하면서 살아야 합니다. 머리가 빈 뜨거운 가슴은 언제나 맹신에 빠지기 쉽기 때문입니다.

아울러 자신이 예수 믿고 교회에 다니면서 세상적으로 성공하여 남들보다 잘살거나 다소 앞서 있으면 그것을 매우 중요한 신앙의 승리로 간주하는 '성공주의'나 '번영주의' 또한 예배를 기복적으로 변질시키는 데에 큰 기여를 하고 있습니다.

일부 교권주의 목회자들은 성도들의 순진한 욕구를 이용하여 이들의 삶을 교회에 가두고 가급적이면 '교회 중심 생활'을 하도록 우선적으로 강조합니다. 그래서 세상 속에서 빛과 소금이 되는 '성숙한 신자'는 되지 못하고, 그저 교회 일에만 몰두하는 '충성된 교인'이 되도록 유도합니다.

물론 이는 귀족 목사님들의 철밥통을 금칠하는 데에 매우 큰 도움이 되고 있습니다. 그리고 외국에 비해 한국교회에 기형적으로 예배나 집회가 많은 것이 이런 현실과 결코 무관하지 않습니다.

제사보다 자비를 원하시는 하나님

그런데 예배란 무엇입니까? 교인들이 모여 설교를 듣고, 기도하고, 찬양하고, 그리고 헌금하면 다 좋은 예배일까요? 그렇다면 왜 하나님께서는 "나는 자비를 원하고 제사를 원하지 아니하노라"고 하셨을까요? 주님께서는 우리의 예배 역시 원하지 않으실 수 있다는 사실을 두려워해야 합니다.

하나님은 피를 좋아하셔서 제사를 원하시고, 돈이 부족해서 제물을 원하시는 분이 아닙니다. 마찬가지로 주님께서 예배보다 더욱 원하시는 것은 하나님 사랑과 이웃 사랑을 실천하는 '제자다운 삶' 입니다. 그래서 예배가 귀하고 좋은 것이기는 하지만 성도의 삶을 통한 사역보다 예배를 우선시하는 '예배 제일주의' 나 '예배 만능주의' 는 매우 위험한 사상입니다.

하나님께서는 공예배를 기뻐하십니다. 그러나 공예배는 단지 예배의 극히 일부분임을 알아야 합니다. 그것보다 더욱 중요한 것은 성도의 삶이 예배가 되는 것입니다. 단순히 교회에 자주 모이는 것보다 더욱 중요한 것은 세상에 나가 바르게 사는 것입니다. 성도 자신이 예수님처럼 제물이 되어 세상 속에서 자신을 희생하고 사랑하며 사는 것이야말로 진정한 '예배의 완성' 이기 때문입니다.

과연 사도들의 초기 교회에 현재처럼 번잡하게 많은 공예배와 집회가 있었을까요? 지금 서구 많은 나라들에서는 '작은 정부' 를 추구해야 한다는 목소리가 있습니다. 정부가 너무 많은 일을 벌여 필요 이상으로 비대해져서 권력을 남용하며 비효율화하고 민간에서 해야 할 것까지 삼키고 있기 때문입니다.

마찬가지로 유형 교회 역시 그 활동을 적절히 절제하며 '작은 교회' 를 추구할 필요가 있습니다. 성도의 삶이 단순히 교회 활동에만 그치는 것이 아니니까요. 따라서 교회는 신도들이 인생의 모든 영역에서 밀알이 되어 제자다운 삶을 살도록 도와주어야 합니다. 이와 반대로 교회생활만 중시하도록 유도하는 것은 주로 이단이나 사이비가 애용하는 수법입니다.

'모이기를 힘쓰라' 는 말씀을 단순히 '자주 모이라' 또는 '많이 모이라' 로 오해하지 마십시오. 성도들은 성속을 차별하던 중세적 '교회 중심주의' 나 '예배 중심주의' 의 함정을 조심해야 합니다.

특히 가난한 이웃의 눈물을 먼저 돌보아야 할 소중한 헌금으로 바벨탑같이 높은 초대형 건물을 지어 맹신도들을 유혹하고 '거룩한 성전' 이라 기만하며 희희낙락하는 자들은 예배의 참된 의미를 전혀 모르는 사람들입니다. 예수님의 십자가의 도를 따르는 삶으로 예배하는 성도라면 결코 그런 허욕, 허망, 그리고 허세를 추구하지 않을 것이기 때문입니다.

한국교회는 세계 어느 나라 교회보다 큰 예배당들을 많이 짓고 빈번하게 예배를 많이 하지만, 정작 주님께서 기뻐 받으실 만한 삶으로 그 예배를 완성시키는 일에서는 왜 결정적으로 큰 실패를 하고 있는지 깊이 반성해야 합니다.

예배의 무속화와 기복화

이제 우리는 예배에 대해 더욱 성숙한 인식이 필요하다고 생각합니다. 예배는 구약의 제사가 아닙니다. 제물이나 돈을 바치고 죄사함을 받고 복을 구하는 의식이 아니라는 것입니다. 그러니 제사처럼 너무 바침을 강조하지 말라는 뜻입니다.

성전 제사는 이미 어린양 예수님께서 제물이 되어 다 이루셨습니다. 그런데 오늘날 교회는 허구한 날 모일 때마다 무당굿처럼 뭘 그리 더 바치라고 요구하는 것인지요? 하여튼 돈을 안 걷는 굿을 보신 적이 있습니까? 반면에 사도들의 초기 예배에는 아예 '헌금 순서'라는 것 자체가 없었습니다. 현대 개신교의 예배에 헌금 순서를 슬그머니 삽입한 것은 도대체 누구의 작품인지 모르겠습니다.

그리고 하나님께서는 사람이 지은 성전이나 교회당에만 임재하고 계시는 것이 아닙니다. 또는 주일에만 함께하시고 평일에는 외출하시는 것이 아닙니다. 항상 성도와 함께하십니다. 그러니 마치 예배 중에만 주님께서 임재하시는 것처럼 너무 호들갑을 떨지 말자는 것입니다.

또한 예배 시 개신교 목사가 무당이나 사제같이 권위적인 긴 옷을 입고 제사의 '제주'처럼 행세하는 것은 성경적 근거가 전혀 없는 잘못된 일입니다. 이런 제사장적 처신은 암묵적으로 목사직을 다른 직분들보다 특권화하여 결국 목사가 신도들 위에 군림하게 만드는 매우 미신적 요인이 되고 있습니다.

따라서 예배를 제사처럼 의식화하거나 너무 성스럽게 미화하지 말기 바랍니다. 예배는 굿이나 제사가 아닙니다. 교회당은 성전이 아니고, 교회 부지는 성지가 아니고, 강단은 제단이 아니고, 그리고 설교하는 목사는 결코 제사장의 직분이 아닙니다. 그런 무속적 행위들은 부패한 중세 교회에서 이미 오래전에 끝장냈어야 할 미신적인 작태입니다.

또한 예배를 인위적으로 무슨 은혜를 나눠 주는 종교적 이벤트나 공연으로 격하시켜도 곤란합니다. 일부 목회자들은 복되고 은혜로운 예배를 보여 주겠다고 갖은 '감각적 수단'을 동원하며 인위적으로 힘쓰는 경우가 많은데 이는 진심으로 말리고 싶은 일입니다.

아무리 아름다운 음악을 깔고, 아무리 장엄한 의식을 펼치고, 그리고 아무리 거룩한 목소리로 설교와 기도를 잘 해도 그 속에 신령과 진리가 없다면 이는 단지 무속적인 굿거리장단이 될 뿐입니다.

하나님은 우리 아버지이십니다. 여러분은 아버지를 만날 때 항상 정장을 하십니까? 아버지와 매주 무슨 공식적인 회담이라도 하시려는지요? 진바지를 입거나 운동화를 신고 만나면 아버지가 언제 박대하시던가요? 그리고 아버지가 자녀들에게 만날 때마다 돈을 요구하시던가요?

공예배를 무속화하거나 기복화하는 것은 교회를 병들게 하는 중대한 범죄 행위입니다. 목회자를 사제화하여 '목사 중심 예배'를 유도하는 것 역시 마찬가지입니다. 은혜는 목사가 아니라 하나님께서 주시는 것입니다. 예배나 설교가 스스로 은혜를 만드는 것이 아닙니다. 무당처럼 지성을 드려 은혜를 받는 것이 예배가 아니라, 아버지의 말씀을 듣고 순종하고자 예배에 참여하는 것이 이미 큰 은혜입니다.

그리고 하나님의 은혜는 공교회의 전유물이 결코 아닙니다. 가난하고 겸비한 마음으로 성경을 읽으며 주님께 나아가기만 한다면 가정에서, 직장에서, 사업장에서, 산에서, 빈들에서, 또는 어두운 예배당 구석이나 골방 그 어디서든 은혜를 받을 수 있습니다.

아울러 목이나 손바닥이 좀 뜨거워졌다고 은혜로 착각하지 마십시오. 감정으로 얻어진 뜨거움은 결국 감정과 함께 바람처럼 사라지는 법입니다. 그런 정도는 맹신도들도 즐기는 은혜입니다.

진리로 사는 것이 예배

예배는 이벤트가 아닙니다. 그런데 거기에 무슨 군더더기를 잔뜩 발라서 한 주일에도 몇 번씩 모일 때마다 돈을 걷고 음악으로 장식한 기도와 느끼한 화술로 쇼를 공연하고 있습니까? 이런 것들은 은혜라는 가명으로 예배 속에 위장된 교권주의자들의 치졸한 꼼수일 뿐입니다.

예배에 참석하여 은혜를 사모하는 것은 귀한 일입니다. 그러나 성도에게 가장 큰 은혜는 어떻게 해서라도 예수님의 제자 된 삶을 한번 바르게 살아보겠노라고 불의와 헛된 욕심에 굴복하지 않고 끝까지 '십자가의 도'를 따르려는 단호한 결단을 성실히 실천하는 것임을 알아야 합니다.

혹시 우리는 삶은 변화시키지 못하고 감성적으로 제사화하고 기복화한 예배를 관습적으로 반복하고 평생 교회당만 오락가락하며 세월을 허비하는 '예배 중독자'들이 되어 버린 것은 아닌지요.

공예배는 가족 모임입니다. 믿음의 공동체가 아버지와 교제하는 시간입니다. 아버지와 함께 자녀들이 스스럼없이 대화하고 사랑을 나누는 것으로 족합니다. 처음엔 주로 가정에서 모였던 초대교회 사도들의 무공해 예배를 생각해 보십시오. 겉치장에 분주하거나 의식과 건물의 허세가 없는 소박하고 진솔한 예배가 좋은 예배입니다.

무엇보다도 성도에게는 삶이 예배입니다. 삶이 제사입니다. 진리 안에서 사는 것이 진정한 예배입니다. 그러므로 교회당에서 우리의 예배가 끝나는 것이 아닙니다. 어느 때 어느 곳에 있든 지금 자신이 서 있는 그 장소가 언제나 경건한 삶으로 수행하는 생생한 예배의 현장이기 때문입니다.

"나는 자비를 원하고 제사를 원하지 아니하노라."(마 12:7)

4.

오 마이 갓(Oh my God!)

주교님, 하나님을 두려워하십시오

프리티맨 탐라인 주교님께,
주교님, 저는 이미 한쪽 발을 무덤 속에 들여 놓은 반송장과 같은 사람입니다. 인간적으로 말하면, 이제 제 나이 90 가까이 되었으니, 세상에서 고생하며 살지 않아도 될 나이입니다. 하지만 주교님께 이 그리스도의 사랑의 책임을 다하지 않고는 편히 눈을 감을 수 없을 것입니다. 체면불구하고 쓰고 있는 것은 저는 주교님이나 살아있는 그 누구도 두려워하거나 바랄 것이 없기 때문입니다. 주교님이나 저나 얼마 안 있어 하나님 앞에 서야 할 것입니다. 바로 그 하나님의 이름과 임재 안에서 묻습니다. 나라 안에서 잠잠하게 있는 사람들을 왜 괴롭히십니까? 그들은 하나님을 두려워하며 옳은 일을 하고 있지 않습니까? 주교님께서는 메소디스트가 무엇인지 알고 계십니까?
그들 중 수천 명은 열렬한 영국 국교회 교인이며 국왕 전하뿐만 아니라 그의 교권에 적극 충성을 보이고 있다는 것을 모르십니까? 무슨 이유로 주교님께서는 신앙은 문제 삼지도 않으시고 그와 같은 올바른 사람들을 추방시키려고 하십니까? 그들의 종교적인 감정 때문입니까? 주교님! 지금이 양심대로 했다고 목을 자르는 시대입니까?
주교님! 마땅히 하셔야 할 일을 하시길 바랍니다. 당신은 지각 있는 분입니다. 학식 있는 분입니다. 게다가 경건한 분(이보다 더 가치 있는 것이 또 있겠습니까?)이라고 믿고 있습니다. 심사숙고하시기 바랍니다. 하나님께서 당신께 지극한 축복을 내려 주시길 기도합니다.

1790. 3 _존 웨슬리의 편지

돈을 바치면 복 받는다는 목사님들

세속적 복에 명운을 건 한국교회

모든 부패한 종교의 공통적이며 상습적인 거짓말이 하나 있습니다. 바로 '돈을 바치면 복을 받는다'라는 말입니다. 이는 물론 기독교 역사의 그늘 속에서도 가장 오래된 거짓말 중의 하나입니다. 심지어 중세 교회 사제들은 여기에 한 술 더 떠서 돈을 바치면, 이미 죽어 연옥에서 고생하고 있는 다른 가족들의 영혼도 즉시 천국으로 직행할 수 있다고 기만하였습니다.

사실 '마음을 다해 자발적으로' 하는 헌금은 매우 소중하며, 건강한 교회 운영을 위해서 꼭 필요하고 아름다운 것입니다. 아울러 적은 사례비에 연연하지 않고, 검소하게 사시며 묵묵히 교회를 섬기시는 존경할 만한 목사님들도 이 나라 구석구석에 결코 적지 않을 것입니다.

반면에 틈만 나면 성경을 왜곡하며 돈을 바치라고 신도들을 압박하는 극히 세속적인 목사님들도 쉽게 볼 수 있습니다. 제자 된 도리를 망각하고 한여름에 상한 고등어보다도 더 심하게 변질된 이분들은, "헛된 제물을 다시 가져오지 말라"는 하나님의 경고를 무시하고, 속된 수단과 방법을 가리지 않으며 돈을 거두고 있습니다.

맘몬을 따르는 목사들

이런 목사님들의 가장 큰 문제점은 재물에 눈이 어두워져 성경을 객관적이며 종합적으로 가르치지 않는다는 것입니다. 아울러 자신이 설교하는 내용과 실제 처신이 서로 크게 다릅니다. 예를 들면 많은 목사님들이 "네 보물 있는 그곳에는 네 마음도 있느니라"는 구절을 자주 인용하며 신도들에게 재물을 하늘에 쌓으라고 헌금을 강조합니다. 그런데 정작 자신들은 왜 재물을 땅에다 쌓고 있는지요? 전혀 공감이 안 되는 부분입니다.

자신들의 설교가 옳다면, 스스로 과소유한 재물을 털어서 교회에 바치거나 가난한 이들을 돕거나 하여 하늘에 쌓아야 할 것이 아닌가요? 왜 자신들은 은행이나 부동산에 돈을 쌓아 두고 고가의 주택과 고급차를 즐기며, 교인들의 평균 수준보다 더 사치스럽게 사시는지 속 시원하게 해명을 해 주시면 좋겠습니다. 어느 분의 지적처럼, 입으로 하는 설교와 삶으로 보여 주는 설교가 너무 딴판입니다.

심지어는 "십일조 안 하면 구원 못 받는다"고 거침없이 말하는 인사도 있습니다. 이에 대한 성경적 근거는 아예 논할 가치마저 못 느껴서 생략하고자 합니다. 다만 현재 세계에서 십일조를 제대로 하고 있는 신도는, 가톨릭을 포함하여 아무리 크게 보아도 전체 기독교인의 5%도 안 될 것입니다. 그러니 이는 루터의 종교개혁 이후 유일한 '십일조 왕국'인 한국교회와 미국의 극히 일부 교단 교인들에게만 구원이 있다는 매우 사이비한 주장처럼 들리는 것입니다.

아울러 자신의 체험을 소개하며 "제일 복 받는 믿음이 무언지 아는가? 바로 헌금이다. 뭐니 뭐니 해도 헌금이다"라는 말도 하더군요. 성경 어디에 이런 선동적인 내용이 들어 있는지 필자는 도저히 못 찾겠습니다. 게다가 '제일'이라는 단어도 함부로 사용하면 안 되지요. 그런데도 이런 진부한 속임수가 복을 좋아하는 순진한 신도들에게는 의외로 잘 통한다는 것이 심각한 문제입니다.

그래서 한국교회에서는 반찬값을 절약하거나 아이들 학원비를 줄여서 어렵게 바친 교인들의 가슴 아픈 헌금이, 거룩한 예배를 통하여 담임목사님 자녀의 해외 유학비나 고급 승용차 관리비 등으로 새롭게 변화하는 이적도 그리 보기 드문 일이 아닙니다. 어쨌든 이런 인위적인 헌금 유도를 통하여 신도들이 실제로 복 받을 일은 별로 없겠지만, 대신에 상당수 목사님이 돈 복을 크게 받으시고 지나치게 잘 먹고 잘살게 된 것만은 틀림없는 사실로 보입니다.

그런데 한 가지 매우 궁금한 점은 그렇게 '헌금을 잘 바쳐서'

제일 좋은 복을 많이 받으셨다면, 십일조뿐만 아니라 아예 나머지 재산도 다 바쳐서 그렇게 좋아하시는 복을 몇 배로 더 확실하게 받으실 것이지, 왜 남은 십 분의 구는 자신의 주머니 속에 꼭 쥐고 계시냐 하는 것입니다. 계산이 단순한 필자에게는 그 점이 언제나 큰 의문입니다.

반면에 감리교의 스승 웨슬리 목사님은 수입의 십 분의 구까지도 선교와 구제에 사용했고, 마지막에는 거의 빈손으로 생을 마치셨다고 합니다. 물론 모든 목사님들이 꼭 그렇게까지 따라해야 할 필요는 없겠지만, 적어도 요즘 가식적인 귀족 목사님들의 분수를 모르는 처신과는 하도 수준 차이가 나서 저절로 한숨이 나옵니다.

여기서 우리가 분명히 알아야 할 것은 하나님께서는 돈이나 받고 복을 주시는 분이 절대 아니라는 사실입니다. 하나님께서 재물이 너무 부족하셔서 할 수 없이 미천한 인생들과 돈으로 거래하실까요?

돈을 바쳐야 사업이 잘되고 부자로 만들어 준다는 저속한 사상은 '맘몬의 가르침' 입니다. 동시에 그것은 성황당 미신이기도 합니다. 이는 예수를 따라 나누고 돕고 고난 받는 '제자 된 삶' 이 아니라, 편함과 안일만을 따르는 '이교적인 삶' 을 추구하는 것입니다. 같은 이유로 우리는 타락한 솔로몬 왕이 천 명의 처첩들을 거느리고 이방신을 좇으며 호의호식한 것을 복이라고 할 수는 없습니다.

그래서 겸손히 주님을 따르는 삶이 중요합니다. 돈이나 재물 그 자체는 축복의 조건과 아무런 상관이 없습니다. 돈을 많이 바치고도 죽임을 당한 아나니아와 삽비라의 이야기도 이런 사실을 잘 설명해 주고 있습니다. 역사적으로 바리새인들보다 십일조와 기타 율법들을 더 잘 지킨 무리를 찾기란 쉽지 않습니다. 그런데도 그들은 복을 받기는커녕 오히려 큰 화를 입어 멸망하였습니다. 예수님으로부터는 '독사의 새끼들' 이라는 참혹한 오명을 얻었을 뿐입니다.

세속적 복에 명운을 건 한국교회

한국 보수 교단의 대표적 개혁 신학자이신 박윤선 목사님은 '교회는 십 분의 일이라는 숫자의 법령적 제재를 받지 않으며, 헌금의 수량 문제는 신자들 개인이 각기 정할 일이다' 라고 하시며, 일찍이 '자발적' 인 헌금의 중요성에 대하여 명확하게 지적해 주셨습니다. 또한 국제신대 이승구 교수님도 '십일조는 교회가 교인들에게 강요하거나 표준을 세워 지령할 것은 아니다' 라고 강조하셨습니다.

그런데 오늘날 많은 목사들은 교인들에게 '십일조와 연보의 참된 정신' 은 제대로 가르치지 않고, 그저 '복' 이라는 사탕으로 유혹하며 돈만 거두는 데에 혈안이 되어 있습니다. 그래서 십일조의 정신을 따라 나누고 섬기고 절제하라고 가르치기보다는, 모으고 쌓고 누리고 흥청대는 것이 복인 것처럼 오도하고 있습니다. 인터넷에 떠도는 자료를 들춰 보니 헌금 종류가 무려 85가지나 된다고 합니다.

그러나 불행하게도 이런 '복' 비즈니스 덕분에 영세한 미자립 교회들은 급격히 위축되고, 중대형 교회들로 갈수록 돈과 사람이 넘칩니다. 이와 함께 목사들의 교만과 탐욕도 태산을 찌릅니다. 그리고 이들은 자신들이 몸소 져야 할 십자가는 단지 장식으로 만들고, 그저 '사람의 일'로 북적거리며 분주할 뿐입니다.

거룩함과 순수함으로 위장한 대부분의 교회 프로그램들이나 행사들 역시 영혼을 불쌍히 여기는 갈급함은 희미해지고 있습니다. 그저 돈과 사람과 세력을 모으기 위한 삼류 이벤트로 전락하고 있으며, 겉으로 요란한 눈가림만이 난무할 뿐입니다. 아마 지구촌 어디에서도 한국교회보다 더 행사를 좋아하고 여기저기에 떠벌리는 교회를 찾아보기란 그리 쉽지 않습니다.

더구나 이들은 남들만 속이는 것이 아니라, 자기 자신도 스스로 속고 있습니다. 그래서 교회 내에서 약하고, 실패하고, 가난하고, 낙심하고 그리고 병에 지친 사람들은 점차 구석으로 밀려나 조용히 소외를 당하고 있습니다. 반대로 복을 많이 받았다는 착각 속에서 잘나고, 부유하고, 그리고 힘 있는 사람들이 득세하고 있습니다. 물론 교회의 중요한 직분도 이들이 대부분 다 차지합니다.

그런 이유로 중대형 교회로 갈수록 가난한 장로들을 찾아보기가 쉽지 않습니다. 설사 오늘날 세례 요한이 다시 와서 저들 교회에 출석한다고 해도, 아마 그 허름한 '약대 털' 옷 때문에 평생 서리집사 이상의 직분은 받기 어려울지도 모르겠습니다. 그리고 그런 교회들은 그 초라한 옷이야말로 세례 요한에게 매우 소중한 큰 복이었음을 결코 이해하지 못할 것입니다.

예수님이 말씀하신 복

세인들은 누구나 복을 좋아합니다. 가난해서 지지리 고생하거나, 몸이 아파서 고통 받는 삶은 모두가 싫어합니다. 그래서 사람들이 말하는 복이란 일반적으로 물질적이며 현세적인 복을 의미합니다. 물론 여기서 세속적인 복이 무조건 필요가 없다거나 나쁘다고 말을 하려는 것은 아닙니다. 단지 문제가 되는 것은 복을 추구하는 목적과 우선순위가 매우 잘못되었다는 것입니다. 껍데기가 본질을 잃게 만들었기 때문입니다.

예수님께서는 이 땅에 계실 때 우리에게 분명하게 가르쳐 주셨습니다. 마음이 가난한 것이 복이고, 애통하는 것이 복이고, 온유한 것이 복이고, 의에 주리고 목마른 것이 복이고, 긍휼히 여기는 것이 복이고, 마음이 청결한 것이 복이고, 화평케 하는 것이 복이고, 그리고 의를 위하여 핍박을 받는 것이 복이라고 하셨습니다.

과연 예수를 따른다는 신자들에게 이것보다도 더욱 크고 귀한 '다른 복'이 있다고 생각하십니까? 여기 어디에 '잘 먹고 잘사는 것이 제일 좋은 복'이라는 저속한 논리가 끼어들 틈이나 있겠습니까? 예수님께서는 오히려 부자 청년에게 네 소유를 다 팔아 가난한 이들에게 나누어 주고 나를 따르라고 하셨을 뿐입니다.

한국교회 목사님들은 복채에 눈먼 무당처럼 더 이상 '복'이라는 말을 함부로 남용하지 않으시면 좋겠습니다. 목사님들이 전심으로 전하여야 할 복음은 '돈을 바쳐서, 복을 받아라'가 아니고, '마음을 다해서, 서로 사랑하라'가 되어야 할 것입니다. 그리고 그런 사랑의 길은 결코 푼돈으로 산 복권이 대박 난 것처럼 편리하고 안락한 길이 아니라, 자기 십자가를 지지 않고는 결코 걸을 수 없는 '무거운 길' 임을 직시해야 할 것입니다.

예수를 믿고 십자가의 길을 따르기로 결심한 우리 신자들은 이미 '신령한 복' 을 넘치게 받은 구별된 사람들입니다. 여기에 추가로 무슨 대단한 복이 더 필요해서, 허구한 날 '세속적인 복' 을 노래하며 허탄한 일에 인생을 지나치게 소모해야 하는지요? 잘 먹든지 못 먹든지 또는 잘살든지 못살든지, 그에 관계없이 신자들은 이미 '충분히' 복된 길을 걸어가고 있는 사람들입니다.

헌금은 자발적이어야

어떤 경우든 헌금은 반드시 자발적이어야 합니다. 분위기를 조장하여 인위적으로 압박하거나 강요하는 헌금은 비성경적이며 부끄러운 것입니다. 그리고 돈을 바쳐야 복을 받는 것이 아니라, 제자된 삶 그 자체가 바로 복입니다. 이제 옛 사람을 버리고 예수님을 따르기로 작정하였다면, 돈과 허세로 어두워진 세상과는 그래도 무언가 달라야 하지 않겠습니까? 교회는 사랑으로 모여야지, 돈으로 모여서는 안 될 것입니다.

한국교회는 이제 돈이라는 음란한 우상을 내려놓고, '돈이 없어도 다닐 수 있는 교회' 가 되기를 진심으로 바랍니다. 그리고 교회 운영을 위해서는 약간의 헌금 강요가 불가피하다거나, 또는 교회 재정 현실을 너무 모르는 소리라고 구차한 변명을 하지 마십시오.

만일 헌금 강요나 다른 불의한 수단으로 돈을 걷어야만 운영할 수 있는 교회라면, 오히려 간판을 내리는 것이 좋습니다. 그래도 꼭 목회가 소명이라면, 차라리 자비량 사역을 각오하시는 것이 나을 것입니다.

또한 주님의 몸된 교회는 믿음이 크거나 가진 자들만이 나서서 설치는 쇼 무대가 되기보다는, 믿음이 부족하거나 가난한 형제들도 편안하게 동참하고 나눌 수 있는 '쉴 만한 물가'가 되어야 합니다. 그래서 모든 지체들이 서로의 부족함을 감싸 주며 아무런 선입관과 차별 없이, 진리 안에서 참된 자유와 사랑을 마음껏 공유하며 누릴 수 있는 '복된 믿음의 공동체'가 되기를 바랍니다. 교회는 용서받아야 하는 죄인들의 모임이지, 의인들만을 모으는 수도원이 아니기 때문입니다.

신자들은 더 이상 거짓된 가르침에 미혹당하고 흔들려서는 안 됩니다. 어찌 돈이나 재물이나 세속적인 출세 따위가 감히 우리가 간직한 '하늘의 소망'과 '신령한 복'을 대신할 수 있겠습니까? 어찌 '여호와의 말씀이 아닌 것'을 복이라 하며 삶을 허비할 수 있을까요?

> "너희가 말하기는 여호와의 말씀이라 하여도 내가 말한 것이 아닌즉, 어찌 허탄한 묵시를 보며 거짓된 점괘를 말한 것이 아니냐."(겔 13:7)

부흥회의 변질과 목회자들의 돈 잔치

은혜 받고, 돈 바치고, 그리고 복 받으라

지금으로부터 117년 전인, 1897년 한국침례교의 창시자인 펜윅(M.C. Fenwick) 선교사님이 주도한 소래교회 사경회는 한국교회 최초의 부흥회로 기록되고 있습니다. 당시 약 3백 명이 모여서 하나님의 은혜를 체험하였고, 뜨거운 회개의 역사도 일어났다고 합니다. 이는 평양대부흥운동의 시발점인 1907년 평양 장대현교회 사경회보다 약 10년 전의 일이었습니다.

한국교회 초기의 부흥강사 목사들은 농어촌과 산간 지역의 작은 교회들을 찾아 나서서 열정적으로 부흥회를 인도하였습니다. 강사 사례비 따위는 아예 안중에도 없었습니다. 물론 요즘처럼 편리한 교통수단도 거의 전무했습니다. 버스를 못 타면 트럭을 타고 가기도 했습니다. 또한 교파나 교회의 크기도 차별하지 않고 가능한 모든 교회를 방문하였습니다.

기복 설교와 헌금 강요

부흥회의 본래 취지는 안일해지기 쉬운 신앙생활에 성경 말씀으로 새로운 격려와 활력을 주어, 보다 성숙한 신자와 교회가 되기 위함입니다. 또는 전도를 목적으로 하는 경우도 있습니다. 그리고 실제적으로 이런 의도가 좋은 열매를 맺어 교회에 큰 유익을 주는 경우가 많았습니다.

그런데 언제부터인지 한국교회의 부흥회가 초기 부흥회처럼 순수한 '말씀 잔치'가 되지 못하고, 부끄러운 '돈 잔치'로 변질되었습니다. 그래서 큰 교회 부흥회 한번 잘하면 목돈을 챙기는 이른바 '부자 목사'들이 생기기 시작했습니다. 심한 경우는 집회 중에 걷은 헌금을 사전 약속에 의하여 부흥강사와 교회가 일정 비율로 나누어 가지기도 합니다.

이러다 보니 신도들에게 헌금을 많이 내도록 유도하는 강사가 일류 강사로 대접을 받기도 합니다. 또한 이런 부흥강사들은 담임목사들의 가려운 곳을 잘 알기 때문에, 담임목사 처우 개선이나 십일조 강요 등 평소 교인들에게 직접 요구하기 힘든 사안들을 대신해서 처리해 주기도 합니다. 그래서 부흥회가 끝나고 나면, 많은 신도들이 시험에 들거나 마음에 큰 상처를 받는 일들이 비일비재합니다.

부흥강사들이 자주 애용하는 수법들을 몇 가지만 열거해 보면, 먼저 주요 직분자들인 장로나 권사들에게 노골적인 헌금 강요를 합니다. 이는 매우 상투적인 수순입니다. 웬 만큼 억지를 부려도 그들이 쉽게 교회를 떠나지는 못하기 때문입니다. 그래서 해마다 부흥회 때가 되면 헌금 걱정으로 잔뜩 긴장하는 직분자들이 많습니다.

교회에 피아노나 비품을 새로 헌납하라거나, 담임목사 양복이나 승용차를 사 드리라고 강권하는 일 등도 흔히 있는 일입니다. 물론 교회 건축 헌금 독려도 빠지지 않는 단골 메뉴입니다. 하여튼 돈을 요구하는 이유는 하도 많아서, 여기에 일일이 다 열거하지 못할 정도입니다. 문제는 그 목적과 수단이 너무 비성경적이고, 인위적이며, 그리고 저질적이라는 데에 있습니다.

부흥회의 건전성과 분위기는 교단이나 교파에 따라 서로 다릅니다. 사경회 형식으로 성경 말씀을 진지하게 나누는 건강한 부흥회도 적지 않게 있습니다. 하지만 대부분의 변질된 부흥회는 주로 '복과 성공'을 노래합니다. 한국교회 초기 부흥회와는 달리 죄, 회개, 고난, 그리고 십자가 등 신도들이 부담스러워하는 말은 가능한 한 생략하고, 달콤하고 흥미 있는 이야기들을 주로 늘어놓습니다. 그래서 참된 은혜를 받기보다는, 헛바람만 잔뜩 드는 경우도 많습니다.

하여튼 많은 부흥강사들은 마치 복 받는 비법에 대한 전매특허라도 지닌 듯 전국을 누비며, '기복 신앙'을 아주 비싸게 팔아서 짭짤하게 재미를 보고 있습니다. 이분들의 설교를 듣다 보면, '세속적인 복'을 못 받은 사람들은 모두 바보처럼 보일 지경입니다. 또한 어떤 부흥회는 웬만한 코미디보다도 훨씬 더 웃깁니다. '웃기는 짜장면'으로 소문난 어느 유명 목사님이 그 좋은 예입니다.

사실 사람들은 누구나 세속적 복을 매우 좋아합니다. 그러나 한국교회 부흥강사들과는 달리, 예수님은 세속적인 복을 전혀 강조하지 않으셨습니다. 오히려 부자가 천국에 가는 것이 낙타가 바늘구멍을 통과하는 것보다 더 어렵다고 하셨습니다. 게다가 부자 청년에게는 "네 소유를 다 팔아 가난한 자들에게 나누어 주고 나를 따르라"고 하셨습니다. 세속적인 관점으로만 본다면, 제자 된 삶은 고생길입니다. 예수님 자신도 평생 가난하게 사셨습니다.

하지만 대부분의 부흥강사들은 이런 이야기들을 모두 피하고, 주로 구약성경을 즐겨 인용합니다. 구약에서는 '세속적인 복'을 자주 긍정적으로 언급하기 때문입니다. 그러나 이분들은 구약에 표현된 '세속적인 복'이 장차 신약 시대에 받을 '영적인 복'을 예표한다는 사실을 크게 간과하고 있습니다.

어쨌든 부흥강사들 중에는 성경을 자의적으로 해석하여 오로지 '잘 먹고 잘살자'는 기복 신앙을 부추기는 데에 도가 트신 분들이 아주 많습니다. 아울러 이런 복을 받기 위한 '헌금'을 매우 강조합니다. 따라서 입에 꿀을 바르고, "많이 바치면 큰 복을 받는다"고 무당처럼 열창을 하십니다. 물론 이런 무속적 논리는 성경을 크게 왜곡하는 허구적인 주장입니다. 아나니아와 삽비라는 헌금을 많이 하고도 죽임을 당했습니다. 하나님께서는 헌금보다 먼저 그 사람의 마음 중심을 보시기 때문입니다.

목회자들의 돈 잔치

건전한 부흥회는 교회에 많은 유익을 줄 수 있습니다. 그러나 한국교회의 '기복 전도사'들은 오직 세 마디만을 말합니다. '은혜 받고, 돈 바치고, 그리고 복 받으라' 입니다. 그중에서도 핵심은 '돈' 입니다. 오늘날 많은 부흥회는 기복 신앙을 이용하는 목회자들의 '돈 잔치'로 변질되었습니다.

중대형 교회의 경우, 부흥회를 한 번 할 때마다 거액의 돈이 들어오고 나갑니다. 물론 들어오는 돈은 모두 교인들의 주머니에서 나온 헌금이고, 나가는 돈의 상당 부분은 강사 목사의 주머니로 들어갑니다. 언제나 놀라운 일들이 끊이지 않는 한국교회에서는 교인들만 작은 교회에서 큰 교회로 '수평 이동'하는 것이 아닙니다. 이처럼 거액의 헌금도 교인들의 주머니에서 목회자의 주머니로 은혜롭게 수평 이동합니다.

물론 예수님은 계속 교회 종탑 위의 높은 십자가에 홀로 계시게 하고, 자기들끼리만 돈을 주고받고 매우 분주합니다. 그리고 이런 식으로 돈 잔치가 화려하게 잘 끝나면, 아주 은혜로운 부흥회였다고 서로 자화자찬합니다. 해마다 이런 일들이 반복되고 있는 것이 오늘날 한국교회의 슬픈 모습입니다.

특히 유명 강사 목사들 중에는 이를 주 수입으로 하여 대단한 축재를 하기도 합니다. 수십 억 부자들도 많습니다. 물론 중대형 교회 담임목사들이 서로 두터운 강사 인맥을 형성하여, 상호 '교차 초청' 또는 '순환 초청' 등의 수법으로 상대방 교회의 두둑한 부흥회 예산을 사이좋게 나눠 먹는 것도 이제는 더 이상 큰 비밀이 아닙니다.

한국교회의 기복 전도사들은 부흥회를 크게 두 가지 목적으로 사용합니다. 우선은 신자들을 자극하여 교회의 외적 성장을 추구하는 데 이용합니다. 그리고 다른 하나는 복음을 포장하여 기복화하고 돈을 챙기는 것입니다. 이런 태생적이고도 숙명적인 이유로, "십일조를 해야 복을 받는다"는 상습적인 주장은 이들이 몸 바쳐 반복할 수밖에 없는 필수 구호가 되는 것입니다.

그래서 순수하지 못한 목회자들의 입장에서 보면, 부흥회는 그야말로 '일석이조'가 되는 신바람 나는 장사입니다. 이분들은 신도들의 마음이 진정 뜨거워졌는지, 아니면 단지 찬송하며 박수치던 손바닥만 잠시 뜨거워진 것인지를 별로 상관하지 않습니다. 일단 아무데나 뜨거워지면 교세를 확장하는 데에 당장 큰 도움이 되며, 또한 헌금도 더 많이 거둘 수 있기 때문입니다. 이런 유혹은 많은 교회들이 왜 부흥회에 그토록 열을 올리는지를 잘 설명해 주고 있습니다.

크게 경계해야 할 '성령 체험'

그런데 여기서 한 가지 더 주목해야 할 것이 있습니다. 일부 부흥회 강사들이 성령 체험을 지나치게 강조한다는 점입니다. 그 목적은 물론 신도들을 더욱 신비적 신앙에 몰두시켜, 자신들의 추종자로 만들기 위함입니다.

이 성령 체험 역시 '한국교회 사이비화와 미신화'에 큰 기여를 한 주범 중의 하나입니다. 이들이 주장하는 성령 체험은 대개 신약성경에 기록된 '성령의 은사'를 의미하는 경우가 많습니다. 그래서 방언, 예언, 병 고침이나 기타 신비적 체험을 강조합니다.

하지만 이 부분은 신학적인 논쟁이 적지 않은 매우 조심스러운 사안입니다. 특히 방언이나 예언의 경우, '특별 계시'인 신약성경의 완성과 함께 이미 중지되었다는 견해가 보다 설득력을 지니고 있습니다. "사랑은 언제까지나 떨어지지 아니하되 예언도 폐하고 방언도 그치고 지식도 폐하리라." (고전 13:8)

더구나 방언을 한다는 사람들은 많은데, 왜 방언을 통역하는 은사를 받은 사람들은 보기 힘든지요? 또한 어쩌다가 통역한다는 이들 중에도 왜 서로 통역이 일치하지 않는지요? 이를 보더라도, '거짓된 은사'가 만연하고 있음을 잘 알 수 있습니다. 기타 은사도 마찬가지입니다.

우리가 분명히 알아야 할 사실은 '특별 계시'인 신약성경의 완결 이후 '더 이상의 계시는 없다'는 것입니다. 그런 이유로 19세기까지는 '은사 중지론'이 교회의 전통적인 입장이었습니다. 초대 교부들인 크리소스토무스와 아우구스티누스는 물론 종교개혁가 루터와 칼뱅 그리고 청교도들이 이런 견해를 지지했습니다. 반면에 역사적으로 주로 이단이나 신비주의자들이 간헐적으로 '은사 지속론'을 지지했습니다. 따라서 19세기 이후로 특히 이단 종파나 사이비 교단에서 이런 성령 체험을 크게 강조하고 있는 것은 결코 우연한 일이 아닙니다.

오늘날 거짓된 목회자들로 인해, 성령 체험이란 용어가 너무 남용되고 있습니다. 더구나 부흥회를 빌미로 신도들을 불건전한 신비주의나 고난주의 또는 미신적 신앙으로 미혹케 하는 것은 큰 잘못입니다. 믿는 자들에게는 이미 성령께서 함께하고 계십니다.

신자들은 거짓된 은사에 한눈팔지 말고, 오직 기록된 성경의 가르침을 따르며 '하나님 사랑과 이웃 사랑'을 차분하게 실천하는 것이야말로 진정한 성령 체험임을 알아야 할 것입니다.

초기 부흥회처럼 헌금을 없애자

한국교회 부흥회의 가장 큰 문제점은 신도들을 기만하여 기복신앙에 빠지게 하고, 간교한 방법으로 돈을 거두려 하는 데에 있습니다. 어느 목사님이라도 좋으니 확실하게 해명을 좀 해 보십시오. 한국교회는 왜 모이기만 하면 돈을 걷으려고 합니까? 세인들이 아무런 이유 없이 '개신교는 돈에 환장한 교회'라고 감정적인 비난을 하는 것이 아닙니다.

많은 목사들은 자신의 목회 성취를 위해 큰 일을 벌이기 좋아합니다. 하지만 불의하게 돈을 많이 거두어 큰 일을 하는 것보다, 신도들 믿음의 분량대로 걷어 작은 일이라도 정의롭게 하는 것이 더욱 중요합니다. 그 어떤 일도 교회의 성결과 공의보다 우선하지는 못하기 때문입니다.

그리고 돈을 걷는 방법이 너무 치졸하고 무속적입니다. '복 받으려면 돈 내라'는 헛소리 좀 그만 멈추고, 교인들에게 헌금의 필요성을 떳떳하고 당당하게 가르치고 '자발적인 헌금'만을 받으면 안 됩니까? 또한 그렇게 무리하게 걷은 돈을 다 어디에 쓰고 있습니까? 어느 통계에 의하면, 한국교회는 전체 헌금 중에서 겨우 3~4%만을 사회에 환원한다고 합니다. 작은 교회들은 어쩔 수 없으니 예외로 하더라도, 중대형 교회들마저도 거의 다 자기들끼리 먹고 마시고 흥청거린 셈입니다.

한국교회는 돈을 삼키려고만 하지 베풀지를 않습니다. 그저 베푸는 흉내만 냅니다. 특히 미자립 교회들을 쳐다보는 대형 교회들의 욕심은 흥부 형님이신 놀부보다 더 심합니다. 그냥 마지못해 언 발에 오줌 누기 정도로 돕는 척만 합니다. 실제로는 소가 닭 보듯이 합니다. 이게 과연 정상적인 주님의 교회라고 할 수 있습니까?

앞으로 '부흥회 헌금'만은 꼭 폐지하자고 제안하고 싶습니다. 부흥회를 변질시키는 근본 원인은 결국 돈에 있기 때문입니다. 오늘날의 예배는 구약의 제사가 아닙니다. 따라서 반드시 제물을 바치거나 헌금을 하며 집회를 해야 하는 것은 결코 아닙니다. 사도들의 초대 교회에서도 그런 '율법적 바침'은 전혀 없었습니다.

이계선 목사님에 의하면, 60년대까지만 해도 한국교회 부흥회에는 별도의 헌금 순서가 없었다고 합니다. 그러던 것이 교회가 점차 대형화하기 시작하면서부터, 모일 때마다 알량한 잠자리채를 돌리며 돈을 걷는 못된 습성을 몸에 익히게 된 것입니다. 한국교회는 과거의 좋은 전통을 버리고, 오히려 갈수록 개악을 하고 있습니다.

이제라도 과거처럼 단순히 은혜만 받는 담백한 부흥회로 돌아가면 안 될까요? 하나님의 은혜를 감히 돈으로 갚아야만 하는지요? 하나님께서 거저 주신 은혜를 거저 나누면 안 됩니까? 그리고 헌금은 평시처럼 주일 예배에 하면 무슨 심각한 문제라도 생깁니까?

아울러 한국교회는 모일 때마다 틈만 나면 돈을 거두는 '고약한 전통'도 함께 폐지하면 좋겠습니다. 도대체 이렇게 못할 이유가 무엇입니까? 성경 어디에 무슨 근거로, 모일 때마다 헌금을 요구합니까? 참으로 염치를 모르는 종교업자들이 교권을 쥐고 흔드는 것이 아닙니까? 부흥회뿐만이 아니라 구역 예배, 송년 예배, 헌신 예배, 그리고 대형 교회들은 수요 예배와 금요 집회까지도 온통 돈으로 모든 집회를 도배하고 있습니다.

한국의 어설픈 개혁 교회들은 입술로는 개혁신학을 자랑스럽게 떠벌리지만, 하는 행동은 사이비 교단이나 이단 종파들의 간교한 돈 챙기기 수법들을 열심히 배워서 그대로 답습하고 있습니다.

직분자들의 책임이 크다

그래도 우리 교회만은 건전한 부흥회를 하고 있다고 함부로 자만하지 마십시오. 요즘은 신도들을 기만하는 수법도 더욱 고도화하여, 집회 기간 중에는 성경적으로 올바르고 유익한 설교를 매우 건전하고 은혜롭게 잘하시는 고수님들도 많습니다. 다만 이분들은 집회 후에 조용히 거액의 목돈을 챙겨 가실 뿐입니다. 이처럼 앞모습은 경건하나, 뒷모습은 추잡한 현대판 바리새인들을 조심해야 합니다.

또한 은혜를 많이 받아서 감사함으로 하는 헌금이 왜 나쁘냐고 구차한 변명도 하지 마십시오. 그런 감사 헌금 자체가 나쁜 것이 아니라, 헌금을 더 걷기 위해 잔수를 부리고 간교한 방법으로 강요하는 것이 나쁘다는 뜻입니다.

오늘날 스스로 건강하다고 주장하는 대부분의 교회에서조차 부흥회는 이미 크게 사이비화하고 있습니다. 많은 교인들은 자신들도 모르게 세속화에 깊이 중독되어 있기 때문입니다. 그래서 많은 분들은 부흥강사들이 신도들의 죄책감을 자극하여 교권으로 억압하는 것과 기복 설교를 통한 우회적인 헌금 강요를 당연시하고, 오히려 이를 '은혜로운 부흥회'로 착각하고 있습니다.

신자들이 정신을 차려야 합니다. 그래서 교회에 기생하는 이런 거짓 목사들을 모두 몰아내면 좋겠습니다. 이런저런 교활한 핑계로 헌금을 강요하고, 그러다가 결국은 사례비를 듬뿍 챙겨 가는 그런 잡상인들을 우리는 거부해야 합니다. 저들은 그저 목사 가운을 걸치고 있는 이리들일 뿐입니다. 따라서 이들을 잘 구별하여 초빙해야 할 장로나 집사 등 교회 직분자들의 역할이 매우 중요합니다. 그리고 이런 중요한 책임을 더 이상 담임목사에게만 미루어서도 안 됩니다.

진심으로 건강한 부흥 집회를 원한다면, 먼저 부흥회 강사 사례비부터 실제 경비 수준으로 조정해야 합니다. 만일 사례비가 너무 적어서 나서는 강사가 없다면 뜻이 맞는 목회자들끼리 서로 강단을 교류하거나, 그것도 어려우면 차라리 담임목사를 모시고 자체 부흥회를 하면 됩니다. 그러면 돈만 밝히는 파렴치한 강사들도 점차 사라질 것이고, 적어도 지금보다는 훨씬 복되고 아름다운 집회 문화가 형성될 것입니다.

부흥회가 한국교회 성장에 긍정적 기여를 한 것은 부인할 수 없는 사실입니다. 그러므로 여건만 허락된다면, 말씀에 집중하는 건전한 부흥회는 얼마든지 바람직합니다. 참된 회개, 격려, 감사, 그리고 헌신을 강조하는 것도 중요합니다. 그리고 성숙한 신도들의 자발적인 헌금도 많을수록 좋습니다.

하지만 교인들을 겁주고, 억누르고, 속 뒤집고, 울리고, 웃기고, 기만하고, 그러다가 결국에는 거액의 돈을 슬그머니 챙기는 그런 사이비 부흥회는 앞으로 반드시 없어져야 합니다. 이는 거룩한 교회를 장사꾼들이 설치는 '강도의 굴혈'로 만드는 매우 부끄러운 행위이기 때문입니다.

> "성전에 들어가사 장사하는 자들을 내쫓으시며 그들에게 이르시되 기록된 바 내 집은 기도하는 집이 되리라 하였거늘 너희는 강도의 소굴을 만들었도다 하시니라."(눅 19:45~46)

연봉을 숨기는 목사님들

연봉 은닉은 교권주의의 잔재

어느 조사에 따르면 한국 목회자의 90% 이상이 연봉 3천만 원 이하의 사례비를 받고 있다고 합니다. 특히 하위 20%는 불과 1천만 원 이하의 낮은 연봉을 받고 있습니다. 반면에 상위 10% 중에는 터무니없이 높은 연봉을 받아 가는 목사들이 적지 않습니다. 한 대형 교회 담임목사는 무려 6억 원이나 받았고, 지방 소도시 교회 목사가 2억 원의 연봉을 받은 곳도 있었습니다. 거룩한 공교회 역시 세속화에 밀려 사회 양극화의 악영향을 극복하지 못하고 있는 안타까운 모습입니다.

이런 연봉 빈부 격차에 대해 약 90%의 목회자들은 상황이 심각하다고 응답했습니다. 한 가지 흥미로운 점은 목회자가 가난해야 한다는 주장에 대해 목사의 85%는 동의하지 않았습니다. 가난해야 한다고 생각하는 목사는 겨우 5%에 불과했습니다.

그러면 목사 연봉은 어느 정도가 적절한 것일까요? 그에 대해서는 다양하게 논의되고 있습니다만, 대부분의 신도들은 너무 적어도 안 되고 또 너무 많아도 문제인 것을 잘 이해하고 있습니다. 필자는 개인적으로 개 교회의 지역적 여건에 따라 최저 교사 수준에서 최고 신학대학 교수 수준 그 사이에서 결정하는 것이 어떨까 생각해 봅니다.

뿌리 깊은 교권주의

연봉의 적정 수준 못지않게 중요한 문제는 많은 교회에서 목사 연봉을 공개하지 않거나, 이를 분산 처리하여 실제로는 상당 부분을 은닉하고 있다는 점에 있습니다. 과거 한 언론 매체가 어느 지역 교회 세입 세출 예산서를 입수하여 공개했습니다. 아래 내용은 거기에 나타난 담임목사의 지출 항목입니다.

생활비 5,400만 원, 자녀 학비 보조(해외 유학) 4,920만 원, 목회비 600만 원, 교역자 연구비 600만 원, 교역자 도서비 480만 원, 교통비 360만 원, 그리고 교역자 수양비 60만 원 등으로 외견상 담임목사의 연봉은 모두 합쳐 1억 2,420만 원입니다. 그러나 실제로는 이것이 전부가 아닙니다. 추가로 접대비 1,000만 원, 축·조위비 700만 원, 도서 및 정보통신비 500만 원을 비롯해 교회가 제공한 차량인 그랜저XG와 기름 값, 30평 아파트와 각종 공과금 등을 모두 합치면 담임목사에게 준 비용은 거의 2억 원가량 됩니다.

1,200명 정도의 교인이 출석하는 이 교회의 총예산 10억 5,000만 원 중 약 20%를 매년 담임목사가 혼자 가져가고 있습니다. 이 교회보다 규모가 크게 작은 교회로 가면 그 비율은 50% 이상을 넘어서 더욱 심각해집니다. 그래서 목사가 교회를 섬기는 것인지, 교회가 목사를 섬기고 있는 것인지 가히 헷갈릴 정도가 됩니다.

물론 정도의 차이가 다소 있겠지만, 이런 회계 분산 처리 방법은 여타 다른 교회들 또한 크게 다르지 않습니다. 공개된 연봉과 실제 수령하는 연봉은 30~50%까지 차이가 나는 경우가 있습니다. 공교회가 소위 말하는 장부 처리상의 꼼수를 부리고 있는 것입니다.

더욱 큰 문제는 이런 부끄러운 수법이 이미 너무 오랫동안 폭넓게 관습화하고 정례화하여 장로나 집사 등 다른 직분자들 누구도 강하게 이의를 제기하지 않고 있다는 점입니다. 필자의 기억으로는 40년 전에도 그런 꼼수 예산 결산서를 보았습니다. 한국 교회가 일제강점기 이후 영리한 교권주의자들에 의해 얼마나 꾸준히 오염되어 왔는지를 잘 보여 주는 대목이라고 생각합니다.

일부 귀족 목회자들은 겉으로 경건한 척 돈 문제에 초연한 듯하지만, 사실 목사 연봉 공개 문제는 이들이 매우 두려워하는 아킬레스건입니다. 돈은 많이 챙기고 싶은데 이왕이면 표 나지 않게 가져가기를 원합니다. 왜 연봉 총액을 이처럼 숨기려 할까요? 자신들도 교회 돈을 너무 많이 가져가는 것이 매우 염치없는 행동임을 스스로 잘 알기 때문입니다.

대부분의 경우 참 목사와 거짓 목사는 돈 문제에서 확연히 드러납니다. 최근 교회 공금 횡령이나 오용으로 평생의 목회 경력을 먹칠하고 있는 유명 목사님들을 많이 보실 것입니다. 이들에게 사실 돈 문제만 있을까요? 아닙니다. 그동안 언론에 잘 드러나지 않았을 뿐이지 조금만 자세히 관찰해 보면 그들의 무속적 기복 설교나 언행 그리고 사역 전체가 위선적 기만으로 가득함을 흔히 볼 수 있습니다. 이들이 교회 몸집을 열심히 부풀리는 이유는 결국은 돈을 많이 가져가거나 교회를 자식에게 물려주기 위해서입니다.

개선이 절실한 부교역자 제도

또 다른 중요한 문제는 소위 '부교역자'란 부당한 명칭으로 대우 받고 있는 다른 교역자들의 처우입니다. 전술한 교회의 교육목사는 연봉이 1,320만 원, 교육전도사는 840만 원, 운전사는 1,780만 원, 청소원 1,000만 원 정도의 연봉을 받고 있었습니다. 어림잡아 담임목사와 약 15배 이상 차이가 납니다. 이런 결과는 불필요한 권위주의와 설교 만능주의 덕분입니다. 이게 무슨 중세 시대의 영주와 농노 관계도 아니고 도대체 말이 안 됩니다. 역으로 말하자면, 같은 조건에서 담임목사 한 명을 해고하면 부목사급 교역자 15명 정도를 고용할 수 있습니다.

그래서 이런 심한 양극화를 보며 필자 같으면 차라리 그리하고 싶습니다. 주일 예배 설교자로서 부목사의 역량이 부족할 거라는 궁색한 변명은 아예 하지 마십시오. 초대교회에 무슨 정교역자 부교역자가 따로 있었던가요? 우리 주변에 신실하고 유능한 부목사님들 아주 많습니다. 그 교회 정도의 크기라면 차라리 담임목사직을 과감히 폐지하고 그냥 시무 목사 3~5명 정도를 추가로 청빙하여 매년 각 예배별로 주임 설교자를 임명하고 공동 목회로 사역하면, 고용을 늘려 미자립 교회 문제를 해소하고 부교역자 처우도 개선하고 과도한 인건비를 줄여 다른 선교나 구제에 더욱 힘을 쓸 수 있습니다.

교회는 모든 사역자들이 대등하게 동역하는 곳입니다. 담임목사가 홀로 독주하며 나머지 교역자들이 부하 직원이 되는 '기업형 목회'는 결코 좋은 목회가 아니라고 확신합니다. 공동 목회의 경우 교회 부패나 목회 독재를 효과적으로 예방할 수 있음은 물론, 교인들도 다양한 설교를 듣고 더욱 건강하게 성장할 수 있고 교회 각 교육 기관이나 봉사 모임도 더욱 전문화할 수 있습니다. 또한 모든 사역자가 굳이 담임 목회를 하겠다고 서로 몸부림치지 않아도 됩니다.

당회장은 당회원들이 임기에 따라 교대로 봉사하면 될 것입니다. 그래서 미자립 교회나 작은 교회는 현실적인 여건에 따라 담임 목회제를, 중대형 교회는 공동 목회제를 추구하는 것이 바람직하다고 봅니다.

비록 많이 늦었지만 지금이라도 한국교회는 목회자의 돈 문제를 엄격하게 다루어야 한다고 생각합니다. 교회 문제의 대부분은 담임목사직과 관련되어 있고, 아무나 쉽게 목사가 되려 하는 이유에는 장년 교인 80명만 모아도 큰 고생 없이 어느 정도 먹고 살 수 있다는 퇴폐적 목회 풍토가 만연하고 있기 때문입니다. 거기다가 다소 체면을 몰수하고 세습까지 감행하면 가족 기업처럼 대대로 고상한 생업을 보장해 줍니다. 그러니 이 문제는 결코 가벼운 내용이 아니라 교회의 바른 갱신에 관련된 핵심 사항으로 보아야 할 것입니다.

필자 역시 목사가 꼭 가난해야 한다고 생각하지는 않습니다. 오히려 너무 가난한 것을 막고 싶은 심정입니다. 그러나 반대로 목사가 중산층 이상으로 부유해서는 더더욱 안 된다고 생각합니다. 정상적인 목회를 하자면 목사는 부유해질 틈이 없습니다. 주변에 널리고 널린 게 가난한 이웃이고, 또한 가까운 동료 선교사나 미자립 교회 목회자들을 보며 어찌 돕지 않을 수가 있습니까? 제아무리 경건한 척 무게를 잡아도 교회 돈으로 치부하는 목사는 바른 목사가 아닐 것입니다. 배부른 종교 지도자가 사역하는 교회는 반드시 부패하게 되어 있습니다. 이사야 시대, 말라기 시대, 바리새인 시대, 중세 교회, 그리고 오늘날 한국과 미국의 일부 중대형 교회들이 그런 사실을 명백히 증거하고 있습니다.

하여튼 연봉의 크기 자체는 개 교회가 알아서 신중하게 결정할 사항입니다. 하지만 어느 경우이든 회계 처리에서 편법을 쓰며 연봉을 분산하여 숨기지 말고 그 총액을 정확히 공개하고 해마다 공동의회의 엄정한 심판을 받으라는 것입니다. 한국교회에는 가족들의 생계마저 보장되지 않는 적은 연봉에도 묵묵히 교회를 섬기시는 성실한 목회자가 많습니다. 그런 반면에 교인들 몰래 과도한 고액 연봉을 받으며 숨기고 가리기에 급급한 목사들은 누구일까요? 우선 자신의 교회부터 냉정하게 살펴보시기 바랍니다.

종이면 종답게 살아야

한국교회는 더 이상 '주의 종'이라는 분들이 교회 돈을 가지고 다른 생각을 못하게 해야 합니다. 종이면 종답게 살아야 옳지요. 누가 억지로 종이 되라고 시켰던가요? 종처럼 살기 싫으면 취업을 하든지 그냥 돈벌이 사업을 할 것이지 왜 엉뚱하게 거룩한 교회에 와서 신도들이 땀과 눈물로 바친 돈을 탐합니까? 소위 소명을 받았으니 긴 옷을 입고 종이라 주장하며 뒤로는 왕이나 귀족처럼 살려고 하는 자들은 모두 다 거짓 목사들입니다.

어느 날 토마스 아퀴나스가 교황을 찾아갔습니다. 교황은 아퀴나스에게 "이제 교회는 금과 은이 풍성하다"고 자랑했습니다. 그러자 아퀴나스는 그러면 이제 "교회는 금과 은은 내게 없거니와 일어나 걸으라는 능력은 나타낼 수 없습니다"고 했다고 합니다. 마찬가지로 지금 한국의 중대형 교회들도 그런 중세 교회를 따라 영적 능력을 상실하고 돈과 건물만 과시하고 있는 것은 아닌지요?

초대교회처럼 교회는 스스로 주머니를 비워야 하고 아울러 목회자는 검소해야 합니다. 돈으로 하나님 사업을 하고 건물로 목회하겠다는 생각은 이제 버려야 합니다. 한국교회에 돈이 없어 성장이 멈추었을까요? 대형 교회들이 아무리 돈으로 외형을 키웠어도 그것은 단지 주변의 작은 교회들을 도살하며 교인들의 수평 이동만 부추

졌지 결코 한국교회 전체의 성장을 이루지는 못했습니다. 진정으로 건강한 성장을 원한다면, 이미 도를 넘어선 건물 확장과 목사 숭배를 멈추고 매년 바닥이 날 정도로 장부를 털어서 구제와 선교에 힘써야 옳습니다.

오늘날 현대 목회의 가장 고질적인 문제 중의 하나는 목사가 되어서도 자기 하고 싶은 것을 다하고 살려는 데에 있습니다. 목사는 이 시대의 영적 파수꾼이며 스스로 종의 길을 서원한 사람입니다. 그리고 종은 자유가 없는 사람입니다. 그런데 어떤 종들은 너무 방자합니다. 종이 먹고 싶은 것 다 먹고, 갖고 싶은 것 다 갖고, 그리고 즐기고 싶은 것 다 즐기려 합니다. 그렇다면 그게 상전이지 종입니까? 주의 일도 많이 하고 동시에 자신의 자유와 안락도 적당히 누릴 수 있다는 타협적 사고방식은 적어도 소명을 받은 목회자에게는 매우 위험한 생각입니다.

직분이 저절로 사람을 거룩하게 하거나 능력 있게 만드는 것은 결코 아닙니다. 거룩한 직분을 맡았으면 적어도 일반인보다는 자신에게 더욱 엄격해야 마땅할 것입니다. 신도들에게는 돈을 사랑한다고 엄히 꾸짖고 보물을 하늘에 쌓으라고 호통 치면서, 정작 자신들은 온갖 핑계와 명분을 만들어 그 돈을 더욱 챙겨 가는 이런 가증된 행태를 어찌 설명해야 할까요? 게다가 성추행이나 세습이나 논문 표절이라니요? 과연 요즘 순교적 각오로 치열하고 경건한 삶의 예배를 드리는 구도적 목회자를 얼마나 보십니까?

목사가 연봉을 숨기는 행위는 단순히 돈을 숨기는 것이 아닙니다. 그것은 탐욕을 숨기는 것입니다. 그리고 선지자 이사야는 그런 탐욕스런 목자들을 서슴지 않고 '개'라고 단언하고 있습니다. 충성된 파수꾼이 절실한 이 비상한 시대에 한국의 개혁 교회는 제대로 짖지 못하는 저런 벙어리 개 같은 목동들에게 더는 속지 말고 주님께서 기뻐하시는 참된 제자의 길을 겸손히 가야 할 것입니다.

"이스라엘의 파수꾼들은 맹인이요 다 무지하며 벙어리 개들이라. 짖지 못하며 다 꿈꾸는 자들이요 누워 있는 자들이요 잠자기를 좋아하는 자들이니, 이 개들은 탐욕이 심하여 족한 줄을 알지 못하는 자들이요 그들은 몰지각한 목자들이라. 다 제 길로 돌아가며 사람마다 자기 이익만 추구하며, 오라 내가 포도주를 가져오리라 우리가 독주를 잔뜩 마시자 내일도 오늘 같이 크게 넘치리라 하느니라."(사 56:10~12)

교회 장부를 숨기는 목사님들

헌금은 비자금이 아니다

어린 시절 필자가 처음 출석한 교회는 주택가 인근 허름한 건물 3층에 셋방살이를 하던 작은 개척 교회였습니다. 교회에 번듯한 행정 사무실이나 교육관 등 다른 부속 시설이 전혀 없다 보니 모든 면에서 제약이 많았습니다. 그런 형편 속에서 매주 주일 예배가 끝나면 재정 담당 집사님 두 분이 예배실 한구석에 있는 낡은 책상에서 교회 장부 업무를 처리하셨습니다. 다른 쪽 구석에서는 성가대원들이 찬양 연습을 하였지요. 비록 매우 협소하고 불편했던 예배당이었지만 지금도 그 정겹던 풍경이 눈에 선합니다.

요즘 여러 교회에서 문제가 되고 있는 '재정 장부' 공개 논란을 보면 정말 한숨밖에 안 나옵니다. 이게 과연 개혁 교회가 맞습니까? 거룩한 공교회가 뭘 그리 숨기고 감출 것이 많습니까? 당시 우리 교인들은 예배실 구석으로 가기만 하면 누구나 교회 장부를 쉽게 볼 수 있었습니다. 뭘 숨기거나 감출 이유가 전혀 없었습니다. 더구나 매월 제직회에서 유인물로 재정 보고를 자세히 했기 때문에 제직들은 굳이 장부를 볼 필요도 없었습니다.

작은 교회였지만 교회 재정을 교인들에게 투명하게 공개하고 매우 철저히 관리하였습니다. 그래서 목사님의 급여는 물론, 가정까지 있는 교육전도사님이 얼마나 적은 사례비를 받으며 수고하시는지 그 자세한 내역을 알고 한동안 마음 아파한 기억이 있습니다. 물론 사랑이 넘치는 교우들이 남몰래 교역자들 집에 음식을 가져다 드리는 경우도 아주 흔히 있었습니다.

그런데 요즘 일부 교회들이 배가 부르기 시작하더니 간까지 덩달아 부었나 봅니다. 교회 헌금과 재정의 주역인 성도들이 장부를 보겠다는데, 감히 종이란 자들이 나서서 이를 거부합니다. 종을 너무 풀어 놓았더니 그 방자함과 오만함이 하늘을 찌릅니다.

무슨 거창한 교회법이나 사회법을 거론하지 않더라도 이건 그냥 상식의 문제이지요. 참고로 한국 법원은 민법 제683조를 근거로 "수임인은 위임인의 청구가 있는 때에는 위임 사무의 처리 상황을 보고하도록 규정하고 있으므로, 단체의 구성원은 단체의 재산 상황을 파악하고 임원의 업무 집행 상황 등을 감시하기 위해 필요한 경우 단체 구성원의 당연한 권리로서 단체를 상대로 회계장부 등의 열람, 등사를 청구할 수 있다"고 판시한 바가 있습니다.

사실 교회 운영의 주체는 교인들이 청빙한 목사나 다른 교역자들이 아닙니다. 바로 교인들 자신입니다. 따라서 회중이 세운 직분자들이 역으로 회중 위에 군림하여 위세를 부리는 것은 명백히 반기독교적인 행위입니다. 하지만 말로는 '종'이라고 하면서 실제 행위로는 악덕 재벌 기업 '왕회장' 노릇을 하려는 자들이 너무 많습니다.

요즘 일부 대형 교회 담임목사들은 단체로 작심하고 노망이라도 났는지, 제대로 교회 재정을 투명하게 운영하며 자세히 공개하는 곳이 드뭅니다. 많은 경우 담임목사와 재정 담당 장로 한두 명만이 밀실에서 교회 돈을 제멋대로 주무르고 있습니다. 영수증이 없는 경우가 많고, 있어도 두루뭉술 그 내역을 자세히 알 수가 없습니다. 선교비라는 명목으로 지출된 돈이 실제로는 해외 부동산 투자, 개인 판공비, 또는 여행 경비로 쓰이고, 심한 경우는 지인들에게 막 퍼 주기도 합니다.

필자가 아는 보수 교단 소속의 한 교회에서는 목사 자녀 둘이 방학 기간 중 이용한 항공료조차 교회 공금으로 은밀히 처리한 사실이 드러나 교인들의 큰 반발을 사고 있습니다. 또한 그 인근 지역의 다른 중형 교회는 재정 비리 문제로 교회가 아예 둘로 쪼개졌습니다. 근 20년간 담임목사가 평온하게 목회를 잘해 온 듯 보였는데 어느 날 교회 장부상에서 하자가 발견된 것입니다. 결국은 거액의 공금 횡령으로 밝혀졌고, 이에 배신감을 느끼고 실망한 일부 장로와 권사들이 분가를 결정하였습니다.

여기서 주목할 점은 대부분의 비리 목회자들은 그 어떤 목회 부정을 저질러도 결코 스스로 쉽게 물러나는 법이 없다는 사실입니다. 어떤 경우이든 자신들을 추종하는 맹신도들을 동원하여 끝까지 이권을 삼키고 심지어 교회가 절단 나는 한이 있더라도 기필코 자기 몫을 챙깁니다.

하여튼 필자는 현재 한국의 많은 중대형 교회들이 초대형 폭탄을 하나씩 품고 있다고 보는데, 그것이 바로 교회의 '재정 장부'라고 생각합니다. 아마 이들 장부를 자세히 공개하면 감옥으로 직행해야 할 분들이 제법 많을 것입니다. 상당수의 교회들이 목회자의 비성경적 권위를 핑계로 하여, 재정 관리에 있어 불의한 편법을 용인하고 비리를 관습처럼 묵인하여 왔습니다. 그리고 그런 풍토는 진리보다는 재물에 관심이 많은 교회 내의 교권주의자들에게 아주 수익성 좋은 영업장소를 제공해 주었습니다.

한번 생각해 보십시오. 도대체 진리가 무엇이고 종교가 무엇입니까? 예수님께서 언제 제자들에게 너희들은 장로교니 감리교니 또는 침례교니 하는 신성한 조직체들을 만들고, 돈을 열심히 바쳐 건물을 크게 짓고, 그리고 소위 '성직자'라는 자들을 세워 마치 구약의 제사장처럼 모시라고 했던가요? 초대교회에는 성직자와 평신도의 구분이 없었습니다. 그런 용어조차 없었습니다. 그저 모두 주 안에서 형제요 자매였습니다. 단지 사역에 따른 직분의 구별만이 있었을 뿐입니다. 성직자를 별도로 대우하고 구별한 것은 중세 교회의 교권주의적인 작품입니다. 성직자들이 신도들을 우민화하고 그들 위에 앉아 특권을 누리고 재물을 취하는 것은 이방 종교들의 모습이 아닙니까?

기독교 진리의 십자가 정신은 나누고, 주고, 그리고 섬기는 것이거늘, 다 똑같이 허탄한 인생들이 그 무슨 어쭙잖은 성직자 행세를 하며 신도들 위에 특권을 주장하고 군림하려 한답니까? 무슨 근거로 장로나 집사 그리고 교사 등 교회의 많은 직분자들 중에 유독 목사만이 유일하게 성직자나 당연직 유급 사역자가 되어 특별한 신분이 되어야 할까요? 초기 교회에 그런 유급 사역자가 얼마나 있었던가요? 사도들조차 자비량 사역을 했는데 오늘날 목사가 사도보다 더 큰 사역을 하고 있습니까? 또한 한글 성경에 단 한 번 간단하게 언급된 '목사'라는 직분이 과연 현행 목사직과 정말 글자 그대로 동일한 직분인가요? 턱도 없는 이야기입니다.

교회는 정신을 차려야 합니다. 필자는 무교회주의나 무직분주의나 또는 무급 사역제를 주장하는 것이 결코 아닙니다. 개혁 교회는 교회무오설이나 교황무오설처럼 어리석은 중세적 아집과 위선을 버리고, 잘못을 고치는 데에 인색해서는 안 된다는 것입니다. 성도들은 유형 교회가 잘못할 수 있다는 그 오류의 가능성과 한계를 겸허히 인정하고 앞서간 개혁자들처럼 공교회 내의 거짓된 세력과 악한 유혹에 대하여 단호히 대처를 해야 한다는 것입니다.

필자는 최근 '사랑의교회'에서 일어나는 일련의 사태들을 관심을 가지고 지켜보고 있습니다. 한국 개혁 교회의 좋은 모델로서 존중을 받던 교회가 근자에 담임목사 한 명 바뀐 이후로 거의 만신창이 되고 있기 때문입니다. 심지어 일부 교인들은 담임목사를 지지하는 측의 집요한 방해에도 불구하고 현재 매주 금요일 저녁 교회 마당에 모여 바른 회복을 위한 기도 모임을 갖고 있습니다.

그들의 요구는 지극히 상식적인 것입니다. 교회가 진정 교회 되게 하자는 것입니다. 그중 한 가지만 예를 들자면, 교회 장부를 공개하라고 촉구하고 있습니다. 아니 이게 뭐 그리 어렵다고 숨기고 감추고 까다롭게 난리입니까? 교회 공금을 가지고 도대체 무슨 일을 하고 있기에 거룩한 공교회의 장부를 극소수의 사람들이 사기업의 비자금처럼 관리해야 하는지요? 교회가 동네 구멍가게입니까?

그 외에도 담임목사의 학력, 건축 추진 과정, 해외 투자, 공금 유용, 그리고 사생활 문제 등 여러 의혹들이 자꾸 거론되는 이유가 무엇인가요? 대답할 말이 궁색하면 이단이니 신천지니 그 씨도 안 먹히는 모략과 핑계를 대지 말고 정말 제대로 된 해명을 해 주시기를 바랍니다. 자신의 잘못을 진심으로 회개하고 고치라는 성도들을 먼저 만나 진지하게 대화하실 용의는 없는 것인지요?

필자는 작년에 과연 정삼지 목회의 끝은 무엇일까 그런 생각을 했었습니다. 그런데 이번에는 초대형 교회 건축과 논문 표절 사건으로 한국교회에 이미 큰 충격을 준 오정현 목회의 끝은 무엇일까 하는 생각이 또다시 드는군요. 하여튼 앞으로 사랑의교회 회복 과정을 지켜보면 비록 예언의 은사가 전혀 없는 성도라고 할지라도 한국교회의 현실과 미래를 적나라하게 알게 될 것입니다.

지금 스스로 성직자라고 주장하는 수많은 사람들이 입술에 꿀을 바르고 천사의 말을 하지만, 실제는 독사의 혀처럼 허다한 영혼들을 죽이고 있습니다. 이런 슬픈 일이 구약 시대부터 시작하여 말라기 시대, 예수님 시대, 중세 시대, 그리고 현대에 이르기까지 계속 반복되고 있습니다. 양들은 목이 말라 죽어 가며 생수를 찾고 있는

데, 어떤 목사들은 보물찾기처럼 교회 장부 속에 돈을 은닉하고 달콤한 음료수만 퍼 먹이고 있습니다. 그 결과 영적 당뇨병으로 인해 양들이 광야에서 속절없이 쓰러지고 있습니다.

역사적으로 직분자들의 부패와 교회의 타락은 언제나 돈으로 시작되었습니다. 돈이 맘몬이 되고 돈을 숭배한 결과 이제는 한국 '개신교'가 '개악교'가 될 지경에 이르렀습니다. "주교들은 자신의 양떼들을 살펴야 하며 성직자를 떠받드는 성직 문화는 종식돼야 합니다. 성직자들을 높이고 존귀하게 받드는 가톨릭 평신도들은 범죄 공모자들입니다." 가톨릭 지도자인 프란체스코 교황의 용기 있는 발언입니다.

중세 교회를 바르게 개혁하자고 뛰쳐나온 개신교가 스스로 개혁에 힘쓴 현대 가톨릭보다 더 크게 부패하고, 국민들의 따뜻한 지지를 받지 못하는 이유는 무엇일까요? 교회 장부를 숨기는 것은 교회를 노략질하는 행위입니다.

> "거짓 선지자들을 삼가라. 양의 옷을 입고 너희에게 나아오나 속에는 노략질하는 이리라."(마 7:15)

건물이 목회하는 교회

한국교회 대형화의 그늘

중학생 시절 친구의 손에 이끌려 처음 출석한 교회는 서울 변두리 주택가의 한 허름한 상가 건물 꼭대기에 세 들어 있던 작은 개척교회였습니다. 이 교회는 겨우 두 명이 동시에 오를 수 있을 정도로 비좁고 높은 계단을 통해서만 출입이 가능했고 교육관은 꿈도 못 꾸고 그저 예배실 하나만 달랑 있던 교회입니다.

십자가만 세우면 사람들이 교회로 몰려들던 70년대 초였건만 그건 어느 정도 규모가 있는 다른 교회에나 해당되는 이야기였습니다. 신실하고 충성된 목회자와 제직들이 다수 있었지만, 이 작고 불편한 예배당에서는 근 10년 동안 장년 교인 수가 별로 늘지 않았습니다. 일 년에 평균 8명도 못 늘었습니다. 그때나 지금이나 이 '개척교회' 라는 명판을 떼기란 정말 쉽지 않은 일입니다.

건물이 목회하나

그런데 이런 상황을 순식간에 바꾼 것은 '교회 건축' 이었습니다. 온 교우들이 힘에 지나도록 헌금을 하여 교육관과 식당까지 갖춘 약 350명이 예배할 수 있는 3층짜리 예쁜 교회당을 신축했습니다. 그러자 갑자기 교인들이 늘어나기 시작했습니다. 제직들은 '믿음대로 채워 주신다' 고 좋아하셨지만, 필자는 너무 허탈했습니다. 신도들과 목회자가 오랜 기간 노력해도 쉽게 풀지 못한 난제를 건물 하나가 간단하게 해결한 것입니다. 전도와 관계없이 매달 새로운 가정들이 늘어났습니다.

이런 시대적 분위기 속에서 인근 지역의 한 젊은 목사님은 용감하게 자신의 집을 팔아 건축 헌금을 하였습니다. 그리고 교인들에게 건축에 동참할 것을 호소하니 그 약발이 기가 막히게 좋았습니다. 이런 통 큰 건축 결과 교세가 급성장하여 지역에서 주도적인 대형교회가 되었습니다. 덕분에 그 무명의 목사님은 꾸준히 신분 상승을 얻으셨고 나중에는 언론에 뇌물 시비까지 일으키며 교단과 기독교 단체의 요직을 여러 번 차지해 거물급 인사가 되었습니다.

물론 평소 행적으로 볼 때 이분이 아들 목사에게 담임직을 세습한 것은 극히 자연스러운 일입니다. 교단이나 신학교 그리고 기독교 단체 등 이 목사님이 가는 곳마다 부정 논란과 말썽이 없는 곳이 거의 없었습니다. 지금 돌이켜 보면, 본래 집을 팔아 한 건축 헌금이 진정 교회에 바친 것인지 아니면 자신의 가업에 장기 투자를 한 것인지 혼동을 줄 정도입니다.

대전 지역의 어느 교회 또한 교인 수에 비해 너무 거대한 교회당을 지어 처음에 많이 염려했는데 후일 오히려 큰 득을 보았습니다. 서울의 한 개척 교회는 아예 목회자가 자비로 자금을 조달하여 아담한 교회당을 짓고 목회를 시작했습니다. 그랬더니 역시 교인이 빠르게 증가하였습니다. 하여튼 이런 상황은 멋진 건물만 있다면 누구나 한 번쯤 화려한 목회 성공을 꿈꿀 수 있는 모험적 토양을 마련해 주었습니다.

한국에서 교회당 건물의 힘은 정말 막강합니다. 정통인지 이단인지도 별로 관계없습니다. 수완이 좋든 믿음이 좋든 하여튼 건물만 잘 세우면 이단은 물론 사이비도 쉽게 번창합니다. 담임목사가 누구인지도 크게 상관이 없습니다. 일단 건물이 번듯하고 적당히 설교를 잘하면 순진한 신도들이 알아서 자리를 채워 줍니다. 예수님 십자가의 도보다 우선 당장 먹고 사는 것이 급한 민초들에게는 무당처럼 무조건 "들어와도 복을 받고, 나가도 복을 받을 것"이라고 노래하는 목사가 최고로 보이기 때문입니다.

입학 경쟁이 없는 군소 신학교나 무인가 신학교 그런 것도 별로 문제가 아닙니다. 돈으로 적당히 학력과 경력을 새로 세탁하면 박사 학위까지 가능하여 나중에 보면 외견상 거의 다 엘리트 목사로 둔갑

합니다. 그러다 보니 개천의 미꾸라지가 용으로 변신하고, 동네 촌닭이 봉황 행세를 하는 놀라운 이적이 그치지 않는 곳이 바로 작금의 한국교회입니다.

교회 건축 자체가 딱히 나쁜 일도 아니고 또한 현실이 이렇다 보니 보통 목회자들은 교회 건축이나 증축의 유혹을 뿌리치기가 매우 힘듭니다. 그래서 무리해서 빚을 지더라도 일단 짓고 보자는 함정에 빠지게 됩니다. 결국 거액의 교회 재정이 선교나 구제에 제대로 쓰이지 못하고 은행 대출금과 이자에 소모되는 악순환이 발생합니다. 그러다가 과도한 비용 부담으로 말미암아 파산하거나 교회당을 파는 일마저 점차 증가하고 있습니다.

2013년에 경매로 나온 종교 건물만 해도 거의 3백 개에 달한다고 합니다. 하지만 구매자가 별로 없어 낙찰률은 겨우 15%에 불과합니다. 그리고 한국교회가 금융권에서 대출한 금액만 따져도 9조 원이 넘고 매달 약 450억 원의 헌금이 이자로 지급되었습니다. 교인들의 피땀 어린 헌금이 고작 이런 소모적인 땜질에 사용되고 있습니다. 한국교회는 성경에 "이자를 받지 말라"는 말씀을 엉뚱하게 거꾸로 적용해서 열심히 이자를 내고 있습니다. 그 돈이면 해마다 수천 명의 선교사를 지원할 수 있고 또는 미자립 교회 수천 개를 즉시 자립시킬 수 있습니다.

반면에 교회 분립을 통하여 목회 본연에 충실하려는 교회들이 있습니다. 이들 중에는 교회가 그다지 크지 않은데도 교회 대형화에 반대하며 분립 개척을 결정한 강직한 교회들이 있습니다. 바로 이런 교회들이야말로 건물이 아니라 신도들이 목회하는 건강하고 아름다운 교회입니다.

건물 신앙의 그늘

물론 교인들과 목회자의 뜨거운 헌신 없이 교회가 건물만으로 성장할 수 있다고 생각하는 분은 없을 것입니다. 한국교회 성장의 이면에는 이름 없이 빛도 없이 수고한 수많은 신도와 직분자의 희생적 사역이 있습니다. 또한 경제 성장에 따른 사회적 환경 변화와도 관련이 있습니다. 그러나 비슷한 조건이라면, 교회당 건물이 교인을 모으는 데에 결정적인 역할을 하는 것은 부인하기 힘든 사실입니다. 건축 능력으로 목회 능력을 평가할 정도로 건물이 교세 성장에 큰 영향을 주고 있습니다.

특히 이사가 잦은 한국 사회에서 대부분의 새로 이주하는 신도들은 피곤한 개척 교회나 평범한 중소형 교회를 기피하고 이왕이면 시설 좋고 프로그램이 다양한 대형 교회를 선호하는 것이 보통입니다. 문제는 그런 편향성이 너무 지나쳐서 현재 한국 기독교인의 무려 과반수 이상이 불과 1%도 안 되는 극소수의 대형 교회에 출석하고 있다는 점입니다. 이들은 집 앞에 있는 작은 교회들을 외면하고 굳이 멀리 있는 중대형 교회를 찾아갑니다.

이처럼 종합적인 경쟁력에 있어서 작은 교회는 큰 교회를 상대할 수가 없습니다. 따라서 대형 교회들이 암세포 같은 무한 증식을 스스로 자제하지 않으면, 원하든 원치 않든 저절로 구조적인 양 도둑질에 참여하게 되는 것이 현실적인 여건입니다. 그러나 교권의 단맛에 깊이 중독된 귀족 목회자들은 이를 규제하지 않습니다. 오히려 이들 대부분은 한번 잡은 권력을 절대로 놓지 않고 더욱 확장하려 합니다.

아울러 많은 교회에서 교회당 건축을 독려하기 위해 흔히 애용하는 '성전' 이라는 말도 큰 문제입니다. 차라리 무식해서 그런 용어를 사용한다면 동정심이라도 들 것입니다. 이는 성경의 기본 상식을 알거나 신학교 문턱만 넘어도 잘 알 수 있는 내용인데 소위 제법 배웠다는 중견 목회자들이 이런 사이비 수준의 용어를 의도적으로 사용하며 억지를 부립니다.

신약 교회에서는 신도들 자신이 성전입니다. 예배는 제사가 아니고, 목사는 제사장이 아니고, 설교 강단은 제단이 아니고, 그리고 성경이 말하는 진정한 복은 돈이나 부귀영화가 결코 아닙니다. 그런데도 이들은 신도들의 신앙적 열정을 자극하고 또한 교회당을 '복받는 장소' 로 각인시키기 위해 단순한 벽돌 덩어리를 성전이라고 미화하고 있습니다. 마치 과거 이방 출신의 극히 불신앙적인 왕 헤롯이 유대인들의 환심을 얻기 위한 불순한 목적으로 화려한 성전을 지었던 것처럼 한국의 많은 교회 역시 같은 수법으로 신도들의 마음을 훔치려 하고 있습니다.

오늘날 이단이나 사이비가 기승을 부리는 것보다 더욱 심각한 것은 소위 정통이라는 교회들의 변질입니다. 이들은 진리를 왜곡하여 교회를 기복화, 종교화, 그리고 상업화하고 있습니다. 그러나 가난한 목수의 아들로 세상에 오신 예수님은 단 하나의 건물도 짓지 않으셨습니다. 단 하나의 종교 기관도 만들지 않으셨습니다. 더구나 따르는 양들에게 돈을 요구하신 적은 더욱 없습니다. 그냥 그분의 삶 자체가 진리이고 사랑이고 또한 복음이었습니다. 우리가 진리를 관습적인 종교의 틀에 가두지 말고 초심으로 돌아가야 할 이유입니다.

요즘 일부 부패한 종교 지도자들은 어떤가요? 그들은 입만 경건하지 실제 신도들에게 주는 것은 별로 없습니다. 도리어 만날 뭘 달라고 요구합니다. 세계를 한번 둘러보십시오. 동서양을 가릴 것 없이 무슨 종교라는 간판을 걸어 놓고 도대체 돈을 안 챙기는 곳이 몇 군데나 있는지요? 소위 성직자라는 이들 상당수는 별난 잔수를 다 동원하여 무속적이며 기복적인 명분을 만들고 신도들에게 집요하게 돈을 요구하거나 바침을 강조합니다. 그러나 그 어떤 성스러운 간판을 걸고 있든 신도들을 '앵벌이' 시키는 종교는 모두 예외 없이 사이비입니다.

더욱 안타까운 것은 예수님의 가르침을 따른다는 일부 개혁 교회들마저 그런 망령된 줄에 서지 못해 안달이라는 것입니다. 가르치는 자나 배우는 자들이 함께 눈이 멀어 서로 복을 받겠다고 지지고 볶고 분주하지만 정작 이들은 '참된 복' 인 십자가의 도에서 점점 멀어져 가고 있습니다.

그렇다고 해서 교회 운영에 돈이 필요 없다거나 건물이 필요 없다는 식의 무지한 말을 하려는 것은 결코 아닙니다. 다만 헌금을 걷는 목적과 수단, 그리고 헌금을 쓰는 용도와 방법이 정도에서 벗어나 크게 잘못되었다는 것입니다. 한국교회 내의 돈 흐름이 심하게 왜곡되다 보니 작은 교회는 사람과 돈이 너무 없어서 울고 있는데,

대형 교회들은 사람이 넘쳐 장소가 협소하다고 불평하며 증축을 반복하고 있습니다.

교회가 갈수록 양극화하는 이유는 무엇일까요? 일부 목회자들은 부와 권력을 사랑하고 신도들은 편리와 안락에 타협하고 있기 때문입니다. 배부른 목사들은 기복으로 선창하고 복쟁이 교인들은 바침으로 복창합니다. 한국교회의 흥행은 국민들의 오랜 무속적 기복 전통에 힘입은 바가 적지 않습니다. 성경에 대한 바른 이해가 부족한 상태에서 마치 성황당에서 복을 구하듯 예배당에서 복을 구합니다. 복채를 바치듯 헌금을 바칩니다. 무당을 의지하듯 목사를 의지합니다. 건물에 십자가를 세운 것 외에는 이교도들이 하는 행위를 그대로 따라 하고 있습니다. 그리고 변질된 목회자들은 그런 기복 심리를 이용하여 사람들을 교회에 유치하고 속박합니다.

하여튼 이처럼 목사와 신도가 서로 그 밥에 그 나물이니 누가 말릴 수 있겠습니까? 목사는 무리해서라도 큰 건물을 지어 신도들을 유혹하고, 교인들은 좋은 조건을 찾아 큰 교회로 수평 이동합니다. 그렇게 해서 사람이 더 모이면 목사는 사이비 교주 같은 '긴 옷'을 입고 모자라는 권위를 보충하며 순종 잘하고 헌금 잘하는 신도들을 양산하기 위해 일 년 내내 쉴 틈을 주지 않고 현란한 프로그램들을 분주하게 돌립니다. 그리하여 교세가 더욱 증가하면, 다시 비좁다고 불평하며 증축을 되풀이합니다. 그럼에도 이런 알량한 수법이 의외로 잘 먹혀 한국의 많은 중대형 교회들은 흥행에 큰 재미를 보고 세계 교회사에 드문 고속 확장을 이루었습니다.

하지만 아직도 수많은 교인들이 비정규직에 있거나 셋방살이 생활고에 신음하고 있는데 교회당만 아방궁처럼 세우고 우쭐하며 흥청거리면 그게 바른 성장이고 부흥일까요? 유럽의 교회들이 큰 건물이 부족해서 몰락했을까요? 아무리 교회당 간판에 금칠을 하고 요란하게 앰프 틀고 기타 쳐도 흥행은 결코 성장이 아닙니다. 그것은 곧 사라질 거품입니다. 단지 이런 교회들은 초대형 건물 짓겠다고 최소한의 신앙 양심마저 봉인한 채 면죄부 팔아먹다 망한 중세 교회의 무허가 짝퉁 불법 복제판일 뿐입니다.

과연 여러분은 한국의 귀족 교회에서 거들먹거리는 소위 '주의 종' 이라는 분들 삶 속에서 정말 십자가를 따르는 모습을 보십니까? 고액 연봉, 터무니없는 강사비, 각종 부수 지원비, 과도한 판공비, 고급 승용차, 잦은 해외 나들이, 자녀 유학, 공금 횡령, 뇌물 수수, 부정 선거, 성추행, 재단 비리, 성직 매매, 패거리 작당, 그리고 교회 세습 등 이런 것이 진정 종의 모습입니까?

최근 어느 목회자가 강남의 한 대형 교회 예배에서 다른 순서 없이 그저 몇 초 동안 축도만 한 번 하고 3백만 원을 받았다고 합니다. 들리는 소문에 의하면 교단 총회장급 목사들은 기도, 축도, 그리고 설교 등 예배 순서에 참여하는 것만으로 100~1,000만 원 정도의 황당한 사례비를 받는다고 합니다. 상당 경우는 담임목사들의 인맥 관리나 교단 정치에 관련하여 교회 돈을 서로 나누어 먹는 뇌물성 사례입니다. 이번에 내가 주었으니 다음엔 너도 나에게 주라는 것입니다. 이러니 정식 집회를 하고 나면 도대체 얼마나 큰돈을 주고받을까요?

목회 직이 언제부터 이렇게 고액의 서비스업이 되었습니까? 심지어 한 해 접대비로만 3억 7천만 원을 사용한 교회도 있습니다. 교회 공금을 가지고 목사들 돈 잔치를 하고 있다는 비판이 당연합니다. 과연 이게 종들이 할 일입니까? 틈만 나면 신도들에게 "하늘에 보물을 쌓으라"고 설레발치더니 정작 자신들은 뒤에서 썩은 호박씨를 까고 있습니다.

더구나 무슨 종이 감투가 그리 많고 재산이 그렇게 많습니까? 무슨 종이 사업과 업무가 그리 많습니까? 사도들이 이들처럼 비서실까지 거느리고 위세 부리며 목회를 했던가요? 세상 어느 나라에서 장관보다 더 많은 연봉을 받아먹는 이상한 '종놈'들을 보셨습니까? 심지어 어떤 '종님'은 대통령 연봉보다 더 많이 교회의 돈을 가져가고 있습니다. 이들이 교회를 대형화하는 의도가 결국은 돈과 권력임을 잘 보여 줍니다. 그런데도 우민화한 일부 신도들은 이런 위선적 종교 상인들을 하나님의 대리인처럼 추종하는 맹신을 아직도 극복하지 못하고 있습니다.

교회는 광야로 가야

한국교회 대형화와 외적 성장의 그늘에는 기복과 편리 추구 그리고 부끄러운 양 도둑질이 있습니다. 아울러 성공주의, 성장주의, 그리고 성직주의가 이를 후원하고 있습니다. 극심한 개 교회 이기주의는 마치 자기 교회만이 홀로 진리인 양 교회 버스까지 동원하며 타 지역 교인들을 흡수하고 있습니다. 그러나 대형화, 귀족화, 그리고 사유화는 모든 부패한 종교의 공통적인 몰락 과정임을 알아야 합니다. 거대한 궁전을 세우고 안 망한 제국이 없고, 화려한 성전을 짓고 타락하지 않은 종교가 없습니다.

앞으로 더 이상의 홍행은 없습니다. 미국 수정교회의 파산은 건물로 치장한 거품 신앙이 붕괴하는 첫 신호탄일 뿐입니다. 십자가 정신을 상실한 교회에는 단지 약육강식 정글의 법칙만이 남을 것입니다. 대부분의 도시에 이미 너무 많아 차고 넘치는 것이 교회당입니다. 그런데 그 거룩하다는 건물들은 더는 진지하게 선교를 못 합니다. 다만 이웃집 양을 서로 탐할 뿐입니다.

예수님의 제자들은 믿는 자가 하루에 5천 명이나 늘어나는 상황에서도 결코 건물을 세우지 않았습니다. 지교회와 같은 문어발식 세력 확장을 하지 않았습니다. 그런 겉치장이나 대형화보다는 오히려 가난한 이들을 돕는 데에 힘썼습니다. 루터나 웨슬리 또한 '성전' 이라는 기만적 명분으로 그 어떤 대형 건축물을 추구하지 않았습니다. 그들의 관심은 오로지 양들의 영혼뿐이었습니다.

대형화 추구는 기독교 정신이 아닙니다. 기독교의 본격적인 타락은 로마 교회 대형화에서부터 시작되었습니다. 반면에 참 목자 예수님은 먹을 제물이 넘치던 큰 건물 헤롯성전이 아니라 마을의 소박한 회당이나 메마른 광야로 가셨습니다. 광야는 편리함이 아니라 굶주림과 목마름이 있는 곳입니다. 그래도 주의 제자들은 묵묵히 그 길을 따라 나섰습니다. 거기서 양들을 만났습니다. 그리고 오병이어의 놀라운 기적을 보았습니다.

이 순간에도 삶에 지친 양들이 거친 광야에서 방황하고 유리하고 있습니다. 교회가 부드러운 옷을 벗어 던지고 속히 광야로 가야 하는 이유입니다. 예수님은 다시 오실 것이고 교회는 이 땅의 마지막 선지자입니다. 한국교회는 비록 약대 옷을 걸치고 메뚜기를 먹는 어려움이 있더라도 광야에서 주의 길을 예비하던 선지자 세례 요한의 귀한 사역을 다시 계승해야 합니다.

오늘날 광야는 의에 주리고 목마른 양들의 탄식 속에 있습니다. 또한 소외받고 있는 우리 이웃의 눈물 속에 있습니다.

> "하나님의 성전은 교회 건물이 아니고 우리 자신이다. 우리는 교회가 하나님이 거하시는 정식 장소라든지, 교회 건물에 어떤 비밀한 신성성이 있다든지 하는 생각을 경계해야 한다."
>
> – 칼뱅

3천억 호화 예배당과 중세 삽질의 부활

건물 성장은 교회 성장이 아니다

"이 '돈'에 환장한 목사들아, 그러고도 너희가 가난한 목수 예수의 제자라고 주장하느냐? 이 '복'에 환장한 교인들아, 그러고도 너희가 광야에서 약대 털옷을 입고 메뚜기를 먹던 세례 요한을 존경한다고 말하느냐? 그리고 이 '건물'에 환장한 교회들아, 그러고도 너희가 가정에서 모이던 초대 교회의 그 순수한 신앙을 따른다고 자랑하느냐?"

돈과 세속적 복과 그리고 교회당 건물은 이제 한국교회가 애지중지하는 애완용 우상이 되어 버린 듯합니다. 사실 아직도 우리 주변에는 존경할 만한 목회자와 바른 교회가 많이 있습니다. 그럼에도 위의 글은 필자의 진심입니다.

하여튼 바벨탑처럼 높은 아방궁을 하나 세워 놓고 떼로 몰려가서 '솔로몬의 성전'이니 뭐니 하며 수선을 피우는 것도 모자라서, 냄새나는 잔칫상에 부끄러운 숟가락 하나 더 얹어 놓고 갖은 교언영색으로 두꺼운 얼굴에 서로 금칠하는 일부 거룩하신 목사님들 모습을 보니 아무래도 한마디를 안 할 수가 없군요.

서울에 교회당이 모자라나

몇 해 전 사랑의교회는 장소가 너무 비좁아서 신축을 한다고 공표했습니다. 그 심정은 필자도 어느 정도 이해가 갑니다. 하지만 아무리 그래도 이처럼 초호화판 아방궁을 세운 것은 좀 심하다고 생각합니다. 그것도 처음엔 2천 1백억 원이라고 하던 건축비가 사전에 누구의 승인을 받았는지는 잘 모르겠지만 무려 3천억 원으로 슬그머니 바뀌었습니다. 그러니 마지막 최종 건축비가 얼마가 될는지는 정말 며느리도 모릅니다.

어쨌든 그 요란한 잔치가 대충 끝이 났다면, 이제라도 취기를 좀 몰아내고 옆 동네 미자립 교회들을 한번 가보시면 어떨까 합니다. 고작 몇 십 평도 안 되는 셋방살이 작은 예배당마저 자리를 채우지 못해 전전긍긍하는 교회들이 지금 아주 널렸습니다. 즉 현재 서울에는 교회 수에 비해 교인이 부족한 것이지, 결코 교회당 건물이 부족하지 않다는 사실입니다.

과거 1960~70년 사이 전체 개신교 교인 수는 412%나 증가했고, 1970~85년 사이에도 103%나 증가했지만, 1985~95년 사이에는 그 증가율이 35%로 떨어졌습니다. 그러던 것이 1995~2005년 사이에는 14만 4천 명이 줄어들어 급기야 -1.6%의 성장률을 기록했습니다. 반면에 같은 기간 동안 가톨릭 신도는 무려 220만 명이나 늘어나서 74.4%의 초고속 증가율을 보였습니다.

이처럼 교인 수는 줄고, 자리가 빈 교회들이 매년 늘어나고, 또한 은행 빚을 못 갚아 경매로 넘어가는 교회들이 급증하고 있는 상황에도 불구하고 사랑의교회는 초대형 신축을 용감하게 단행했습니다. 극심한 건축 반대 여론은 그냥 무시했습니다.

자신들만이 바른 교회라고 생각을 하는 것일까요? 그런데 그 유명한 제자훈련은 도대체 왜 한 것인지 모르겠습니까. 수십 년 동안 훈련을 했으면 이젠 장성한 제자들을 이웃 미자립 교회들에 조직적으로 파송해야 옳지 않느냐는 말입니다. 아니면 실전 배치는 평생 미루고 허구한 날 비대한 몸집만 키우며 끝까지 훈련만 받다가 그냥 편안히 돌아가시겠다는 말인지요?

솔로몬 왕은 이스라엘 최초로 초호화 성전을 지었지만 도리어 나중에 후궁들에 둘러싸여 음란한 이방신을 섬겼습니다. 금으로 성전을 치장하고 화려함을 자랑했으나 왕과 백성들은 오히려 메마른 광야에서 천막생활 할 때보다 더욱 극심하게 타락했습니다. 어리석고 부패한 인생들이 하는 일이란 늘 이 모양입니다.

결국 그 크고 화려한 건물들이 확실하게 보장해 주는 것은 오직 여자와 사치와 향락밖에 없었음을 주목해야 합니다. 지금 한국의 대형 교회 담임목회자들 중에도 간통과 호사와 공금 횡령으로 온 동네 망신을 당하고 있는 분들이 한둘이 아니지 않습니까?

어떤 분들은 완공된 서초예배당을 보며 '일단 짓고 나면 땡이다' 하며 혹시 기뻐하실지는 모르겠지만, 유감스럽게도 그건 대단한 착각입니다. 무리한 건축으로 인한 엄청난 은행 빚의 상환 등 진짜 어려움은 이제부터 시작될 것입니다. 9천 명이 모이던 제자교회가 담임목사의 부정행위가 들통 난 후에는 2천 명 이하로 급감했다는 사실이 그 대표적인 증거입니다.

우선 교회의 회복을 갈망하는 '마당기도회'에 대한 치졸한 방해와 압력을 즉시 철회하지 않는다면, 그런 난관은 더욱 구체화될 것입니다.

몇 해 전 '거룩한 땅 밟기' 운운하며 새 예배당 부지에 빨간 리본들을 잔뜩 깔아 놓고 성황당처럼 신성시하던 것이 얼마나 되었다고, 기존 강남예배당의 마당을 쓰레기장 취급하며 별로 거룩하지 못한 행동을 하시는 것인지요? 이젠 그 '거룩한 땅' 마저 토사구팽을 하시나요? 이는 너무 모순적인 처사가 아닙니까? 하지만 아무리 출입문을 용접하고 높은 담을 올리며 갖은 수단 다 동원해도 결국 양들의 의로운 분노를 막기는 힘들 것입니다.

삽질로 망한 중세 교회

사전을 찾아보니, '삽질'이란 말은 '쓸모없는 일을 하다'라는 뜻으로 사용되는 관용어라고 합니다. 그러고 보니, 요즘 한국교회의 예배당 대형화를 통한 건축 경쟁 행위를 이보다 더 잘 표현한 단어는 드물 듯합니다.

같은 소리음이라도 이를 어떻게 사용하느냐에 따라 아름다운 음악이 될 수 있고, 반대로 잘못 사용하면 듣기 싫은 소음이나 잡음이 됩니다. 건축도 마찬가지입니다. 규모와 용도가 적절한 건축은 예술이지만, 실속 없는 허장성세용 건축은 삽질이 되는 것입니다.

우리가 잘 아는 대로, 루터의 종교개혁은 사기성 면죄부까지 팔며 무리하게 추진한 초대형 건물 '성베드로성당'의 공사 때문에 시작되었습니다. 이는 공교회가 저지른 무분별한 건물 삽질의 아주 원조 격인 셈이지요. 당시 교회의 내부는 썩고 또 썩어 있었는데 오히려 외형만 키우고 겉치장에 열을 올린 것입니다.

그런 면에서 보면 한국교회는 루터의 그 묵직한 쇠망치가 다시 필요할지도 모르겠습니다. 그래서 대형 교회들 현관문에 95개조 반박문을 또 못질해야 정신을 차릴까요?

어두웠던 중세 천 년 동안 그 시대 교회들이 우리에게 남겨 준 것은 고작 삽질 사역의 유산인 대형 건물들뿐입니다. 이스탄불의 그 거대한 성소피아성당도 이젠 관광용 박물관이 되었습니다. 한때 융성했던 유럽의 개신교도 형편은 비슷합니다. 큰 건물들만 딸랑 남겨 놓고 지금은 거의 다 망했습니다. 그나마 그것도 모텔, 식당, 상가,

그리고 술집 등 다른 용도로 팔려 나가고 있습니다.

결국 역사 속의 수많은 교회들은 교인들의 귀한 헌금을 허비하며 이렇게 허망하게 변해 버릴 건물에 열심히 삽질하다가 쫄딱 망했다는 이야기입니다. 건물이 아무리 크고 많아도 교회가 그 본질을 상실하면 언제나 망할 수 있다는 것이 교회사가 보여 주는 냉엄한 진실입니다.

그런데 오늘날 한국교회가 예수의 이름을 팔아 가난한 신도들 장바구니 돈까지 짜내고, 그것도 모자라서 은행 빚까지 돌려 막으며 대형 건축을 하는 행위가 그보다 무엇이 더 나은지 솔직히 잘 모르겠습니다. 교회가 모자라는 것이 아니라, 오히려 너무 많아 한쪽에서는 계속 문을 닫고 있는데 말입니다. 머리 둘 곳도 없으셨던 예수님께서 따르는 무리들의 푼돈을 걷어 허름한 초막이라도 하나 지은 적이 있으셨던가요?

과연 서초동의 그 무슨 쇼핑몰같이 생긴 사치스런 벽돌 덩어리 속에서 종의 형체로 낮게 오신 그리스도 십자가의 정신과 가난한 목수의 마음을 진정으로 잘 전할 수 있다고 보시는지요? 아니면 과거 거대한 헤롯성전 안의 상인들처럼 본격적으로 좌판이라도 한번 멋있게 펼쳐 보려는 것인가요?

그러나 그처럼 크고 화려한 성전을 자랑하던 사람들에게 예수께서 뭐라고 하신 줄 아십니까? 절대로 잊지 마십시오. "네가 이 큰 건물들을 보느냐 돌 하나도 돌 위에 남지 않고 다 무너뜨려지리라" (막 13:2)라고 하셨습니다.

어떤 사람들이 철따라 냉난방 틀어 놓고 품위 있는 예배를 즐기는 동안, 같은 시각 다른 한편에서는 얼마나 많은 사람들이 노천 길바닥에서 피눈물을 흘리며 힘든 삶을 버티고 있는 줄 진정 알기나 하시는지요?

반면에 사도행전의 성도들은 풍족치 않은 중에서도 가난한 이들을 위한 구제에 먼저 힘을 쏟았습니다. 전도나 선교를 위한다는 허구적인 명분으로 자신들을 위한 대형 예배당 건축 따위는 꿈도 꾸지 않았습니다.

한국의 교회들이 정작 배우고 닮아야 할 것은 초대 교회의 검소한 사역이건만, 많은 대형 교회들은 하필이면 삽질하다 망한 중세 교회를 닮아 가는 짓만 골라서 하는지 정말 답답합니다. 이를 보면 배도적인 목사 귀족화, 신도 우민화, 건물 대형화, 복음 기복화, 그리고 교회 사유화에서 자유로운 대형 교회가 과연 몇이나 되는지 정말 의문입니다.

중세 삽질의 부활

화려한 옷을 입은 사람을 만나려면 '왕궁'으로 가야 하고, 선지자를 만나려면 '광야'로 가야 한다고 성경은 말합니다. "너희가 무엇을 보려고 광야에 나갔더냐. 바람에 흔들리는 갈대냐. 그러면 너희가 무엇을 보려고 나갔더냐. 부드러운 옷 입은 사람이냐. 보라 화려한 옷 입고 사치하게 지내는 자는 왕궁에 있느니라. 그러면 너희가 무엇을 보려고 나갔더냐. 선지자냐. 옳다." (눅 7:24~26)

예수님과 제자들은 광야로 가셨습니다. 오늘날 한국교회도 틈만 나면 아방궁 같은 건물을 세울 것이 아니라, 모든 것이 부족한 광야에 서야 하는 이유입니다. 그리고 바른 교회라면, 신도들이 그 광야에서 '화려한 옷 입고 사치하게 지내는 자'들이 아니라 '선지자'를 만나도록 도와주어야 합니다.

요즘 왜 교회에 안 나가는 '가나안 성도'가 급증하고 있는지 알고나 계십니까? 많은 교회에 부드러운 긴 옷 입은 자들만이 설치고, 정녕 선지자는 보여 주지 않기 때문입니다. 어쭙잖은 박사모를 쓴 자들은 넘치는데, 예수님 고난의 가시관은 잘 보여 주지 않습니다. 물질적 축복은 넘치게 노래하는데, 십자가의 도는 제대로 가르치지 않습니다. 그래서 무한 반복성 건물 삽질과 기만적 가르침에 염증이 나서 떠나는 것입니다.

그런 면에서 보자면, 한국 개신교의 진정한 악성 안티는 일부 무신론적 논객들이 아니라 바로 이런 귀족 교회의 '거짓된 목사'들입니다. 예수님은 사람들의 눈을 뜨게 하시지만, 이 종교 상인들은 반대로 신도들의 눈을 멀게 하기 때문입니다.

이런 맥락에서, 필자를 포함한 많은 성도들은 신축된 사랑의교회 서초예배당이야말로 성베드로성당에서 종지부를 찍었던 그 '중세적 원조 삽질'의 화려한 부활이 아닌가 그리 의심하고 있습니다.

건물 성장은 교회 성장이 아니다

만왕의 왕 예수께서는 이 땅에 오셔서 고작 나귀 새끼를 타셨는데, 초대형 건축으로 인해 천문학적인 액수의 은행 빚을 지고 있는 교회의 목사가 수억 원의 연봉을 받고, 기사가 딸린 최고급차를 굴리고, 그것도 부족해서 대형 콘도를 분양받아 골프 치며, 비싼 특급 호텔에 가서 운동한다면 이게 정말 종의 모습일까요? 게다가 거액의 두 자녀 유학비까지 모두 교회 돈을 가져다 채웠다고 하는데 정말 듣고도 믿기지가 않습니다.

그 돈이 다 어디서 난 것입니까? 모두 순진한 성도들을 향해 하나님께 바치라고 뜨겁게 설교하고 그 주머니를 열심히 흔들어서 나온 것 아닙니까? 신도들이 무슨 돈 내는 기계인가요? 입만 열면 '하나님께 바치라' 며 설레발치던 소중한 헌금을 엉뚱하게 목사가 사치를 부리는 데에 허비하고 있습니다.

더구나 담임목사는 한 부목사가 나이 드신 성도들에게 모리배처럼 함부로 반말을 지껄이며 폭력적 언사를 하는 행위도 마냥 모르쇠로 일관하고 있습니다. 심지어 어느 부목사는 한 여성도가 집단 폭행당하는 것을 보고도 제지하지 않았다지요.

그리고 귀족 목사들 중에는 '의전' 을 핑계로 최고급차를 굴리는 분들이 제법 많다고 하던데, 이게 종이 할 처신인가요? 하여간에 하늘 아래에 의전이 필요한 종놈이 있다는 말은 이번에 처음 들었습니다.

참된 경건은 눈물 연기와 잔재주로 하는 것이 아닙니다. 하나님을 두려워하는 마음으로 진정 자숙하기를 원한다면, 만날 성도들에게만 무거운 짐을 지우려 하지 말고 목사들부터 손수 그 비싼 차들을 팔아서 실용적인 차로 바꾸고 남은 은행 빚이나 조금이라도 더 갚는 것이 어떨까 생각해 봅니다.

지난 30년간 영국 교회는 무려 5천 개의 교회가 문을 닫고, 약 30% 이상의 교인 수가 감소했다고 합니다. 건물 삽질에 비해 신도 양육을 제대로 하지 못한 결과입니다. 그런데 지금 이게 남의 이야기가 아닙니다.

교회가 건물 확장에 몰두하는 것보다 더 중요한 것은 교인의 바른 성장입니다. 큰 건물들만 잔뜩 세워 놓고 무너지고 있는 유럽 개신교를 보십시오. 건물 성장은 결코 교회 성장이 아닙니다. 따라서 일부 목회자들은 목사 말 잘 듣고 헌금 잘 하는 맹신도를 키워 교회 외형만 확장할 궁리를 행여라도 하지 말고, 예수님의 삶을 따르는 바른 성도를 키우는 데에 온 힘을 쏟아야 합니다.

한국교회는 '성전 건축'이라는 기만적 명분을 빙자한 경쟁적 건축을 이제 즉시 멈추기 바랍니다. 건물이나 재력 또는 교세를 자랑하는 교회는 이미 십자가 정신을 상실한 타락한 교회일 뿐입니다.

서초동의 그 거대한 콘크리트 덩어리는 결코 '성전'이 아닙니다. 이 땅에 있는 그 아무리 잘난 건물이라도 감히 성전이 될 수는 없습니다. 오직 그리스도의 몸인 성도들만이 성전입니다. 그러므로 그동안 삽질로 목회하던 목사님들은 더 이상 예배당 건물이 성전이라는 거짓말을 하지 마십시오. 목회자로서 그런 거짓말은 면죄부 판매만큼이나 수치스러운 일입니다.

건물은 교회가 아닙니다. 성도들이 교회입니다. 따라서 성도들이 바르게 성장해야 비로소 진정한 교회 성장입니다.

> "너희는 이것이 여호와의 성전이라, 여호와의 성전이라, 여호와의 성전이라 하는 거짓말을 믿지 말라."(렘 7:4)

꼴보수 공학박사 신 집사의

어쩔까나 한국교회

초판1쇄 2014년 2월 20일
2쇄 2014년 3월 20일
3쇄 2018년 3월 2일

지은이_신성남
펴낸이_최병천

편집자문_이필완 국인남 백찬홍 심자득 방현섭 홍승표
디자인_강면실 윤진선
교정_김영옥
영업_김만선

발행처_신앙과지성사
출판등록 제9-136(88. 1. 13)
주소 | 서울시 서대문구 연희로 177 옥산빌딩 2층
전화 | 335-6579 · 323-9867 · 323-9866(F)
E-mail | miral87@hanmail.net
홈페이지 | http://www.miral.biz

ISBN 978-89-6907-025-8 03230

값 12,000원

신앙과지성사의 자매브랜드인 아레오바고는 바울이 연설했던 아테네의 광장 이름입니다.(행 17:22~27)